信山社双書
読本編

# 長銀最高裁無罪事件読本

更田義彦・倉科直文・國廣 正・坂井 眞・五味祐子
編 集

信 山 社

## 再編のまえがき

　本書は、新堂幸司・松尾浩也監修「日本裁判資料全集3・4」『長銀最高裁無罪事件（上巻・下巻）』を読本版として再編し、長銀最高裁無罪事件の概要を明らかにしようとしたものです。
　再編にあたっては、まず、第1部「事件の概要と最高裁判決」、第2部「立件の経緯と弁護の体制」の[解説]と、事件の全体的な流れを示す資料を掲載しました。
　つぎに、第1審公判手続については、第3部「公判手続の緒戦」と、第4部「弁護側の反証」に分けて、それぞれの［解説］を収録しました。ただし、一、二巡目の被告人質問（前後16回の公判に及ぶ）、長銀関係者6人の証言、並びに公認会計士・学者・学識経験者・行政官など計6人の証言からなる「弁護側の反証」と、これらの証拠をもとに弁護人がそれぞれ精魂を傾けて裁判所の説得を試みた弁論要旨の部分については、[解説]を思い切って割愛し、代わりに反証の重要な柱の一つとなった「学者の証言」を収録しました。第1審において検察、弁護の双方が取調べ請求をした証拠とその採否については、資料全集3の末尾に「証拠関係カード」があります。
　さらに、控訴審と上告審の経過を示すため、第5部「行政の通達は、処罰根拠になるか」と、第6部「ためらいを見せた控訴審判決」の[解説]を収録し、かつ、資料として、最高裁において弁護、検察双方が口頭で行った弁論要旨と、当時の法令、通達など「長銀事件関係資料」を掲載しました。控訴審における証拠開示をめぐるやりとり、証人尋問、被告人質問、全銀協会長行の元会長等金融機関関係者の民事裁判における証言などは、資料全集4をお読みください。
　このように本書では、紙幅の関係から、多くの資料を割愛せざるを得ませんでした。しかし、[解説]と限られた資料のみによっても、最高裁判所がなぜ無罪判決を言い渡したか、その概要を読み解くことができるものと思います。
　さらに資料全集の該当箇所にあたり、本件刑事手続における事実上、法律上の諸問題について、解明を深めていただければ幸いです。

　2011年7月19日

　　　　　　　　　　　　　　　　　　　　　　　　更 田 義 彦

日本裁判資料全集 3・4 『長銀最高裁無罪事件（上巻・下巻）』

# 刊行にあたって

　日本裁判資料全集 1・2 が刊行されたのは、2005 年のことである。取り上げられた事件は、「東京予防接種禍訴訟」で、26 年間に及ぶ訴訟の全貌を明らかにする記録集であった。原告たちの委嘱を受けた弁護団は、訴訟記録の整理、編集の作業を完遂し、上下両巻 1,778 頁の大冊が刊行された。

　これに続く第 2 弾の達成は、容易なことではあるまいと思われていた。ところが、2008 年 7 月、最高裁判所は、いわゆる長銀事件の被告人 3 名全員に無罪を言い渡し、事件を終局させた。そして、この事件では、弁護団が「長銀最高裁無罪事件記録刊行会」を組織しており、資料を整理の上、法律制度改善のための「公共財」として公刊したいという意向を有していた。これを知った信山社編集部と記録刊行会との間で協議が重ねられ、刑事事件の記録であるだけにその取り扱いには慎重でなければならないが、刊行会の方ではその点に充分配慮しつつ作業を進められていることが分かり、信山社としてこれを「全集 3・4」として刊行することに決定した。ふたたび上下両巻、1,992 頁の資料が世に出ることになったのである。

　日本長期信用銀行に関して粉飾決算の問題があるとされ、同行の頭取又は副頭取であった幹部 3 名に対して公訴が提起されたのは、1999 年 6 月のことであったから、裁判は約 9 年続いたことになる。起訴の罪名は、証券取引法違反（有価証券報告書虚偽記載）、及び商法違反（違法配当）である。被告人 3 名は、一審の東京地裁で執行猶予のついた有罪判決を受け、控訴も棄却されたが、上告審である最高裁判所第二小法廷では、全員無罪の判決を得た。なお、本件と表裏をなして、被告人らに対する民事訴訟も提起されていたが、これは一審、控訴審とも被告側が勝訴し、上告審の最高裁判所は、本件と同じ日に原告側の上告を斥けた。

　本書は、6 部構成になっているが、各部の冒頭に編者による「解説」が付され、理解に便宜を与えている。刊行準備中の昨 2010 年、図らずも厚生労働省元局長の無罪事件があり、特別捜査部の在り方が注目を浴びた。問題は発展して「検察の再生」、「捜査・公判の見直し」が論じられるに至っているが、9 年を費やして「全員無罪」に到達した本件からも、多くの教訓を汲み取ることができよう。『裁判資料全集 3・4』が刊行の意義を全うすることを期待して、この「まえがき」を書いた次第である。

　　2011 年 7 月 8 日

日本学士院会員・東京大学名誉教授

松　尾　浩　也

# はしがき

## 1　編纂のねらい

　本書は、1999（平成11）年6月、強制捜査に引き続いて起訴された後、2008（平成20）年7月に、最高裁判所の無罪判決を受けるまで、9年間、刑事被告人の地位におかれた旧日本長期信用銀行の元頭取大野木克信氏、副頭取須田正己氏、同鈴木克治氏に対する商法違反、証券取引法違反被告事件の記録である。

　刑事事件で逮捕されると、洋の東西を問わず、逮捕されたことは大きな記事として報道されても、釈放されたときは必ずしも世間の大きな関心をひかない。被告人は判決を受けるまで、無罪の推定を受けると言われるものの、実際には、世間は、大多数の人々が、捜査報道によって被告人らの有罪を信じて疑わず、平素とは手のひらを返したような態度をとり、本人ばかりではなく、家族等周辺の人々は、生活に深刻な打撃を受け、社会的な評価を大きく傷つけられる。

　3人の被告人は、巨大な国家権力と対峙して、いったんは屈服したが、起訴後に再び、立ちあがり、孤立しながらも、弁護人とともに、長期間を闘いぬいた。

　捜査が「国策捜査」と呼ばれ（但木敬一・元検事総長発言　2009.1.11朝日）、一審、二審の裁判所が有罪判決を言い渡した事件について、最高裁が逆転の無罪判決を言い渡したが、捜査・起訴の判断並びに一、二審判決と、最高裁判決とが、どうして結論を分けたのか。

　また本件では、内部調査委員会の調査を受け、旧長銀が、刑事告訴に踏み切ると同時に、検察官の主張や証拠を援用して、被告人ら取締役に対して損害賠償請求を提起して民事責任を追及し、整理回収機構がこれを引き継ぎ、訴訟を追行した。しかし、東京地裁、東京高裁の民事部は、請求を棄却し、最高裁も提訴弁護団の上告を棄却した。

　ところが、メディアには、最高裁判決を聞いてさえ、刑事責任とは何か、刑事裁判とは何かといった観点を棚に上げて、長銀につぎ込まれた公的資金は、いったい誰が責任をとるのかといった論調が目立った。

　そこで、この事件に被告人及び弁護人としてかかわった者としては、記録を編纂して、世に残す責務があると痛感した。本件のような無罪確定事件では、捜査段階と公判段階を通じた刑事手続の経過及び資料は、廃棄されるべきではなく、むしろ、わが国の法律制度の改善ないしは法文化の発展のためにも、公共財として保存されるべきであろう。

## 2　記録編纂上の制約

　本件は、判決及び弁護人の上告趣意こそ、最高裁の判例集に収録されたものの、検察官の主張とその根拠とされた証拠、これに対する弁護人の反論とその根拠とする証拠は、公開されておらず、これらは、時間の経過とともに散逸する虞がある。

はしがき

　刑事事件の訴訟記録は、事件が確定すると、訴訟記録は検察庁が保管する。一般人は、閲覧請求をすることができるとされてはいるが、記録の保管期間の制限があるほか、記録の閲覧には制限があり、研究の目的であっても自由に閲覧謄写をすることはできない。

　資料はできるかぎり保存したいが、本書もまた、訴訟記録の全てを登載することはできない。刑事事件の記録には、さまざまな制約がある。

　まず、本件の記録は、膨大な分量がある。公判手続の記録の丁数のみでも、数千頁を優に超える。

　次に、検察官の開示した捜査段階の証拠の開示については、刑事訴訟手続又はその準備以外の目的で使用する場合には、法律（刑事訴訟法281条の4）で厳しく制限されている。もっとも、この点は、無罪が確定した事件において、訴訟手続を検証する目的で資料を編纂する場合には、上記の制限の例外を認める扱いが考慮されてよい。とくに本件では、平行して審理された民事事件において犯罪被害者として整理回収機構の代理人が刑事記録を閲覧謄写して、その一部を証拠として提出した。そのかぎりでは民事事件の訴訟記録にも収載された資料もある。このような事情はあっても、捜査段階の記録は、公判手続で取り調べられていない資料をはじめとして、慎重に取り扱わざるを得なかった。

### 3　資料の選択の要領

　そこで、本書に収録した資料は、公判段階における検察、弁護の「主張」が中心となる。弁護側は3人の被告人ごとに2名ないし5名程度の弁護団を編成し、当初から連携をしながらも、独自の弁護活動を行った。その主張は、大要においては、むろん一致しているが、細部においては、かなりの出入りもある。本書では、共通の弁護活動部分を除く、各被告人関係の主張・立証に関する資料の収録は、スペースとの関係で、それぞれの被告人ごとの、弁護人の自主的判断により、収録部分を選択したため、不揃いの点がある。

　しかし、検察官の起訴状、冒頭陳述、検察官の一審以来の主張は、紙数の許す範囲でほぼ全面的に収録し、弁護人の反論及び一、二審判決に対する批判も、可能な限り収録した。

　公判手続の経過は、公判期日調書（ただし、立ち会った裁判所速記官のらん等一部を省略した。）によって示した。

　証拠関係については、証拠関係カード（継続用紙は省略。）を収録し、検察官及び弁護人が何を取り調べ請求したかを明らかにした。

　検察官立証は、主として、捜査段階の長銀関係者をはじめとする関係者の供述調書と被告人の供述調書によっている。これらは、上記制約に加えて、そのあまりの分量のゆえに、収録できなかった。証拠として裁判所に提出されたものの総頁数は、12,400頁以上に達する。多くの調書には大部の会議資料等が添付されており、とくに被告人の供述調書には、そのほとんどに百数十頁の資料が添付され、甚だしきは

320頁の資料が添付されたものもある。これらの証拠、とくに被告人の供述調書の姿については、弁護人の弁論等における信用性の弾劾の項を参照されたい。

検察官の請求によると弁護人の請求によるとを問わず、第三者証人の公判廷における証言は、可能な限り収録した。刑事事件における弁護活動は、孤立し、徒手空拳である。人々は口を閉ざし、無関係を装い、弁護人に情報を提供したり、証人となることを尻込みする。刑事事件自体ではなく、民事事件の証人であっても、それが刑事事件にも関連すること思えば、証人としてあえて出廷し、事実を語ることには、極めて大きな困難があったと察せられる。弁護人請求の証人については、できるかぎり検察官の反対尋問も収録するように努めた。

被告人質問は、裁判所が寛大にその機会を与えたので、膨大な分量となった。一審段階の公判供述の速記録は、およそ1400頁にのぼるが、ここでは、ほとんど割愛し、控訴審における被告人の公判供述のうち、ごく一部を収録した。控訴審では、内容的にも争点に収れんされ、分かりやすくなっている。

関係法令、通達、会議記録、公刊物等の客観的な資料は、重要部分のみを収録し、できるだけ、その所在を示した。なお、解説においても、原則として敬称を省略した。

## 4　生きた教材

本件の記録を読み直すと、本件においても、弁護人の目の届かない密室の捜査において、捜査官が、被告人——捜査段階では「被疑者」と呼ばれる——から、巧みに被疑者の信頼を勝ち得、あるいは、弁護人を誹謗中傷するなどして、思いどおりの供述をとり、その内容の調書が作成された経過が明らかになる。しかも、刑事の裁判所では、自白の信用性をいとも簡単に認めてしまうことがわかる。

長銀刑事無罪判決事件の記録は、この事件の判断を検証する資料となるばかりではなく、法の支配の理念を共有する弁護士、検察官、裁判官が法曹としての職業上の倫理を学び、さらには報道機関をはじめ国民が、司法、とりわけ、刑事手続に対する理解を深める上で、一つの生きた教材となれば幸いである。

## 5　謝　辞

この記録が、日の目を見るについては、出版事情の厳しい折にもかかわらず、その意義を認め、終始、激励とご配慮をいただいた信山社の袖山貴さん、稲葉文子さんをはじめとする各位のご協力のおかげであり、厚く感謝を申し上げる。なお、編集上、行き届かない点もあるが、その責めは不慣れな編者が負うものである。上記実情にかんがみ、ご容赦をお願いしたい。

　　2011年4月21日

　　　　　　　　　　　　　　　　　　　長銀最高裁無罪事件記録刊行会
　　　　　　　　　　　　　　　　　　　　　編者を代表して　更田義彦

目　次

## 『長銀最高裁無罪事件読本』　目次

（第1部〜第4部は『長銀最高裁無罪事件』上巻、第5部、第6部、
　資料編は同下巻に所収〔（　）内は同書掲載頁数〕）

はしがき　(*vii*)

### 第1部　事件の概要と最高裁判決

［解説］事件の概要 ……………………………………………………………………… (*3*)3

- (1) 被告人ら3名は無罪　(*3*)3
- (2) 起訴に至る経緯　(*3*)3
- (3) 償却・引当の基準は何か　(*4*)4
- (4) 従来の会計基準　(*5*)5
  - (i) 弁護側の主張(*5*)5／(ii) 検察官の主張(*6*)6／(iii) 一審判決(*6*)6
- (5) 公正なる会計慣行　(*7*)7
- (6) 控訴審判決の論理と問題点　(*7*)7
- (7) 長銀民事配当事件　(*8*)8
- (8) 検察官の弁論　(*10*)10
- (9) 無罪判決とその意義　(*10*)10

Ⅰ　最高裁判決 ………………………………………………………………………… (*12*)12

Ⅱ　年　表〔長銀事件関係年表〕……………………………………………………… (*22*)22
- (1) 長銀経営陣に対する責任追及と金融制度の動き等年表　(*22*)22
- (2) 本件に関する経済・金融の情勢及び金融行政の推移ならびに長銀の対応　(*28*)28

Ⅲ　判決評釈等文献一覧 ……………………………………………………………… (*30*)30

### 第2部　立件の経緯と弁護の体制（捜査から起訴、第1回公判期日に向けて）

［解説］ ………………………………………………………………………………… (*35*)35

1　長銀事件訴追に向けた捜査の経過（逮捕まで）……………………………… (*35*)35
- (1) 当初からあった「国策捜査」という見方　(*35*)35
- (2) 捜査の経過と、処罰を煽ったマスコミ報道　(*36*)36
  - (i)「不正行為」探しの追及(*36*)36／(ii)「粉飾決算」に焦点(*37*)37／(iii) 内部調査委員会と報道(*38*)38
- (3) 3名の逮捕――有価証券報告書虚偽記載　(*39*)39

2　逮捕後の被告人らの取調べと供述調書作成 ………………………………… (*39*)39
- (1) 身柄拘束下の取調べの実態　(*39*)39
  - (i) 取調べ状況と接見制限(*39*)39／(ii) 円卓会議資料を突きつけ「自白」に追い込む(*40*)40

(2)　逮捕された3名が「自白」した経過と、その内容　*(40)*40
　　(i)　余儀なく自白*(40)*40／(ii)　自白調書と厖大な添付資料*(41)*41
　(3)　決算処理当時の認識・真意に反する自白調書の作成に応じた事情　*(41)*41
　　(i)　商法の原則をめぐる見解の対立*(41)*41／(ii)　屈服した経緯*(42)*42／(iii)　あとは一気呵成に*(43)*43／(iv)　臨場感のある発言とワープロによる反復*(44)*44／(v)　核心にふれた取調べはあったか*(44)*44

### 3　長銀の行員、元役員らの取調べと供述調書作成 ……*(44)*44
　(1)　多数回に及ぶ取調べと、多数の供述調書作成　*(44)*44
　(2)　元役員、行員の供述調書の内容と特徴　*(45)*45
　(3)　事実から乖離した長銀関係者の供述調書はどのようにして作成されたか　*(46)*46
　(4)　会計処理ルール、会計慣行等に関する捜査の実態　*(47)*47

### 4　起訴と保釈、無罪主張に至った事情 ……*(49)*49
　(1)　弁護団の慎重捜査要請と、強行された起訴　*(49)*49
　(2)　起訴と「公訴事実」　*(49)*49
　　(i)　二つの訴因*(49)*49／(ii)　なぜ償却引き当て不足か*(50)*50
　(3)　保　　釈　*(50)*50
　(4)　第1回公判前の開示証拠の謄写とその検討　*(51)*51
　(5)　無罪主張に至った事情　*(51)*51

## II　起　訴 ……*(60)*54
　①　起訴状　*(60)*54

## 第3部　公判手続の緒戦──冒頭手続と検察官の主張立証

### [解説] ……*(69)*59

### 1　公判前協議における裁判所の姿勢 ……*(69)*59
　(1)　書記官からの連絡　*(69)*59
　(2)　検察官の証拠開示予定　*(69)*59
　(3)　裁判長の発言　*(69)*59
　(4)　弁護人の対応　*(70)*60

### 2　検察官の開示証拠への弁護人の対応 ……*(71)*61
　(1)　開示順序と読み方指南　*(71)*61
　(2)　供述調書から読み取れる検察官ストーリー　*(71)*61
　(3)　膨大な「金太郎飴」調書　*(71)*61
　(4)　弁護側の対応　*(72)*62
　(5)　検察官請求証拠の同意不同意をめぐる攻防　*(73)*63

### 3　第1回公判期日（11月19日）──争点整理をめぐる三者の攻防　*(73)*63
　(1)　裁判長の発言　*(73)*63
　(2)　起訴状に対する求釈明と検察官の対応　*(73)*63
　(3)　検察官の冒頭陳述　*(74)*64
　(4)　再度の求釈明　*(75)*65
　(5)　検察官の再度の求釈明の申立に対する意見　*(76)*66
　(6)　第1回公判期日における被告人の認否と意見陳述　*(77)*67

— xii —

目　次

4　検察官立証①──日銀考査担当者高野円証人尋問 ……………………… (77)67
　(1)　高野円の供述調書　(77)67
　(2)　高野円証人の証言（主尋問）　(78)68
　(3)　高野証人に対する反対尋問　(78)68
　(4)　検察官による再主尋問　(79)69
　(5)　裁判長による補充尋問　(79)69
5　検察官立証②──金融監督庁検査官吉武正訓証人尋問 …………………… (80)70
　(1)　吉武正訓証人の供述調書　(80)70
　(2)　検察官の主尋問　(81)71
　(3)　弁護側の反対尋問　(81)71

## 第4部　弁護側の反証

[解説] ……………………………………………………………………………………… (281)75

1　反証準備の難航 ………………………………………………………………… (281)75
2　民事訴訟の応訴と弁護側の体制 ……………………………………………… (283)77
3　弁護側の立証計画と冒頭陳述 ………………………………………………… (283)77
4　争点明確化のための被告人質問 ……………………………………………… (284)78
　(1)　大野木被告人（7、8、9回公判）　(284)78
　(2)　須田被告人（9、10回公判）　(285)78
　(3)　鈴木被告人（11、12回公判）　(286)78
5　長銀関係者の尋問 ……………………………………………………………… (286)78
　(1)　鈴木恒男証人（13、14回公判）　(287)78
　(2)　越石一秀証人（15回公判）　(287)78
　(3)　大田秀晴証人（16回公判）　(287)78
　(4)　大岩一彦証人（17回公判）　(288)78
　(5)　千葉務証人（18回公判）　(288)78
　(6)　田島哲朗証人（19回公判）　(288)78
6　公認会計士の尋問 ……………………………………………………………… (289)78
　(1)　中嶋敬雄証人（19回公判）　(289)78
　(2)　秋山正明証人（20回公判）　(289)78
7　学者・学識経験者の尋問 ……………………………………………………… (289)78
　(1)　岸田雅雄証人（22回公判）　(289)78
　(2)　西崎哲郎証人（22回公判）　(290)78
8　二巡目の被告人質問 …………………………………………………………… (290)78
　(1)　須田被告人（23、24、25、29、32回公判）　(290)78
　(2)　鈴木被告人（26、27、28、32回公判）　(291)78
　(3)　大野木被告人（28、30、31、32回公判）　(291)78
9　行政官などの尋問 ……………………………………………………………… (292)78
　(1)　高橋洋一証人（28回公判）　(292)78

— xiii —

目　次

　　(2)　内藤純一証人（32回公判）　*(292)*78
10　公判手続の更新 …………………………………………………………………… *(292)*78
11　論　告 ……………………………………………………………………………… *(293)*79
12　弁　論 ……………………………………………………………………………… *(293)*79
　　(1)　大野木被告人関係　*(293)*79
　　(2)　須田被告人関係　*(293)*79
　　(3)　鈴木被告人関係　*(294)*79
　　(4)　小　括　*(294)*79

Ⅴ　学者の証言 ………………………………………………………………………… *(544)*80
　第22回公判調書　*(544)*80
　　①　岸田雅雄証人尋問調書（第22回公判）　*(545)*81

〈以下下巻〉

## 第5部　行政の通達は、処罰根拠になるか──第一審判決に対する不服申し立て

［解説］ ……………………………………………………………………………………… *(3)*101

1　一審判決　*(3)*101
　(1)　判決の宣告　*(3)*101
　(2)　本件の本質　*(3)*101
　(3)　判決謄本交付の遅れ　*(5)*103
　(4)　判決理由の検討　*(5)*103
　　(i)　会計基準──公正なる会計慣行についての判断*(5)*103／(ii)　判決の認定と論旨*(7)*105／(iii)　なぜ法規範性を有するのか*(7)*105／(iv)　長銀の自己査定基準、関連ノンバンク支援、償却引当に関する判断*(9)*107／(v)　机上の空論*(9)*107／(vi)　故意、共謀、退任取締役の責任*(10)*108
2　控訴審の審理1（控訴趣旨と検察官の答弁）　*(10)*108
　(1)　控訴趣意書提出に至る経過　*(10)*108
　(2)　弁護人の控訴趣意　*(10)*108
　(3)　検察官の答弁　*(11)*109
3　控訴審の審理2（弁護人の主張立証活動）　*(12)*110
　(1)　第1回公判　*(12)*110
　(2)　証拠開示請求　*(12)*110
　　(i)　弁護人の請求*(12)*110／(ii)　検察官の回答*(13)*111／(iii)　弁護人の補充意見等*(14)*112
　(3)　事実の取調請求等　*(14)*112
　(4)　弁論、弁論の再開　*(15)*113

## 第6部　ためらいを見せた控訴審判決

［解説］ ……………………………………………………………………………………… *(759)*117

— xiv —

```
1  控訴審判決の宣告と対応 (759)117
2  本件裁判の主題 (759)117
  (1) 公正なる会計慣行 (759)117
  (2) 新しい「公正なる会計慣行」の成立の有無 (760)118
3  控訴審判決は、一審判決の「公正なる会計慣行」論に沿った判断をさら
   に推し進めた (760)118
  (1) 検察官の筋立て (760)118
  (2) 一審判決の「唯一」の公正なる会計慣行論 (761)119
  (3) 控訴審判決は、「唯一」論を踏襲しつつ、一審判決の欠点を補正しようとした
      もの (763)121
4  控訴審判決が見せた「ためらい」 (764)122
  (1) ためらいの痕跡 (764)122
  (2) ためらいによる矛盾 (764)122
5  刑事判決と民事判決 (766)124
  (1) 争点は「公正なる会計慣行」で同一 (766)124
  (2) 刑事一審判決と対決する民事一審判決 (767)125
  (3) 民事一審判決と対決する刑事控訴審判決 (769)127
6  上告審へ (769)127
  (1) 上告と調査官面接 (769)127
  (2) 上告受理申立書 (769)127
  (3) 上告趣意書 (769)127
  (4) 民事控訴審判決 (770)128
7  弁論及び最高裁判決 (770)128
  (1) 弁論 (770)128
  (2) 最高裁での弁論を巡る2つの事象 (771)129
  (3) 判決 (771)129
```

## Ⅴ 最高裁弁論 ································································· (882)130

① 大野木弁護団 (882)130
② 大野木弁護団(2) (884)132
③ 須田弁護団(1) (890)138
④ 鈴木弁護団(2) (897)145
⑤ 検察官弁論要旨 (901)149

## Ⅵ 民事事件の決着 ································································· (908)156

○民事配当事件最高裁決定 (908)156

## 長銀事件関係資料 ································································· (911)157

1  関係法令 (911)157
  ① 商法 (911)157
  ② 証券取引法 (911)157
  ③ 金融機能の再生のための緊急措置に関する法律 (912)158

目　次

 2　通　達　等　(*914*)160
  ①　資産査定通達（検甲151資料2）　(*914*)160
  ②　4号実務指針（検甲151資料5）　(*920*)166
  ③　9年事務連絡（検甲151資料3）　(*925*)171
  ④　追加Q&A（検甲151資料4）　(*931*)177
  ⑤　「基本事項等通達」の一部改正（一審弁181）　(*936*)182
  ⑥　「基本事項等通達」の廃止（一審弁194）　(*944*)190
  ⑦　決算経理基準関係通達　(*945*)191

# 第1部　事件の概要と最高裁判決

第1部　事件の概要と最高裁判決
［解説］
　Ⅰ　最高裁判決　　（上 12）
　Ⅱ　年表　　（上 21）
　Ⅲ　判決評釈等文献一覧　　（上 31）

> 解　説

## 事件の概要

### (1) 被告人ら3名は無罪

平成20年7月18日午後3時。最高裁判所（最高裁）第二小法廷の4人の裁判官が入廷して席に就き、平成17年(あ)第1716号証券取引法違反、商法違反被告事件について、中川了滋裁判長が判決を宣告した。

主文
原判決及び第1審判決を破棄する。被告人らはいずれも無罪。

これより先、東京地方検察庁（検察庁）は、平成11年6月30日、日本長期信用銀行（長銀）元頭取大野木克信、元副頭取須田正己、同鈴木克治の3名について、平成10年3月の期末決算に粉飾があるなどとして起訴し、東京地方裁判所（東京地裁）は平成14年9月10日、有罪判決を言い渡し、東京高等裁判所（東京高裁）も同17年6月21日、この判決を結論において支持して控訴を棄却していた。

最高裁判決は、一、二審の、会計基準に関する「新通達が慣行になった」とする判決を、事実誤認と法令の解釈適用の誤りがあるとして、破棄し、長銀経営陣に刑事責任がないことを確認した。

東京地方検察庁特捜部が起訴をした事件について、著しく正義に反するものとして無罪を言い渡した。このような事件は、ほとんど例を見ない。

### (2) 起訴に至る経緯

長銀は、平成10年10月23日、経営が破綻し、いわゆる公的管理に移された。捜査当局は、経営者の刑事責任を追及するため、約半年にわたり、長銀関係者、特に経営陣の責任を追及するため、大々的な取り調べを行った。

しかし、捜査当局は、経営陣の刑事責任を、一般に分かりやすい背任等の刑法犯で立件することはできなかった。経営の破綻に近い時期の経営陣に廉潔性を疑わせる事実は、認められず、経営陣の刑事責任を追及することは困難であった。

検察庁は、長銀の、破綻の直近の会計年度の決算に粉飾の疑いを抱いた。利益がないのに配当をして資本を外部に流出させ、真実でない決算書を財務局に提出して、一般投資家に虚偽の情報を流布したという嫌疑である。

具体的には、長銀が、平成10年3月期の決算上、その資産である貸出金の財産的

第1部　事件の概要と最高裁判決

価値が劣化しているのに、これを不当に高く評価して、帳簿上、誤った記帳をした。特に長銀の関連ノンバンク及び関連会社に対する貸出金は、取立不能の虞があるにもかかわらず、取り立てることのできない見込み額を控除──すなわち償却・引当──をしない（旧商法285条の4）で、決算を行った。それは、商法による違法配当罪に該たり、そのような決算内容の報告は証券取引法による有価証券虚偽報告罪に該たる、というのである。

　刑事責任を追及され、最終的に、起訴されたのは上記3人の頭取、副頭取である。なぜ3人なのか。逮捕勾留され、被告人として訴追されるか否かによって、天国と地獄との違いがあるが、起訴された者と不起訴とされた者を分けたのは何か。起訴の判断は恣意的ではなかったか。

　もっとも、裁判では、後に見るように、いかなる場合に取立不能の虞があるというのか、また取立不能の見込み額をどのようにして算定するのかが、最大の争点となる。

　検察官は、本件では、貸出先の実態と返済能力に関する捜査の結果を見れば、そのようなことを論ずること自体、ほとんど必要がないという立場をとり、長銀は適正な償却・引当をしなかった旨主張したが、最高裁の判決は、その主張に与しなかった。

　平成10年3月期当時、都市銀行、長期信用銀行等の大手金融機関をはじめ、地銀、信組、信用金庫等の金融機関において、不良債権の償却・引当に関し、どのような会計基準に基づき、どのような会計処理が行われていたかについて、検察庁が、捜査を行なった形跡は、ほとんど窺えない。

　検察官は、被告人らを含む長銀関係者を多数、取り調べた。中には極めて長期間、かつ長時間の取調べを受けた者もいる。長銀関係者は、破綻の社会的な責任を痛感し、不本意ながら、検察官の論理に屈従した。強制捜査に入る直前の平成11年5月6日、上原隆前副頭取が、同月15日には、福田一憲総務部長が自死した。

　被疑者、参考人には、商法上、償却・引当義務があるか否かについて、十分に検討をする余裕は与えられなかった。その結果、「商法上、当期に償却・引当すべき不稼動資産が約1兆円存在するのに、資産不足のゆえにそれを怠った」という自白調書がパソコンによって、大量に作成された。

　また、報道機関は、捜査機関から得た情報に基づき、粉飾決算であったと決め付けて大々的に報道し、世間にそのような強い印象を与えていた。

　しかし、幸か不幸か、後に述べるとおり、長銀事件は、「自白」によって、決着のつく事件ではなかったのである。

### (3) 償却・引当の基準は何か

　弁護人は、公判手続の冒頭から、本件では、銀行の会計上、いかなる会計基準に基づいて、償却・引当をなすべきかが争点であることを指摘し、検察官に対し、これを明示するように求めた。

　しかし、検察官は、終始、その点を明確にすることなく、一審の公判手続は、検察

解説・事件の概要〔更田義彦〕

官、弁護人、裁判所の間で、本件の核心的な争点が何かについて、明確に認識を共有しないままに、進行したきらいがある。

検察官は、論告においては、「企業会計原則・同注解18、（公認会計士協会の）4号実務指針、（大蔵省銀行局の銀行業に関する）決算経理基準は、商法32条2項にいう『公正なる会計慣行』に該当し、特別の事情を立証できない限りそれに従わなければならない」、「長銀の貸借対照表の作成は、その点においても、その作成方法に係る規範に違反していた」、「金融機関において、従前、事実上税法基準に該当するもののみ償却・引当をしてきたとしても、それが『公正な』会計慣行でなかったことは言うまでもない」と指摘している。しかし、これらの点が検察官の主張の中心的な柱として据えられていたわけではない。

これに対し、弁護人は、最終弁論で、「商法285条の4は抽象的であり、その具体的基準が明らかでない」と指摘し、「税法基準は、金融機関の貸出金の引当償却に関する公正なる会計慣行の内容を構成していたかどうか」、「資産査定通達の趣旨、内容に争いがあるのに、これを慣行ということはできない。検察官がよるべき公正なる会計慣行を立証する責任を負う」などと主張した。しかし、弁護人も、検察官が取り調べ請求予定証拠として開示した膨大な記録の検討と長銀の破綻の経緯などの背景立証に時間をとられ、必ずしも明確に論点を浮き彫りにすることができず、企業会計実務における「税法基準」の指導性を適確に論証できなかった憾みがある。

一審裁判所は、検察側の立証に引き続き、弁護側の請求に基づき、長銀関係者のみならず、公認会計士、金融制度調査会関係者、商法学者、行政官等の証人尋問を採用し、慎重な審理を行った。しかし、判決は、「いかなる場合が取立不能の虞あるときにあたるのか、また取立つること能わざる見込み額をどのように算定するのかについては商法に具体的な基準を定めた基準がないから、当時の『公正なる会計慣行』（商法32条2項）によって判断するほかない」との判断を示すものであった。

### (4) 従来の会計基準
### (i) 弁護側の主張

弁護側は、一審以来、金融機関が従来、前期である平成8年度（平成9年3月決算期）までは大蔵省銀行局の決算経理基準に従い、税法基準によって償却・引当等の会計処理を行ってきたことを指摘し、税法基準によることの根拠をおおむね次のように主張した。

① 会社法の会計、証券取引法会計、租税会計は、それぞれ目的を異にしているが、併存しており、しかも相互に影響、制約しあって形成されており、トライアングル体制と表現されていた。公正妥当と認められる企業会計の慣行の内容が明確でない事項については、租税制度の基準が会計実務に影響を及ぼし、租税会計が会社法に基づく計算を主導することが少なくない。

② この事件で問題とされた長銀の不良債権は、すべて長銀の取引先のうち、関連ノ

第1部　事件の概要と最高裁判決

ンバンクあるいは関連会社に対する貸出金である。従来、このような取引先に対する貸出金は、銀行が将来の回収を見込んで、支援を継続している限り、破綻するとは考えられず、したがって、取立不能の虞があるとは言えないと考えられてきた。
③　法人税基本通達9-6-4が、事業好転の見通しのない先でなければ、無税償却を認めないのは、金融機関がその追加的な支援を予定している貸出先は、事業好転の見通しがないと判断することは適切とは言えないからである。税法基準は、公正妥当であると考えられており、会計の基準として、採用されてきた。
④　資産査定通達等は、このような会計処理を明確に廃止したとは言えない。その後策定された金融検査マニュアルの考え方を平成10年3月期に前倒しして、これによらない会計処理を違法であると断ずることはできない。

**(ii)　検察官の主張**

これに対し、検察官は、税法基準による取扱いは、平成10年3月期に限らず、それ以前の平成8年度においても、許すべからざるものであったとの態度をとり、従前から大蔵省検査（MOF検）や各銀行で用いられてきた貸出金の資産評価手法を適用すれば、本件貸出金は回収不能であると見込まれた。大蔵省の平成9年3月5日に出た「資産査定通達」は従来の資産評価の手法を受け継いだものであるが、長銀の会計処理は資産査定通達の基準を大きく外れている、などとしている。

このように、検察官と弁護人との間で、従来の会計基準は何かをめぐって、対立した。

**(iii)　一審判決**

この点に関し、一審裁判所は、早期是正措置が導入される以前の金融機関においては、不良債権償却証明制度において認められた限度において、貸出金等の償却・引当を行うのが一般的な傾向であったこと、及び早期是正措置導入以前には税法基準に従った償却・引当の方法が許容されていたことを認めながら、無税による償却・引当を行えば足りるとする会計処理が「公正なる会計慣行」になっていたとまでは言えず、資産査定通達等の趣旨に反する会計処理は、「公正なる会計慣行」と評価することはできない、とした。

要するに、一審裁判所の従前の会計基準に関する判断は、評価の点で、腰砕けであったといってよい。

反面、一審判決は、資産査定通達等における資産査定の方法、償却・引当の方法等を、金融機関の貸出金等の償却・引当に関する合理的な基準であり、「公正なる会計慣行」に当たり、この趣旨に反する会計処理は許されない、唯一の合理的な基準であった、とした。

さらに、判決は、弁護側の多岐にわたる主張をことごとく排斥し、長銀の平成10年3月期における貸出金について、実質的には、資産査定通達及び関連ノンバンクに対する貸出金の査定の考え方を取りまとめた9年事務連絡を機械的に適用して、償却・引当不足額を算定し、償却・引当が不足していると認定した。そして、結論として、

（上6）

3人の被告人に対し、いずれも執行猶予付ながら懲役3年ないし2年の有罪判決をした。

## (5) 公正なる会計慣行

そこで、控訴審では、①「公正な会計慣行」とは何か、②新しい慣行が従来の慣行にとって代わるには、どのような条件が必要か、③資産査定通達等が公正なる会計慣行か、④当時まで金融機関ではいかなる会計慣行があったのかをめぐって、審理が続けられた。

弁護人は、①公正なる会計慣行の意義を糺した上、会計基準は、②金融機関において、一般にどのような基準に基づいて会計処理が行われていたか、③行政当局において、バブル崩壊後の不良債権処理について、金融機関をどのように指導をしてきたのかといった客観的事実に基づいて認定されるべきであると主張した。

弁護人は、これらの点を立証するため、検察官に対し、他の金融機関関係者及び行政関係者等の供述調書の証拠開示を請求したが、ほとんど開示されなかった。

控訴審裁判所も、概して慎重に事実の取調べを行った。しかし、結論的には、一審の判決を支持した。

控訴審判決は、本件の核心的な争点を、「平成10年3月決算期の公正なる会計慣行は何かにある」と設定し、①「資産査定通達等」の定める基準に基本的に従うことが公正なる会計慣行となっていた。②その反面、「資産査定通達等」の趣旨に反し、その定める基準から大きく逸脱する会計処理は「公正なる会計慣行」に従ったものとはいえない。③従前「公正なる会計慣行」として容認されていた税法基準による会計処理や、関連ノンバンク等についての段階的処理等を容認していた従来の会計処理はもはや許容されない。④平成10年3月期においては、「資産査定通達等」の示す基準に基本的に従うことが唯一の「公正なる会計慣行」であり、⑤従来の基準と新しい基準の2つの基準の併存はあり得ない、とする判断を示した。

このように、控訴審判決は、2つの基準は併存しないと判断したが、従前、税法基準による会計処理が「公正なる会計慣行」として容認されていたこと、及び従来の会計処理は関連ノンバンク等についての段階的処理等を容認していたことを認めた上、これらの会計処理は、もはや「公正なる会計慣行」に従ったものではなくなったとしている。

弁護人にとっては、この点が後に突破口となる。

## (6) 控訴審判決の論理と問題点

控訴審判決は、どのような根拠に基づいて、「新基準が唯一の基準である」と判断したのであろうか。

控訴審判決は、それぞれ作成者、名宛人、性質、内容の異なる「資産査定通達」、「9年事務連絡」、「4号実務指針」の3つを合わせて「資産査定通達等」と総称し、「資産査定通達等」に定める基準から大きく逸脱するような自己査定基準の作成や自己査

定はもはや許されない事態に至っているとしている。周知の期間も確保されており、これに従うことが「公正なる会計慣行」であり、これに反する会計処理は「公正なる会計慣行」に従ったものとは言えない。平成10年3月決算期において何が公正なる会計慣行であるかは、容易に判断しうることであり、金融機関共通の認識である、というのである。

控訴審判決は、一方で、「公正なる会計慣行」が何かが、本件の核心的な争点であるとしながら、いわば、「それは自明の理である」と述べているに等しい。

たしかに、控訴審判決は、その根拠として、早期是正措置の導入の経緯を形式的には挙げているが、実質的な検討をしたとは言えない。本件決算期における他行の関連ノンバンク及び関連会社に対する貸出金の自己査定状況や、本件決算期後の金融検査マニュアルの策定と「資産査定通達」の廃止や自己査定と金融検査との乖離の状況といった、本件決算期以降の客観的事実を一切無視しているように思われる。

また資産査定通達、4号実務指針、9年関連ノンバンク事務連絡という性格の異なる文書を一括りにして、合理的かつ明確な「新基準」であると断定しているが、その認定は、極めて粗雑ではないだろうか。

さらに、多年行われた会計慣行を廃止するのに、わずか1年弱の期間をもって、周知期間が十分であったと言えるのだろうか。

判決における主な関係者の供述の引用も、それらの供述がいずれも、全体として、資産査定通達等が唯一の公正なる会計慣行であることを否定する内容であるのに、極めて恣意的な引用をしている。

控訴審判決は、関係者の「経営上の観点から償却・引当することが望ましいとする不良債権」と、「会計基準に照らし償却・引当しなければならない不良債権」とを、取り違えた供述について、その信用性を吟味していない。自白調書に基づき、「被告人3名は、平成10年3月期において、関連親密先について償却・引当をすべき不良債権が1兆円近くあることを認識していた」との断定的判断を示している点が、特徴的である。

控訴審判決において、目を引く点として、「要は金融機関に身を置く通常人を基準として、『公正なる会計慣行』が何なのかが理解でき、処罰される行為とそうでない行為が区別できれば足りる」とし、他方で、被告人らは「刑事責任を問われることになろうとは考えていなかったと思われる」とも述べていることが、挙げられる。

要するに、控訴審判決は、一審判決に対して、批判的な検討を求める控訴理由に答えたものとはなっていない。

### (7) 長銀民事配当事件

本件に関し、旧長銀（新生銀行）は、被告人ら3名を含む経営陣に対し、違法配当による資本の流出によって損害を受けたとして、10億円の損害賠償請求の訴えを提起し、整理回収機構がその債権の譲渡を受けたとして、訴訟を継承した。

この民事事件は、刑事事件と争点が全く同一である。長銀関係の民事事件は、配当事件のほか、いわゆるノンバンクに対する貸出に関する事件、EIE（イ・アイ・イ）に対する貸出等に関する事件などがあり、いずれも東京地裁民事第 8 部（商事専門部）に係属したことから、配当事件の審理が刑事事件に比べてやや遅れた。しかも、原告の地位を承継した整理回収機構側の立証活動は、刑事事件について犯罪被害者の立場で、刑事記録を閲覧した上で、民事事件に証拠として提出するもの（犯罪被害者等の権利利益の保護を図るための刑事手続に付随する措置に関する法律 3 条）であったため、重要な証拠はほとんど共通であると言ってよい。

長銀民事配当事件は、東京地裁民事部において、刑事事件の一審判決の後、刑事事件の控訴審と時期的にも並行して審理された。

その結果、東京地裁民事部は、平成 17 年 5 月 19 日、原告の請求を棄却する判決を言い渡した。民事判決は、本件では、資産査定通達等によって補充された改正後の決算経理基準（新基準）が、平成 10 年 3 月期における銀行の貸出金の償却・引当に関する唯一の「公正なる会計慣行」であったか否かが最大の争点であるとした上で、平成 10 年 3 月期に新基準が唯一の「公正なる会計慣行」となっていたとは認められないとしたのである。

その理由の骨子は、新基準を唯一の公正なる会計慣行と認めるためには、会計慣行の変更に伴って、企業会計の継続性の点で支障が生じ、関係者への不意打ちとなるような場合には、これに対する必要な手当てを講じることが必要であること、基準として一義的に明確なものであること、これが唯一の基準となることの周知徹底が図られていること、以上の要件が必要であるが、本件ではこれらの要件を充たしていないというものである。

東京地裁民事部のこの判断は、適正手続の精神に基づくものであるが、本来、刑事手続においてこそ、尊重されるべきものであった。

整理回収機構は直ちに控訴したが、東京高裁民事部は、平成 18 年 11 月 29 日、一審判決を支持し、控訴を棄却する判決を言い渡した。

そこで、整理回収機構側が最高裁に上告及び上告受理の申し立てを行った。この事件は、刑事事件と同じ第二小法廷に係属した。

なおこのほかに、長銀の平成 9 年度の中間決算をめぐり、一般投資家が被告人らを含む取締役に対し損害賠償請求事件を提訴したが、請求棄却の判決が確定している（大阪地裁平成 19 年 4 月 13 日判決（(判夕 1256 号 297 頁)）、大阪高裁平成 20 年 2 月 28 日判決（(公刊物未登載)）。平成 20 年 3 月 14 日確定）。

これらの民事判決は、いずれも税法基準を公正なる会計慣行として認め、平成 9 年度の中間期及び年度末決算の適法性を認めたものである。

そこで、最高裁は、長銀の平成 9 年度の決算について、民事部の判決と刑事部の判決との事実認定のねじれと法令解釈の統一を迫られることとなった。

事実、最高裁は、刑事部の判決宣告の同日、前記長銀民事配当事件について整理回

収機構の上告を棄却し、上告受理の申し立てを受理しないとの決定をした。

### (8) 検察官の弁論

弁護側の上告理由に関する弁論に対し、検察官の最高裁における弁論の際立った特徴は、必ずしも原審判決の論理を擁護するものではなかった点にある。検察官は、弁論のなかで、原審が核心的な争点とした会計基準に関する公正なる会計慣行に関する論点をほとんど素通りした。

検察官は、立証の要点につき、検察官が償却・引当義務があるとする貸出金が回収不能見込みであったこと、したがって強行規定である商法等の規定により償却・引当義務があったのに償却・引当がなされなかったこと及びこれについての被告人らの故意が認められることのみであるとしている。

検察官としてみれば、本件では、基準がどのようなものであれ、取立不能は、あくまで取立不能であり、長銀の関連親密先に対する貸出金の査定は、商法に違反していることが明らかであるという立場、いわば、商法を解釈適用する権限は検察官に専属するという見解に終始したのである。

### (9) 無罪判決とその意義

冒頭に述べたとおり、最高裁は、高裁の判決を破棄しただけではなく、一審判決も破棄し、差し戻しをすることなく、直ちに無罪の判決を言い渡した。

最高裁判決は、資産査定通達等によって補充される改正後の決算経理基準は、新たな基準として直ちに適用するには、明確性に乏しかったと認められると述べ、過渡的な状況のもとでは、これまで「公正なる会計慣行」として行われていた税法基準の考え方によって関連ノンバンク等に対する貸出金についての資産査定を行うことが、直ちに違法であったとはいえない旨指摘している。

不明確な基準によって、違法とされるのであれば、国民は安定した法的生活を送ることができない。最高裁は、一審判決及び原判決を破棄しなければ著しく正義に反するとの判断を示した。無罪判決は、最高裁にして、ようやく、裁判所が法の番人としての職責を果たし、かろうじて、法的生活の安定を回復したものと評価できよう。

次に、税法基準によれば、必要な償却引当をしているか否かが問題となる。しかし、本件では、この点をすでに十分に立証し尽くしていた。同じ小法廷に係属している長銀民事配当事件についても同様である。

このようなことから、最高裁は本件について差し戻すことなく、直ちに無罪判決を言い渡し、民事配当事件についても同日、上告及び上告受理の申し立てを退ける決定をした。

もとより、最高裁判決によってすべての問題が解決したわけではない。

被告人とされた者及びその親族は、他の冤罪事件の例と同じく、社会から白眼視された。これらの人々の失われた 10 年は、およそ回復しがたい重大な損失である。

この判決の結論は、無論、被告人、弁護人にとっては、当然のものであるが、この結果に辿りつくには、実に長期間を要した。被告人は心身ともに疲弊したと言っても過言ではない。

　しかし、いったん、強制捜査が開始され、さらに起訴されると、防御には、とてつもないエネルギーを要する。一審の執行猶予がついた有罪判決で、正義の追求を断念して、泣き寝入りをする人も出てこようと言うものである。

　本件のように、提起された問題が、なんら、胡散臭い話ではなく、金融機関における日常的な会計処理に関する事がらであっても、破綻金融機関の旧経営陣やその弁護人が事実に関する情報を収集することは、様々な事情から困難を極めた。

　それだけに、困難を承知で、事案の真相を究明するため、快く証言、陳述書の作成を引き受け、あるいは貴重な情報を提供して下さった方々には、敬意を表し、感謝するのみである。中には、その結果、整理回収機構から手ひどいしっぺ返しを受けた人もいる。しかし、これらの司法に対する協力者の証言等がなければ、今日の結論を得ることはできなかったであろう。

　さらには、証人の中には、尋問準備において事実関係を確かめたところを翻し、法廷で過去に体験した事実を述べるよりは、検察官の見解に沿う自説を述べた人もいることも付言しておこう。さまざまな人間模様がある。

　一部の報道機関は、判決後の論評においてさえ、刑事事件によって、公的資金の投入という事態を招いた責任者を糾弾できると考えている節がみられるが、刑事手続に対する理解に欠け、誤っている。

　この事件は、刑事訴訟法の理念を実現することの難しさを痛感させると同時に、司法（JUSTICE）への希望を改めて想起させるものであった。

第1部　事件の概要と最高裁判決

## [I] 最高裁判決

平成 17 年(あ)第 1716 号

判　　　決

大野木克信
須田　正己
鈴木　克治

　上記の者らに対する各証券取引法違反、商法違反被告事件について、平成17年6月1日東京高等裁判所が言い渡した判決に対し、各被告人から上告の申立があったので、当裁判所は、次のとおり判決する。

主　　　文

　原判決及び第1審判決を破棄する。
　被告人らはいずれも無罪。

理　　　由

　被告人大野木克信の弁護人倉科直文ほかの上告趣意は、憲法違反、判例違反をいう点を含め、実質は事実誤認、単なる法令違反の主張であり、被告人須田正己の弁護人國廣正ほかの上告趣意は、憲法違反をいう点を含め、実質は事実誤認、単なる法令違反の主張であり、被告人鈴木克治の弁護人更田義彦ほかの上告趣意は、憲法違反、判例違反をいう点を含め、実質は事実誤認、単なる法令違反の主張であって、いずれも刑訴法405条の上告理由に当たらない。

　しかしながら、所論にかんがみ、職権をもって調査すると、原判決及び第1審判決は、刑訴法411条1号、3号により破棄を免れない。その理由は、以下のとおりである。
　1　本件公訴事実の要旨は、「被告人大野木克信は、平成7年4月28日から平成10年9月28日までの間、東京都千代田区内に本店を置き長期信用銀行業務等を目的とする長期信用銀行で、発行する株式が東京証券取引所第1部等に上場されている株式会社日本長期信用銀行（以下「長銀」という。）の代表取締役頭取であった者、被告人須田正己は、平成9年10月1日から平成10年8月21日までの間、長銀の代表取締役頭取であった者、被告人鈴木克治は、平成9年10月1日から平成10年3月31日までの間、長銀の代表取締役副頭取であった者であるが、被告人3名は共謀の上、第1　長銀の業務に関し、平成10年6月29日、大蔵省関東財務局長に対し、長銀の平成9年4月1日から平成10年3月31日までの事業年度（以下「平成10年3月期」

ともいう。）の決算には 5846 億 8400 万円の当期未処理損失があったのに、取立不能のおそれがあって取立不能と見込まれる貸出金合計 3130 億 6900 万円の償却又は引当をしないことにより、これを過少の 2716 億 1500 万円に圧縮して計上した貸借対照表、損益計算書及び利益処分計算書を掲載するなどした上記事業年度の有価証券報告書を提出し、もって、重要な事項につき虚偽の記載のある有価証券報告書を提出し、第 2 長銀の上記事業年度の決算には、上記のとおり、5846 億 8400 万円の当期未処理損失があって株主に配当すべき剰余金は皆無であったのに、平成 10 年 6 月 25 日、長銀本店で開催された同社の定時株主総会において、上記当期未処理損失 2716 億 1500 万円を基に、任意積立金を取り崩し、1 株 3 円の割合による総額 71 億 7864 万 7455 円の利益配当を行う旨の利益処分案を提出して可決承認させ、そのころ、同社の株主に対し、配当金合計 71 億 6660 万 2360 円を支払い、もって、法令に違反して利益の配当をした」というものである。

上記の当期未処理損失は専ら関連ノンバンク及びこれと密接な関連のある会社で長銀の関連親密先とされるものに対する貸出金に係るものであるところ、検察官は、商法（平成 17 年法律第 87 号による改正前のもの）32 条 2 項にいう「公正ナル会計慣行」としては、後記資産査定通達等によって補充される改正後の決算経理基準のみがこれに該当し、これによれば長銀には平成 10 年 3 月期に公訴事実記載の未処理損失がある旨を主張した。そして、第 1 審は、公訴事実どおりの事実を認定して、被告人大野木克信に対し懲役 3 年、4 年間執行猶予、同須田正己に対し懲役 2 年、3 年間執行猶予、同鈴木克治に対し懲役 2 年、3 年間執行猶予の各判決を言い渡し、原審は、事実誤認、法令適用の誤り等を理由とする各被告人の控訴をいずれも棄却した。

2　原判決の認定及び記録によれば、本件の事実経過は以下のとおりである。

(1)　大蔵省（当時。以下同じ。）は、銀行法（昭和 56 年法律第 59 号）の施行に伴い、昭和 57 年 4 月に「普通銀行の業務運営に関する基本事項等について」と題する通達（いわゆる「基本事項通達」。昭和 57 年 4 月 1 日付け蔵銀第 901 号）を発出したが、その中に経理関係として、普通銀行の会計処理の基準となるべき「決算経理基準」を定めており、この通達の発出以降、普通銀行は、当該経理基準のもとで、いわゆる税法基準（銀行の貸出金については、回収不能又は回収不能見込みとして、法人税法上、損金算入が認められる額（昭和 44 年 5 月 1 日付け直審（法）25「法人税基本通達」（平成 10 年課法 2-7 による改正前のもの）9-6-4 等参照）につき、当期に貸倒償却・引当をする義務があるとされていたところ、銀行の関連ノンバンク等関連会社（以下「関連ノンバンク等」という。）に対する貸出金は、銀行がこれらに対し追加的な支援を予定している場合には、原則として回収不能見込み等とすることはできないが、銀行による金融支援が一定の要件を満たす場合には、上記「法人税基本通達」（平成 10 年課法 2-6 による改正前のもの）9-4-2 に基づき当期における債権放棄などの確定支援損の限度で、寄附金としての処理をしないで、支援損として損金算入することが認められていたことに依拠して、銀行が関連ノンバンク等に対する金融支援を継続する限りは、毎期において確定支援損として損金算入が認められる範囲で段階的な

処理を行うことができるというもの)に従った会計処理を行い、長期信用銀行においても、この基本事項通達を準用する取扱いにより、同様の会計処理を行っていた。したがって、銀行の関連ノンバンク等に対する貸出金については、一般取引先に対する貸出金とは異なり、銀行が関連ノンバンク等に対する金融支援を継続する限りは、償却・引当はほとんど行われていなかった。

(2) 平成6年、平成7年における金融機関の経営破綻を契機として、大蔵大臣の諮問機関である金融制度調査会は、金融システム安定化委員会を設置し、同年12月22日、金融機関経営の健全性の確保のための方策として「ディスクロージャーの推進」と「早期是正措置の導入」等の提言を内容とする「金融システム安定化のための諸施策」を大蔵大臣に答申した。また、大蔵省の金融検査・監督等に関する委員会も、同月26日、「今後の金融検査・監督等のあり方と具体的改善策について」と題する報告書を作成し、公表した。

(3) これらの提言等を受けて、平成8年6月21日、「金融機関等の経営の健全性確保のための関係法律の整備に関する法律」など、いわゆる金融3法が成立し公布され、これにより銀行法及び長期信用銀行法等の一部が改正され、銀行経営の健全性を確保するための金融行政当局による監督手法として、平成10年4月1日以降「早期是正措置制度」が導入されることとなった。

(4) 平成8年9月、金融3法の成立を受けて、大蔵省銀行局長の私的研究会として、「早期是正措置に関する検討会」が発足し、同検討会は、同年12月26日、自己査定ガイドラインの原案などを内容とする「中間とりまとめ」を作成し、公表した。

(5) 大蔵省大臣官房金融検査部長は、「早期是正措置に関する検討会」における検討を踏まえ、平成9年3月5日付けで、各財務(支)局長、沖縄総合事務局長及び金融証券検査官あてに「早期是正措置制度導入後の金融検査における資産査定について」と題する通達(以下「資産査定通達」という。)を発出した。この通達には、金融機関が行う資産の自己査定は、金融機関が適正な償却・引当を行うための準備作業として重要な役割を果たすことになること、早期是正措置制度は平成10年4月から導入され、導入後の金融検査においては、金融機関の自己査定の基準が明確かどうか、その枠組みがこの通達で示される枠組みに沿っているかどうかについて把握し、当該基準に従って適切に自己査定が行われているかどうかチェックすることとなるが、導入されるまでの間における金融検査においても、金融機関の自己査定のための体制整備の進展状況等について把握するよう努められたい旨の記載がある。資産査定通達は、金融証券検査官が各銀行の実施した自己査定に対する検査を適切かつ統一的に行い得るよう作成されたものであり、金融機関にも公表されていた。

(6) 資産査定通達が発出されたことを受けて、全国銀行協会連合会の融資業務専門委員会は、各銀行が自己査定をする際の参考となるよう、資産査定通達の内容についての一般的な考え方を「『資産査定について』に関するQ&A」(以下「資産査定Q&A」という。)にまとめ、平成9年3月12日付けで、全国の金融機関に送付した。

(7) 日本公認会計士協会は、資産査定通達の考え方を踏まえて、平成9年4月15日付けで、銀行等監査特別委員会報告第4号「銀行等金融機関の資産の自己査定に係る内部統制の検証並びに貸倒償却及び貸倒引当金の監査に関する実務指針」(以下「4号実務指針」という。)を作成し、公表した。これは、自己査定制度の整備状況の妥当性及び査定作業の査定基準への準拠性を確かめるための実務指針を示すとともに、貸倒償却及び貸倒引当金の計上に関する監査を実施する際の取扱いをまとめたものであった。この指針は、平成9年4月1日以降開始する事業年度に係る監査から適用するものとされた。

(8) 大蔵省大臣官房金融検査部管理課長は、平成9年4月21日付けで、金融証券検査官等にあてて、「金融機関等の関連ノンバンクに対する貸出金の査定の考え方について」と題する事務連絡(以下「9年事務連絡」という。)を発出した。これは、関連ノンバンクに対する貸出金について、関連ノンバンクの体力の有無、親金融機関等の再建意思の有無、関連ノンバンクの再建計画の合理性の有無等を総合的に勘案して査定することを内容としていたが、金融機関一般には公表されていなかった。

(9) 9年事務連絡の発出を受けて、全国銀行協会連合会の融資業務専門委員会は、いわゆる関連ノンバンク向け貸出金についての資産査定に関して、9年事務連絡の内容についての一般的な考え方を「『資産査定について』に関するQ&Aの追加について」(以下「追加Q&A」という。)としてとりまとめ、平成9年7月28日付けで、全国の金融機関に送付した。

(10) 大蔵省銀行局長は、長銀の代表取締役頭取にあてて、平成9年7月31日付けで、「『普通銀行の業務運営に関する基本事項等について』通達の一部改正について」(蔵銀第1714号)及び「長期信用銀行の業務運営に関する基本事項等について」(蔵銀第1729号)と題する各通達を発出し、基本事項通達の一部を改正することとした旨及び長期信用銀行の業務運営については一部の事項を除き改正された基本事項通達によるものとする旨を通達した。基本事項通達の改正においては、決算経理基準の中の「貸出金の償却」及び「貸倒引当金」の規定などが改正された(以下、改正された決算経理基準を「改正後の決算経理基準」という。)。そこでは、回収不能と判定される貸出金等については債権額から担保処分可能見込額及び保証による回収可能額を減算した残額を償却・引当すること、最終の回収に重大な懸念があり損失の発生が見込まれる貸出金等については債権額から担保処分可能見込額及び保証による回収可能額を減算した残額のうち必要額について引当すること、これら以外の貸出金等について、貸倒実績率に基づき算定した貸倒見込額の引当をすることなどを定めていた。この定めは、本営業年度(平成9年に係る営業年度)の年度決算から適用することとされた。

(11) 長銀では、事業推進部が関連ノンバンクを含む長銀の関連親密先とされる会社に対する貸出金に関する自己査定基準の策定を担当した。事業推進部では、自己資本比率(BIS比率)の維持を図るなどのため、償却・引当の財源を見据え、平成9年6月30日を基準日として実施された自己査定トライアル及び同年12月31日を基準日

第1部 事件の概要と最高裁判決

として実施された自己査定本番における各査定状況等を踏まえて、当初策定した基準案に償却・引当が緩和されることとなる数度の修正を加え、平成10年3月30日、それ以外の「一般先」とは異なる査定基準を内容とする「特定関連親密先自己査定運用細則」及び「関連ノンバンクにかかる自己査定運用規則」を確定させた。

⑿　長銀は、平成10年3月期決算について、上記運用細則ないし運用規則に従って、関連ノンバンクを含む長銀の関連親密先とされる会社に対する貸出金の資産分類、償却・引当の実施の有無を査定したが、その自己査定は⑴で述べた改正前の決算経理基準のもとでのいわゆる税法基準によれば、これを逸脱した違法なものとは直ちには認められないが、資産査定通達、4号実務指針及び9年事務連絡(以下、これらを「資産査定通達等」という。)によって補充される改正後の決算経理基準の方向性からは逸脱する内容となっていた。

⒀　長銀では、上記自己査定の結果に基づいて策定された平成10年3月期決算の基本方針を同年3月31日の常務会で承認し、同期決算案を同年4月28日の取締役会などで承認した。そして、同年6月25日に開催された定時株主総会において、同期営業報告書、貸借対照表、損益計算書を報告するとともに、当期未処理損失が2716億円余りであることを前提に任意積立金を取り崩し、1株当たり3円の割合による利益配当を行う旨の利益処分計算書案を議案として提出し、可決承認された。そして、これに基づき、そのころ、長銀の株主に対し、合計71億円余りの配当が支払われた。

⒁　その後、長銀は、平成10年3月期に係る有価証券報告書を完成させ、平成10年6月29日、大蔵省関東財務局長あてにこれを提出した。

3　事実経過は以上のとおりであるところ、原判決は第1審判決を是認して被告人らに対し虚偽記載有価証券報告書提出罪及び違法配当罪の成立を認めたものであるが、その理由の要旨は、次のとおりである。

⑴　資産査定通達等及び改正後の決算経理基準は、金融機関の健全性を確保する目的で、平成10年4月1日から導入される早期是正措置制度を有効に機能させるために必要な金融機関の資産内容の査定方法や適正な償却・引当の方法を明らかにし、それにより資産内容の実態を正確かつ客観的に反映した財務諸表を作成することを目指して策定されたものといえ、しかも全国銀行協会連合会等を通じて金融機関にその内容が公表・送付され、周知徹底が図られてきた。資産査定通達等が示す資産査定の方法、償却・引当の方法等は、金融機関の貸出金等の償却・引当に関する合理的な基準であり、基準としても明確なものであり、同様の趣旨・目的のもとに発せられた基本事項通達の一部改正通達における改正後の決算経理基準の内容を補充するものとみることができる。

⑵　資産査定通達等は、本件当時(平成10年3月期決算時)における「公正ナル会計慣行」そのものではなく、これを推知するための有力な判断資料ともいうべき性格のものと考えられるが、金融検査官は資産査定通達、9年事務連絡に従って検査をし、会計監査法人は4号実務指針に従って監査をし、金融機関側でも、「資産査定Q&A」、

「追加Ｑ＆Ａ」を作成してその周知を図っており、資産査定通達等の発出から平成10年３月の決算時までに約１年あって周知の期間も確保されていること、本件当時、金融機関においては、従来に比してより透明性の高い明確な資産査定等による会計処理が求められるに至っていたことに照らすと、本件当時においては、資産査定通達等の定める基準に基本的に従うことが「公正ナル会計慣行」となっており、資産査定通達等の趣旨に反し、その定める基準から大きく逸脱する会計処理は、「公正ナル会計慣行」に従ったものとはいえない。従前「公正ナル会計慣行」として容認されていた税法基準による会計処理や、関連ノンバンク等についての段階的処理等を容認していた従来の会計処理はもはや「公正ナル会計慣行」に従ったものではなくなった。言い換えると、資産査定通達等の示す基準に基本的に従うことが唯一の「公正ナル会計慣行」である。

(3) 長銀の作成した自己査定基準は、「関連親密先に係る債務者区分」、「長銀のみが取引銀行である関連ノンバンクに対する資産査定」、「『特定先』に当たる関連親密先とその債務者区分」、「関連ノンバンク等の関係会社向け貸出金の査定」、「関連ノンバンクに対する賃貸借型貸付有価証券の査定」の各点において、資産査定通達等の趣旨に反し、その定める基準を大きく逸脱したもので、許されないものである。

(4) 資産査定通達等の示す基準に従えば、長銀においては、平成10年３月期の決算について5846億円余りの当期未処理損失があったと認められるところ、被告人らは、いまだ数千億円にも上る未処理損失があることを認識しながら、上記の自己査定基準に基づき、当期未処理損失を過少の2716億円余りとする平成10年３月期決算を策定して取締役会等で承認しており、本件虚偽記載有価証券報告書提出罪に関する故意の存在及びその共謀の成立を認めることができ、また圧縮した数千億円にも上る未処理損失を考慮すると、株主に配当することができる剰余金は存在しないのに、被告人らはこのような事情を認識しながら、虚偽の内容を記載した財務諸表及び利益処分計算書等を取締役会等で承認した上で、株主総会に提出して承認可決させ、株主への配当を実施しているから、違法配当罪に関する故意の存在及びその共謀の成立を認めることができる。

4　しかしながら、原判決の上記判断は是認することができない。その理由は、次のとおりである。

(1) 原判決は、前記３のとおり、平成10年３月期の決算の当時においては、資産査定通達等によって補充される改正後の決算経理基準に基本的に従うことが唯一の公正なる会計慣行となっており、改正前の決算経理基準のもとでのいわゆる税法基準による会計処理では公正なる会計慣行に従ったことにはならないというものである。

しかしながら、資産査定通達等によって補充される改正後の決算経理基準は、金融機関がその判断において的確な資産査定を行うべきことが強調されたこともあって、以下に述べるとおり、大枠の指針を示す定性的なもので、その具体的適用は必ずしも明確となっておらず、取り分け、別途９年事務連絡が発出されたことなどからもうか

がえるように、いわゆる母体行主義を背景として、一般取引先とは異なる会計処理が認められていた関連ノンバンク等に対する貸出金についての資産査定に関しては、具体性や定量性に乏しく、実際の資産査定が容易ではないと認められる上、資産査定通達等によって補充される改正後の決算経理基準が関連ノンバンク等に対する貸出金についてまで同基準に従った資産査定を厳格に求めるものであるか否か自体も明確ではなかったことが認められる。すなわち、記録によれば、

ア 改正後の決算経理基準は、前記2⑽記載のとおり、回収不能と判定される貸出金等に関する償却ないし引当、最終の回収に重大な懸念があり損失の発生が見込まれる貸出金等に関する必要額の引当、これら以外の貸出金等に関する貸倒実績率に基づき算定した貸倒見込額の引当などについて定めているが、それ自体は具体的かつ定量的な基準とはなっていなかった。

イ 資産査定通達についても、定性的かつガイドライン的なものである上、同通達において初めて導入された債務者区分の概念は、例えば「破綻懸念先」の定義において、「(中略) 自行 (庫・組) としても消極ないし撤退方針としており、今後、経営破綻に陥る可能性が大きいと認められる先をいう」として、母体行主義のもとにおける関連ノンバンク等に対する貸出金についてこれまで採られていた資産査定方法を前提とするような表現が含まれているなど、関連ノンバンク等に対する貸出金についての資産査定に関してまで資産内容の実態を客観的に反映させるという資産査定通達の趣旨を徹底させるものか否かが不明確であった。また、9年事務連絡は、一般取引先とは異なる関連ノンバンクに対する貸出金についての資産査定の考え方を取りまとめたものであるが、その内容も具体的かつ定量的な基準を示したものとはいえない上、前記追加Q&Aに反映はされていたものの、金融機関一般には公表されていなかった。

ウ 4号実務指針については、具体的な計算の規定と計算例がないなど、これに基づいた償却・引当額の計算が容易ではなく、また、資産分類 (分類Ⅰ～Ⅳ) について触れた規定がなく、債務者区分、資産分類、引当金算定の関係が必ずしも明確でないなど、結局、定性的な内容を示すにとどまり、資産査定に当たって定量的な償却・引当の基準として機能し得るものとなっていなかった上、銀行の関連ノンバンク等に対する貸出金についてまでその対象とするものであれば、それまでの取扱いからして、明確とされていてしかるべきところの、将来発生が見込まれる支援損 (支援に要する費用) につき引当を要するのか否かが明確にされていないなど (平成11年4月の金融検査マニュアルにおいては、支援に伴い発生が見込まれる損失見込額に相当する額を特定債務者支援引当金として計上することなどが定められるとともに、これを受けて4号実務指針も改正され、上記部分が明確にされた。)、関連ノンバンク等に対する貸出金についての資産査定に関してまで4号実務指針の対象とすることを徹底して求めるものか否か必ずしも明らかでなかった。

エ 加えて、資産査定通達等の目指す決算処理のために必要な措置と考えられていた税効果会計 (企業会計上の資産又は負債の金額と課税所得計算上の資産又は負債の金額

との間に差違がある場合において、当該差違に係る法人税等の金額を適切に期間配分することにより、法人税等を控除する前の当期純利益の金額と法人税等の金額を合理的に対応させることを目的とする会計処理）が導入されていなかった本件当時においては、資産査定通達等によって補充される改正後の決算経理基準に従って有税による貸出金の償却・引当を実施すると、その償却・引当額につき当期利益が減少し、自己資本比率（BIS比率）の低下に直結して市場の信認を失い、銀行経営が危たいにひんする可能性が多分にあった。

オ　以上のようなことから、平成10年3月期の決算に関して、多くの銀行では、少なくとも関連ノンバンク等に対する貸出金についての資産査定に関して、厳格に資産査定通達等によって補充される改正後の決算経理基準によるべきものとは認識しておらず、現に長銀以外の同期の各銀行の会計処理の状況をみても、大手行18行のうち14行は、長銀と同様、関連ノンバンク等に対する将来の支援予定額については、引当金を計上しておらず、これを引当金として計上した銀行は4行に過ぎなかった。また、長銀及び株式会社D銀行の2行は要償却・引当額についての自己査定結果と金融監督庁の金融検査結果とのかい離が特に大きかったものの、他の大手行17行に関しても、総額1兆円以上にのぼる償却・引当不足が指摘されていたことなどからすると、当時において、資産査定通達等によって補充される改正後の決算経理基準は、その解釈、適用に相当の幅が生じるものであったといわざるを得ない。

(2)　このように、資産査定通達等によって補充される改正後の決算経理基準は、特に関連ノンバンク等に対する貸出金についての資産査定に関しては、新たな基準として直ちに適用するには、明確性に乏しかったと認められる上、本件当時、関連ノンバンク等に対する貸出金についての資産査定に関し、従来のいわゆる税法基準の考え方による処理を排除して厳格に前記改正後の決算経理基準に従うべきことも必ずしも明確であったとはいえず、過渡的な状況にあったといえ、そのような状況のもとでは、これまで「公正ナル会計慣行」として行われていた税法基準の考え方によって関連ノンバンク等に対する貸出金についての資産査定を行うことをもって、これが資産査定通達等の示す方向性から逸脱するものであったとしても、直ちに違法であったということはできない。

5　そうすると、長銀の本件決算処理は「公正ナル会計慣行」に反する違法なものとはいえないから、本件有価証券報告書の提出及び配当につき、被告人らに対し、虚偽記載有価証券報告書提出罪及び違法配当罪の成立を認めた第1審判決及びこれを是認した原判決は、事実を誤認して法令の解釈適用を誤ったものであって、破棄しなければ著しく正義に反するものと認められる。

よって、刑訴法411条1号、3号により原判決及び第1審判決を破棄し、同法413条ただし書、414条、404条、336条により被告人3名に対しいずれも無罪の言渡しをすることとし、裁判官全員一致の意見で、主文のとおり判決する。なお、裁判官古田佑紀の補足意見がある。

第1部　事件の概要と最高裁判決

裁判官古田佑紀の補足意見は、次のとおりである。

私は、平成10年3月期における長銀の本件決算処理が、当時の会計処理の基準からして直ちに違法とすることはできないとする法廷意見に与するものであるが、以下の点を補足して述べておきたい。

本件は、当時、銀行の財務状態を悪化させる原因であるいわゆる不良債権の相当部分を占めていた関連ノンバンク及びその不良担保の受皿となっていた会社など関連ノンバンクと密接な業務上の関係を有する企業グループに対する貸付金等の評価に関する事案である。

関連ノンバンクについては、母体行主義が存在していたため、母体行である銀行は、自行の関連ノンバンクに対し、原則として積極的支援をすることが求められる立場にあったと認められるところ、税法基準においては、積極的支援先に対する貸付金には原則として回収不能と評価することはできないという考え方が取られており、この考え方からは、関連ノンバンクに対する貸付金を回収不能とすることは困難であったと思われる。

本件当時、関連ノンバンクに対する貸付金の評価については、関連ノンバンクの体力の有無、母体行責任を負う意思の有無等によって区分して評価することとした9年事務連絡が発出され、これを反映した全国銀行協会連合会作成の追加Q&Aが発表されているものの、同事務連絡自体は公表されておらず、内部文書にとどまっていることからすれば、これに金融機関を義務付けるような効果を認めることは困難であり、また、その適用においても金融機関において相当の幅が生じることが予想されるものであったと考えられる。

そうすると、本件における長銀の関連ノンバンク等に対する貸付金の査定基準は、貸付先の客観的な財務状態を重視する資産査定通達の基本的な方向には合致しないものであるとしても、法廷意見も指摘するとおり、母体行主義のもとにおける関連ノンバンク等に対する貸出金についてこれまで採られていた資産査定方法を前提とするような表現があるなど、少なくとも関連ノンバンクに関しては、同通達上、税法基準の考え方による評価が許容されていると認められる余地がある以上、当時として、その枠組みを直ちに違法とすることには困難がある。

もっとも、業績の深刻な悪化が続いている関連ノンバンクについて、積極的支援先であることを理由として税法基準の考え方により貸付金を評価すれば、実態とのかい離が大きくなることは明らかであると考えられ、長銀の本件決算は、その抱える不良債権の実態と大きくかい離していたものと推認される。このような決算処理は、当時において、それが、直ちに違法とはいえず、また、バブル期以降の様々な問題が集約して現れたものであったとしても、企業の財務状態をできる限り客観的に表すべき企業会計の原則や企業の財務状態の透明性を確保することを目的とする証券取引法における企業会計の開示制度の観点から見れば、大きな問題があったものであることは明らかと思われる。

検察官大鶴基成　公判出席

平成 20 年 7 月 18 日
最高裁判所第二小法廷

　　　　　　　　　　　　　　　裁判長裁判官　中川了滋
　　　　　　　　　　　　　　　　　裁判官　津野　修
　　　　　　　　　　　　　　　　　裁判官　今井　功
　　　　　　　　　　　　　　　　　裁判官　古田佑紀

第1部 事件の概要と最高裁判決

## II 年　表

**長銀経営陣に対する責任追及と金融制度の動き等年表**

| 年　月　日 | 長銀経営陣に対する刑事責任の追及 | 金融制度の動き、並びに長銀旧経営陣に対する民事責任の追及 |
|---|---|---|
| 平成8年<br>(1996) | | 1月30日　「住専処理法の具体化について」(閣議了解)<br>6月18日　住専処理法成立<br>12月26日　早期是正措置「中間とりまとめ」公表 |
| 平成9年<br>(1997) | | 3〜8月　資産査定通達等一連の自己査定ガイドラインを発出、公表<br>6月19日　早期是正措置検討会が98年4月からの実施を決定<br>7月4日　不良債権償却証明制度廃止<br>7月31日　改正決算経理基準発出<br>7月　アジア危機勃発<br>11月　日本金融危機　三洋証券会社更生法申請、コール市場麻痺<br>11月17日　拓銀経営破たん<br>11月24日　山一証券自主廃業 |
| 平成10年<br>(1998) | | 1〜4月　大蔵省接待汚職摘発<br>1月12日　橋本首相、国会で確言「日本発の金融恐慌は起こさない」<br>2月16日　金融安定化法成立<br>3月　金融危機管理委員会、都長銀等21行に公的資金注入<br>6月　長銀株アタック<br>6月8日　大蔵省、金融機関に対する通達を全廃<br>6月22日　金融監督庁発足<br>6月25日　**長銀定時株主総会**（本件配当決議）<br>7月12日　参議院選挙<br>8月　「金融国会」始まる<br>9月24日　アメリカでLTCM破たん救済<br>10月12日　金融再生関連4法成立<br>10月16日　金融健全化法成立<br>10月23日　長銀が金融再生法に基づく特別公的管理申請、一時国有銀行化決定<br>12月13日　日債銀、特別公的管理決定 |
| 平成11年<br>(1999) | | 2月21日　「長銀の不良債権隠し、事業推進部が主導」と報道 |

(上22)

## Ⅱ 年表〔長銀事件関係年表〕

| 年 月 日 | 長銀経営陣に対する刑事責任の追及 | 金融制度の動き、並びに長銀旧経営陣に対する民事責任の追及 |
|---|---|---|
| | | 3月12日 金融再生委員会、大手15行の経営健全化計画を承認、7兆4500億円の公的資金注入、税効果会計の適用 |
| | | 3月31日 大手行決算、7兆円余の公的資金注入、税効果会計の導入に伴う6.6兆円の不良資産償却、引き当てを実施 |
| | | 4月8日 金融監督庁、「金融検査マニュアル」公表 |
| | | 4月20日 「長銀独自査定で不良債権隠し」等とする報道、連日続く |
| | | 5月18日 「長銀元頭取、『甘い査定』承認」とする報道 |
| 5月20日 | | 大野木、鈴木に対する第1回取調べ(任意) | 5月24日 「長銀不良債権、う回融資で検査逃れ」等の報道、連日続く |
| 6月10日 | 大野木、須田、鈴木逮捕(東京地検特捜部部長中井憲治、副部長岩村修二) | 6月8日 「きょう強制捜査」と報道 |
| 6月11日 | 勾留(証券取引法違反) | 6月11日 「長銀監査、虚偽説明うのみ」と報道 |
| 6月30日 | **起訴**(証券取引法違反、商法違反)(東京地検検事大野崇) | |
| 7月6日 | 保釈(大野木、須田) | |
| 7月7日 | 保釈(鈴木) | 8月20日 興銀、第一勧銀、富士が統合計画発表 |
| 11月19日 第1回公判 | 冒頭手続(裁判長金山薫) 冒頭陳述(幕田英雄、葛西敬一、永幡無二雄検事) | 10月14日 住友、さくら合併を発表 |
| | | 12月1日 大阪株主、元取締役に対する損害賠償請求事件を大阪地裁に提訴 |
| 12月15日 第2回公判 | 検察官請求証拠取調べ、証人高野円尋問 | 12月16日 旧長銀が東京地裁に民事配当、ノンバンク、EIE第1次、初島各損害賠償請求事件を提訴 |
| 平成12年 (2000) 1月20日 第3回公判 | 証人吉武正訓尋問 | |
| 2月10日 第4回公判 | 証人吉武反対尋問 | |
| 2月24日 第5回公判 | 書証取調べ等 | 3月 新生銀行発足、名称変更は6月5日 |
| 4月14日 第6回公判 | 裁判長交代(裁判長大野市太郎)、公判手続の更新、弁護人冒頭陳述 | 3月14日 三和、東海、あさひが事業統合を発表(のちに、あさひは離脱) |

— 23 —

(上 23)

第1部　事件の概要と最高裁判決

| 年　月　日 | | 長銀経営陣に対する刑事責任の追及 | | 金融制度の動き、並びに長銀旧経営陣に対する民事責任の追及 |
|---|---|---|---|---|
| | 4月26日 | 第7回公判 | 被告人質問（大野木） | |
| | 5月19日 | 第8回公判 | 被告人質問（大野木） | 5月24日　改正預金保険法成立（金融再生法、健全化法を恒久化。これにより、セーフティーネット形成） |
| | 6月8日 | 第9回公判 | 被告人質問（大野木、須田） | |
| | 7月12日 | 第10回公判 | 被告人質問（須田） | |
| | 7月25日 | 第11回公判 | 被告人質問（鈴木） | 7月1日　金融庁発足（金融監督庁と大蔵省金融企画局を統合） |
| | 8月4日 | 第12回公判 | 被告人質問（鈴木） | |
| | 9月12日 | 第13回公判 | 証人鈴木恒男尋問 | |
| | 10月4日 | 第14回公判 | 証人鈴木恒男反対尋問 | 10月4日　三和、東海、東洋信託の3行が経営統合計画を発表（新名称は「UFJグループ」） |
| | 10月27日 | 第15回公判 | 証人越石一秀尋問 | |
| | 11月15日 | 第16回公判 | 証人大田秀晴尋問 | 11月　「不良債権残高17兆円、大手16行、9月末中間決算で、高止まり続く」と報道 |
| | 12月7日 | 第17回公判 | 公判手続の更新、証人大岩一彦尋問 | |
| 平成13年(2001) | 1月18日 | 第18回公判 | 証人千葉務尋問 | |
| | 2月8日 | 第19回公判 | 証人田島哲朗、中島敬雄尋問 | 2月　「銀行の問題債権64兆円」、「進まぬ最終処理引当金不足一気に露呈」との報道 |
| | 3月2日 | 第20回公判 | 証人秋山正明尋問 | |
| | 3月23日 | 第21回公判 | 報道番組ビデオテープ証拠調べ | |
| | 4月13日 | 第22回公判 | 証人岸田雅雄、西崎哲郎尋問 | 4月1日　三井住友銀行、発足<br>4月2日　UFJホールディングス発足 |
| | 5月9日 | 第23回公判 | 被告人質問（須田） | 5月16日　「同じ融資先査定ばらつく」との報道 |
| | 5月25日 | 第24回公判 | 被告人質問（須田） | |
| | 6月7日 | 第25回公判 | 被告人質問（須田） | |
| | 6月26日 | 第26回公判 | 被告人質問（鈴木） | |
| | 7月12日 | 第27回公判 | 被告人質問（鈴木） | |
| | 8月21日 | 第28回公判 | 証人高橋洋一尋問、被告人質問（鈴木、大野木） | 8月14日　不良債権問題の長期化で、金融庁高官のインタビュー記事 |
| | 9月11日 | 第29回公判 | 書証取調べ等 | |
| | 9月28日 | 第30回公判 | 裁判長交代（裁判長川口宰ефор）、公判手続の更新 | 9月21日　大和、あさひ、経営統合で基本合意と発表 |

## II 年表〔長銀事件関係年表〕

| 年　月　日 | | 長銀経営陣に対する刑事責任の追及 | 金融制度の動き、並びに長銀旧経営陣に対する民事責任の追及 |
| --- | --- | --- | --- |
| | | 被告人質問（大野木） | |
| | 10月5日 | 第31回公判　被告人質問（大野木） | |
| | 11月2日 | 第32回公判　証人内藤純一尋問、被告人質問（大野木） | 11月27日　「大手銀、査定を厳格化」「大手13行、不良債権処理6兆円」等、不良債権処理の遅れを報道 |
| | 12月19日 | 第33回公判　論告（検察官保坂直樹、大圖明） | |
| 平成14年(2002) | 3月8日 | 日債銀事件の証人中井省尋問調書の取寄せ決定 | 1月1日　欧州単一通貨ユーロ流通開始<br>1月15日　UFJ銀行が開業<br>2月15日　「不良債権処理、首相、金融相に指示」との報道 |
| | 3月12日 | 第34回公判　最終弁論 | 3月7日　RCCが東京地裁に、長銀元取締役に対し、31億円を請求するEIE二次事件を提訴 |
| | 3月13日 | 第35回公判　最終弁論 | 4月25日　初島事件で元副頭取の損害賠償責任を認める判決 |
| | 6月28日 | 判決言渡し期日（6月11日）の変更決定 | 7月18日　EIE一次事件で、請求棄却の判決 |
| | 9月10日 | 第36回公判　**判決言渡し**（裁判長川口宰護） | 9月30日　小泉内閣改造、竹中金融担当大臣就任、竹中路線スタート<br>10月31日　経財相が、金融再生プログラムを発表。税効果会計の見直しは先送り。経営責任の追及後退 |
| | 9月17日 | 控訴申立 | 11月8日　金融庁、銀行検査の結果、不良債権額は自己査定より35％超と発表<br>11月29日　政府、金融再生の工程表を発表、大手行に3段階で改革を促す<br>12月11日　改正預金保険法成立、ペイオフ解禁を2年猶予 |
| 平成15年(2003) | 4月8日 | 判決謄本（平成15年3月10日付）受領 | 1月28日　金融庁特別検査開始<br>2月12日　りそなホールディングス、2003年3月期の最終赤字1850億円と修正発表<br>3月1日　大和、あさひ両行の合併でりそな銀行発足<br>4月25日　特別検査結果公表。大手銀行不良債権処理による追加損失1兆3000億円<br>4月28日　日経平均がバブル崩壊後の最安値を更新<br>5月16日　りそなグループが公的資金注入の申請を決定、政府は金融危機対応会議で2兆円規模の公的資金注入により、実質国有化を決める |

— 25 —

(上 25)

第1部　事件の概要と最高裁判決

| 年　月　日 | | 長銀経営陣に対する刑事責任の追及 | | 金融制度の動き、並びに長銀旧経営陣に対する民事責任の追及 |
|---|---|---|---|---|
| | | | | 9月10日　「不良債権の銀行自己査定額、金融庁検査と格差縮小」と報道 |
| | 12月25日 | | 控訴趣意書提出 | 12月　足利銀行、一時国有化 |
| 平成16年<br>(2004) | 1月16日 | 進行協議期日 | | 2月19日　新生銀行が破綻後5年で東証1部に株式上場 |
| | 5月24日 | 進行協議期日 | | 3月25日　長銀ノンバンク支援事件第一審判決（一部認容） |
| | 6月18日 | | 答弁書<br>事実取調べ請求書を提出 | |
| | 7月9日 | 進行協議期日 | | |
| | 7月13日 | 第1回公判 | （裁判長仙波厚、検察官新堀敏彦） | |
| | | | 立証計画等 | |
| | 9月10日 | 第2回公判 | 被告人質問(大野木、須田) | |
| | | | | 10月1日　民事配当事件で証人尋問(1)大岩、大田尋問 |
| | 10月8日 | 第3回公判 | 証人西崎哲郎尋問、被告人質問（鈴木） | 9月22日　東京高裁がEIE一次事件について、控訴棄却の判決 |
| | 10月28日 | 第4回公判 | 証人倉田勲尋問 | |
| | | | | 10月29日　同(2)大野木、須田、鈴木(恒)尋問 |
| | | | | 11月5日　同(3)証人西崎哲郎、岡田明重尋問 |
| | 11月12日 | 第5回公判 | 証人中井省尋問、被告人質問（鈴木） | |
| | | | | 11月19日　同(4)証人山谷耕平弁護士、中井省尋問 |
| | 12月10日 | 第6回公判 | 被告人質問（須田、大野木） | |
| 平成17年<br>(2005) | 1月21日 | 第7回公判 | 被告人質問（反対尋問、裁判官の補充尋問） | |
| | 2月24日 | 第8回公判 | 双方弁論（検察官吉田広司） | 3月17日　最高裁がEIE一次事件について、上告棄却、上告を受理しない旨決定（裁判長泉徳治） |
| | | | | 5月19日　配当事件一審判決（請求棄却）（裁判長西岡清一郎） |
| | 6月10日 | 第9回公判 | 弁論再開、民事判決書を証拠調べ | |
| | 6月21日 | 第10回公判 | **判決言渡し**（裁判長仙波厚） | |

(上 26)

— 26 —

**II** 年表〔長銀事件関係年表〕

| 年 月 日 | | 長銀経営陣に対する刑事責任の追及 | 金融制度の動き、並びに長銀旧経営陣に対する民事責任の追及 |
|---|---|---|---|
| | 7月4日 | 上告、上告受理申立て | |
| | 8月5日 | 大野木、須田、上告受理申立理由書提出 | |
| | 8月24日 | 上告受理決定がなかったことの通知 | |
| | 9月15日 | 弁護団、調査官面接（調査官井上弘通） | 10月1日　三菱UFJ民事グループ経営統合 |
| | 9月22日 | 上告趣意書差出最終日延期 | 12月27日　鈴木、整理回収機構と和解 |
| 平成18年(2006) | 2月28日 | 大野木、須田、鈴木上告趣意書提出 | |
| | 5月 | 那須弘平弁護人、辞任 | 5月10日　金融庁が中央青山監査法人に対し、一部業務停止命令を発動 |
| | 9月4日 | 岸田雅雄教授意見書を提出 | |
| | 10月6日 | 須田、上告趣意補充書提出 | |
| | 10月13日 | 大野木、上告趣意補充書提出 | 11月29日　配当事件控訴審判決（控訴棄却）（裁判長藤村啓） |
| 平成19年(2007) | 2月16日 | 鈴木、上告趣意補充書提出 | みすず監査法人（旧中央青山監査法人）が7月を目途として実質解体を発表 |
| 平成20年(2008) | 2月18日 | 公判期日通知 | |
| | 4月21日 | 公判期日　双方が弁論（検察官大鶴基成） | |
| | 7月18日 | 公判期日　**最高裁（第二小法廷）判決言渡し**（裁判長中川了滋） | 7月18日　民事配当事件、上告棄却の決定（第二小法廷） |

＊この間、米国で、サブプライムローンに起因する金融危機が発生し（予兆は 2005 年から現れ、2007 年から崩壊始まる）、2008 年 9 月 15 日、リーマンブラザース破綻、16 日米政府、FRB が大手保険会社 AIG を救済。これ以後、数週間のうちに世界規模の金融市場麻痺状況が発生した。

第１部　事件の概要と最高裁判決

## 本件に関する経済・金融の情勢及び

| 年度 | バブル期 | 90〜91 | 92（平成4） | 93（平成5） | 94（平成6） | 95（平成7） |
|---|---|---|---|---|---|---|
| 特記事項 | プラザ合意 (85/9)　BIS比率導入 (88) | バブル潰し　総量規制・地価税　公定歩合引上げ | MOF不良資産対策発表 (8) | | MOF不良資産処理方針発表 (2) | 行政の転換構想　大和銀行N.Y.事件 (9)　住専最終処理 (12) |
| 政治 | 自民政権　非自民政権 | ─宮沢政権(91/3)─ | | ─細川(8)─ | ─羽田(4)─→村山(6) | ─（自社さ）─→ |
| 経済 | 円高不況　バブル | | | 平成不況 | | 回復 |

| 行政システム | ─────────── 官主導期 ───────────→ |
|---|---|
| | （破綻回避・事前指導型行政） |

| セーフティネット<br>不稼働処理方針<br>公的資金 | 護送船団（破綻防止）<br>計画的・段階的処理方針────<br>投入不発　　　　　　　　　　　公的資金タブー化<br>（宮沢構想）　　　　　　　　　　（住専処理） |
|---|---|

| 検査官・会計監査<br>人への指針<br>（　）は非公開 | （六年メモ）──→（七年事務連絡） |
|---|---|

| 決算会計慣行 | 銀行局長通達（決算経理基準）────<br>税法基準　一搬先：法人税基本通達 9-6-4 等────<br>　　　　　無税認定（償却証明制度）────<br>　　　　　関連ノンバンク支援：法人税基本通達 9-4-2<br><br>自己査定 |
|---|---|

| 長銀の関連ノンバンク支援 | 4社収益支援 | | （NED）────<br>（長銀リース）──── | | （日本リース）────→支援完了 |
|---|---|---|---|---|---|
| | | 物件引取り──事業化による支援──── | | | （本格化）──── |

| 不良債権 | 全国銀行 | | | 3.4 兆円 | 5.2 | 13.3 |
|---|---|---|---|---|---|---|
| 処理・支援損 | 長　　銀 | | 887 億円 | 2874 | 3433 | 6500 |

## 金融行政の推移ならびに長銀の対応
（大野木弁護団作成）

```
MOF は大蔵省
PCA は早期是正措置
FSA は金融監督庁　の略
```

| 96（平成8） | 97（平成9） | 98（平成10） | 99（平成11）以降 |
|---|---|---|---|
| PCA導入決定 / PCA中間取りまとめ発表 / ビッグバン発表 | 日債銀救済 / MOF分割決定 / アジア危機（FSA設置法）/ 三洋・山一・拓銀破綻 / 金融危機 / 公的資金限定注入 | MOF接待汚職摘発 / 長銀株アタック / FSA発足 / 金融国会 / 再生法・健全化法 / 長銀・日債銀国有化 / 公的資金本格注入 / 税効果会計導入 | 金融庁発足 / 預金保険法改正 / 大手行合併 / 竹中路線スタート / りそなグループ救済 |
| (6) (11) (12) | (4)(6) (7)(11) (3) | (1〜4) (6) (8〜12)(10) (10/12) (3) (3) | (00/7) (01/4) (02/10) (03/5) |

橋本(1) ──────── （自社さ） ──────→ 小渕(8) ──────（自公自）──── 森(00/4) → 小泉(01/4) （自公）
（参院選自民敗北）(7)

| 回復 | デフレ政策・金融危機 | 危機回復　金融危機再発 | 金融危機回避　構造改革・デフレ経済 |

← 官から政への移行期 →　← 政主導 →
（市場原理、事後是正型への転換過渡期）（行政の空白期）（破綻事後処理型行政）
（官は検査行政へ特化）

‐‐‐ セーフティーネット空白期 ‐‐‐→ 再生法健全化法 ‐‐‐→ 改正預金保険法 ‐‐‐→
金融マニュアル ‐‐‐→

‐‐‐ 限定的投入 ‐‐‐→ 本格投入 ‐‐‐→ 救済投入 ‐‐‐→
（貸渋り・金融危機）（貸渋り対策）（金融危機・長銀破綻）（りそな救済）

（自己査定ガイドライン発出・公表）→ FSAの一斉検査（是正指示）→ 金融マニュアルの制定(4)（基準の成立）　金融庁検査
内部指針　資産査定通達(3)　自己査定結果と検査結果の
　　　　　（九年事務連絡）(4)　大幅乖離　　　　　　　　　　　　　　（自己査定と検査
　　　　　4号実務指針(4)　　　　　　　　　　　　　　　　　　　　　結果の大幅乖離
　　　　　追加Q&A(8)　　　　　　　　　　　　　　　　　　　　　　　の存続）
銀行宛　改正経理基準(7)　　　　　　　　　　　　　　　　　　　　　（各行への改善指示）

─ 改正によりガイドライン化 → 廃止(6)
　　　　　　　　　　　　　　政令化(6)
─（銀行の自主判断(7)・証朝制度は廃止(7)）─
　　　　　　　　　　　　　　政令化(6)
　　　　　　　　　　　　　　　　　　　　　　　　（将来の支援予定額の有税引当義務化）

中間とりまとめ → 適度の統一性への試行錯誤 → FSAの一斉検査（7〜10）

　　　　　　　　→ 支援完了
（ランディック）→ 支援完了

|  |  |  |  | 00/3 | 01/3 | 02/3 | 03/3 |
|---|---|---|---|---|---|---|---|
| 7.7 | 13.2 |  | 13.6 | 6.9 | 6.1 | 9.7 |  |
| 2087 | 6165 | (98/上) | (7438) |  |  |  |  |

第1部　事件の概要と最高裁判決

## Ⅲ　判決評釈等文献一覧

| 書籍名 | 発行年月日 | 号数 | 掲載頁 | タイトル | 筆者 |
|---|---|---|---|---|---|
| 判例時報 | 2002/10/21 | 1793号 | 140 | ▽銀行の取締役が追加融資を行ったことについて、善管注意義務に違反するとして、責任が認められた事例（初島事件） | |
| 判例時報 | 2002/11/1 | 1794号 | 131 | ▽銀行の元取締役が行った融資について、善管注意義務に違反しないとして請求が棄却された事例（イ・アイ・イ第一次訴訟） | |
| ジュリスト | 2003/3/1 | 1240 | 42 | 金融機関の会計・開示と自己資本比率規制 | 弥永　真生 |
| 商事法務 | 2003/7/25 | 1669号 | 17 | 不良債権と取締役の責任 | 岸田　雅雄 |
| 判例時報 | 2004/5/21 | 1851号 | 21 | 長銀ノンバンク支援事件第一審 | |
| ジュリスト | 2005/5.1-15 | 1289号 | 224 | 銀行の元取締役が実施した融資と経営判断による免責 | 清水　忠之 |
| 判例タイムズ | 2005/9/5 | 1183号 | 129 | 長銀配当損害賠償事件 | |
| 判例時報 | 2005/10/1 | 1900号 | 3 | 長銀配当損害賠償事件第一審判決 | |
| 判例時報 | 2006/1/21 | 1911号 | 25 | 会計基準の設定と「公正ナル会計慣行」 | 弥永　真生 |
| 判例時報 | 2006/2/1 | 1912号 | 135 | 長銀粉飾決算事件控訴審判決 | |
| 判例タイムズ | 2006/7/1 | 1208号 | 57 | 系列ノンバンクに対し金融支援を行った銀行取締役の銀行に対する損害賠償責任 | 稲庭　恒一 |
| 金融財政事情 | 2007/1/15 | 58巻2号 | 12 | 旧日債銀裁判、3月中にも2審判決──争点は、旧長銀と同じ「唯一の公正なる会計慣行」 | 倉田　勲 |
| ☆金融財政事情 | 2008/7/28 | 59巻29号 | 8 | 長銀事件、最高裁が元頭取らに無罪判決 | |
| ☆金融財政事情 | 2008/8/4 | 2800号 | 58 | 旧日長銀経営陣の無罪確定について | 西崎　哲郎 |
| 裁判所時報 | 2008/8/15 | 1464号 | 3 | ◎旧株式会社日本長期信用銀行の平成10年3月期における決算処理は、商法32条2項にいう「公正ナル会計慣行」に反する違法なものとはいえないとして、同銀行の頭取らに虚偽記載有価証券報告書提出罪及び違法配当罪の成立を認めた第1審判決及びこれを是認した原判決が破棄され、無罪が言い渡された事例（本件上告審判決） | |
| ☆商事法務 | 2008/10/5 | 1845号 | 26 | 旧長銀事件最高裁判決の検討 | 岸田　雅雄 |

(上30)

# Ⅲ 判決評釈等文献一覧

| | 書籍名 | 発行年月日 | 号数 | 掲載頁 | タイトル | 筆者 |
|---|---|---|---|---|---|---|
| | 判例タイムズ | 2008/10/15 | 1275号 | 245 | 高裁民事配当判決──平成9年9月期及び平成10年3月期における銀行の関連ノンバンクに対する貸出金の償却・引当に関する会計処理をするに当たり、商法（平成17年法律第87号による改正前のもの）32条2項所定の公正なる会計慣行と認められる資産査定通達等によることなく、これまで公正なる会計慣行とされていた税法基準により補充される改正前の決算経理基準によった場合であっても、前者の基準が当時における唯一の公正なる会計慣行とはいえず後者の基準もなお当時における公正なる会計慣行であったとして、同基準に従い配当可能利益があるとしてした配当手続に違法はないとされた事例 | |
| ☆ | 法学セミナー | 2008/10/ | 646号 | 134 | ローフォーラム──長銀事件で逆転無罪判決──東京地検特捜部、異例の完敗 | |
| ☆ | ビジネス法務 | 2008/11/ | 11号 | 1 | 長銀最高裁判決で見えた裁判員制度への憂慮 | 岸田　雅雄 |
| | 判例時報 | 2008/12/11 | 2019号 | 10 | 最高裁判決──旧株式会社日本長期信用銀行の平成10年3月期に係る有価証券報告書の提出及び配当に関する決算処理につき、これまで「公正ナル会計慣行」として行われていた税法基準の考え方によったことが違反とはいえないとして、同銀行の頭取らに対する虚偽記載有価証券報告書提出罪及び違法配当罪の成立が否定された事例 | |
| ☆ | ジュリスト | 2008/12/15 | 1369号 | 114 | 「公正なる会計慣行」と通達等の改正──旧長銀違法配当事件 | 得津　晶 |
| | 判例タイムズ | 2008/12/15 | 1280号 | 126 | 最高裁判決──旧株式会社日本長期信用銀行の平成10年3月期に係る有価証券報告書の提出及び配当に関する決算処理につき、これまで「公正ナル会計慣行」として行われていた税法基準の考え方によったことが違反とはいえないとして、同銀行の頭取らに対する虚偽記載有価証券報告書提出罪及び違法配当罪の成立が否定された事例 | |

第1部　事件の概要と最高裁判決

| 書籍名 | 発行年月日 | 号数 | 掲載頁 | タイトル | 筆者 |
|---|---|---|---|---|---|
| ☆ジュリスト | 2009/2/1 | 1371号 | 46 | 会社法判例速報——「税法基準」と「公正ナル会計慣行」 | 弥永　真生 |
| ☆金融法務事情 | 2009/2/5, 2/15, 2/25 | 1857-1859号 | 20 | 旧長銀「違法配当」事件最高裁判決・最高裁決定をめぐって（上）（中）（下） | 渡部　晃 |
| 最高裁判所判例集 | 2009/2/25 | 62巻7号 | 2101 | ○証券取引法違反、商法違反被告事件(本件上告審判決——破棄自判) | |
| ☆研修 | 2009/7月 | 733号 | 3699 | 旧株式会社日本長期信用銀行の平成10年3月期に係る有価証券報告書の提出及び配当に関する決算処理につき、これまで「公正なる会計慣行」として行われていた税法基準の考え方によったことが違法とはいえないとして、同銀行の頭取らに対する虚偽記載有価証券報告書提出罪及び違法配当罪の成立が否定された事例——長銀粉飾決算事件上告審判決 | 津田　尊弘 |
| ☆判例時報 | 2009/9/1 | 2045号 | 168 | 「判例評論」——株式会社日本長期信用銀行平成10年3月期に係る有価証券報告書の提出及び配当に関する決算処理につき、これまで「公正なる会計慣行」として行われていた税法基準の考え方によったことが違反とはいえないとして、同銀行の頭取らに対する虚偽記載有価証券報告書提出罪及び違法配当罪の成立が否定された事例 | 野村　稔 |
| ☆判例時報 | 2009/12/11 | 2055号 | 8 | 最高裁刑事破棄判決等の実情（上） | 三浦　透 |
| ☆金融法務事情 | 2010/2/25 | 1891号 | 8 | 霞ヶ関から眺める証券市場の風景 | 大森泰人 |
| ☆金融法務事情 | 2010/2/25 | 1891号 | 10 | 〈座談会〉長銀・日債銀取締役証券取引法違反事件の考察 | 西崎哲郎、野村修也、松尾直彦、森公高 |
| ☆ジュリスト | 2010/3/1 | 1395号 | 82 | 会社法判例速報——「公正ナル会計慣行」の意義と虚偽記載有価証券報告書提出罪 | 弥永　真生 |

本件最高裁判決に関する報道、評釈等に☆を付した。

(上 32)

# 第2部 立件の経緯と弁護の体制
――捜査から起訴、第1回公判期日に向けて――

第2部　立件の経緯と弁護の体制
［解説］
- Ⅰ　起訴前　　（上 54）
- Ⅱ　起　訴　　（上 61）
- Ⅲ　保　釈　　（上 64）

> 解　説

## 1　長銀事件訴追に向けた捜査の経過（逮捕まで）

### (1)　当初からあった「国策捜査」という見方

　平成10年7月の参議院選挙において経済失政を突かれた自民党が敗北した直後の夏の臨時国会では、公的資金の注入により長銀問題を解決するとともに、当時の深刻な金融危機を乗り切るためのブリッジバンク法案などの成立を図る政府・与党の方針に野党が強く抵抗し、長銀救済反対を主張する展開となった。この夏の「金融国会」の与野党激突の過程を経て、同年9月末の与野党合意により、長銀については、平成10年10月中に成立させる予定の新法「金融機能再生のための緊急措置に関する法律」（平成10年法律第132号、いわゆる「金融再生法」）に基づく特別公的管理（「一時国有化」、国が全株式を取得し、他の金融機関に譲渡する）を適用して「潰す」という政治意思が決定された。他方、金融機能早期健全化のために破綻前の金融機関に広く大量の公的資金による資本注入を行う制度を作る（平成10年10月成立の「金融機能の早期健全化のための緊急措置に関する法律」平成10年法律第143号、いわゆる「早期健全化法」）方向の政治意思も固まった（当時の国会の状況と与野党合意による収拾にいたる経過を解説した文献の代表的な例として、西野智彦「検証経済迷走」岩波書店2001年7月、210頁〜223頁、藤井良広「金融再生の誤算」日本経済新聞社2001年12月、95頁〜105頁参照。また、本件刑事事件控訴審第7回公判での大野木供述においても説明されている）。

　その方針決定の直後の同年10月初旬、既に法務・検察当局は「国策」として、長銀経営者につき破綻金融機関の経営者としての刑事責任の追及を行う方針に決していたという指摘がある。すなわち同年10月7日当時の法務大臣中村正三郎は検察長官会同において「経済の再生が政府の最重要課題であることにかんがみ、検察としては、金融機関の不良債権問題の処理の過程において、破綻した金融機関の経営者らに対する刑事責任の追及や、悪質な債権回収妨害事犯の捜査処理を迅速かつ厳正に行う必要がある」旨訓示しているが、この訓示は「長銀や拓銀を想定したもので、政治サイドからの刑事事件化への要請だ」と受け止められていた（須田慎一郎「長銀破綻」講談社平成10年11月、230頁）。

　同年10月12日金融再生法が参議院で可決された3日後の同月15日、金融監督庁（当時の名称、同年6月22日に発足）は、長銀は同年3月末時点において資産超過であることはもちろん、9月末時点においても貸借対照表上1600億円の自己資本を有する資産超過の見こみであるが、同時点で有価証券等を時価で評価した場合の含み損が

第2部　立件の経緯と弁護の体制

5200億円あるので、これを「加味」すると実質債務超過であるとの検査結果を通知した。なお、長銀の検査は他行同様に当初予定は平成10年3月期末決算の検査であり、遅くとも8月には検査が終了するはずであったが、金融監督庁はこれを終了後もその結果通知をせず、引き続き同年9月期分の検査まで続行して事実上通知を引き延ばしていた経過がある（前記藤井良広「金融再生の誤算」67頁～79頁。西野「検証経済迷走」230頁～235頁）。

この強引な「実質破綻（債務超過）」認定により、長銀に対する金融再生法（平成10年10月23日施行）36条による「破綻処理」の方針が確定され、これにともない長銀経営者に対する刑事責任追及という政治的な要請に基づく捜査方針も正式に実行に移されることになった。

そのころ発行された月刊誌の中には法相に近い自民党議員の「来春の統一地方選や次期衆議院選を考慮すると、税金を注ぎ込むことに対する国民の反発はとても無視できない。国策捜査で旧経営陣の首を取れ、というわけだ」という発言を紹介し、「具体的な容疑が見あたらなくても、国民に税金投入を納得してもらえるような生贄が必要なのである」「野党を加えて、住専破綻時とそっくりの国策捜査が繰り返されようとしている」と論評しているものもある（「選択」1998（平成10）年11月号74頁）。その後本件刑事事件の公判の過程で明らかにされていった捜査や起訴判断の実態をみると、まさに上記指摘のような「国策捜査」として「旧経営陣の首を取る」という結論が先行しているという指摘は当を得ていたと言うべきである。

### (2) 捜査の経過と、処罰を煽ったマスコミ報道

しかし、上記のような冷静な指摘は大マスコミの報道論調には全く欠けていた。新聞・テレビ等のマスコミ報道は平成10年10月以降も長銀の受け皿会社への「不良債権飛ばし」などを大々的に取り上げ旧経営陣の責任を追及するキャンペーン報道を繰り返した。その後も、以下の如く一貫して長銀の経営に「不良債権隠し」「飛ばし」あるいは「粉飾」などの不正が蔓延しており、本件被告ら旧経営陣が何らかの刑事及び民事上の責任を問われ、逮捕されることも既定のことであるかのような論調で世論をリードした。警察・検察の捜査の展開にあわせ、捜査関係者からのリークを受けたと思われる記事を、時には捜索や取調べの事前予告報道あるいは長銀関係者の取調べ結果の事後報道などをまじえつつ、大々的に報道した。結果として警察・検察当局と二人三脚で、「旧経営陣の首を取る」ために何とか「具体的な容疑」を構成し、本件被告らの逮捕を心待ちするような世論を形成するための重要な役割を果たした。そう言われてもやむを得ない、実態があった。

### (i) 「不正行為」探しの追及

捜査は当初、検察庁と警視庁により並行して開始された。平成10年11月には早くも、長銀の不良債権処理の重要部分を担う取締役事業推進部長であった大田秀晴氏などに対する警視庁の取調べが始まり、同年12月末には後に本件被告人となった鈴木

克治に対する検察官による事情聴取も1回行われている。ただしこの時点での捜査は、長銀の不良債権処理に関係する不動産事業化等において何か「不正行為」があるのではないかというものであり、本件で起訴事実となった平成10年3月末決算における不良債権の償却引当問題に焦点を合わせたものでは必ずしもなかった。マスコミ報道も「特別背任」の捜査に注目する傾向であった（ただし、平成10年12月末には違法配当に関する捜査を先駆け報道する新聞記事があらわれており、このころから東京地検特捜部は本件決算問題に焦点を当て始めていた形跡がある）。

その後長銀の後を追うように平成10年12月13日に金融再生法による特別公的管理銀行になったばかりの日債銀問題を巡って、平成11年2月に同行の前頭取や元大蔵省銀行局長の国会での参考人質疑が行われ、また同年3月初旬には、平成9年11月に破綻していた拓銀の元頭取らが特別背任容疑で逮捕される事態となると、日債銀、拓銀、長銀を「破たん3行」として、「破たんの経営責任を明らかに」という位置づけで経営者あるいは大蔵省官僚などの責任が活発に論じられ、捜査もそのような方向で進められていると報道されるようになった。東京地検特捜部は平成11年2月21日に金融監督庁の検査資料を押収し、警視庁も長銀の役職員や元役職員の取り調べを本格的に行った。例えば上述の大田秀晴氏は、この段階で20回弱の取調べを警視庁で受けたと証言している（一審第16回公判での同氏供述）。ただしこれら警視庁での取調べにより作成されたはずの多数の調書は本件刑事事件では開示も証拠提出もされていない。

#### (ii) 「粉飾決算」に焦点

平成11年4月になると、長銀の「粉飾決算」による違法配当などに捜査の焦点が定まったことを示す報道が多くなり、長銀の若手の元担当行員や元担当役員に対する検察官による本格的な取調べが始まった。

例えば前記大田秀晴氏及び平成10年3月当時長銀の取締役総合企画部長だった大岩一彦氏などの役員が一斉に東京地検特捜部の検察官に呼び出されて、長銀の「粉飾決算」に繋がる不良債権の処理や決算確定の過程について取調べを受けるようになった。マスコミ報道も「長銀元役員ら多数聴取」などと捜査サイドから得た情報をふまえて捜査状況を紹介するとともに、長銀の「不良債権を隠蔽する独自の査定基準策定」の内容を報道するなど、捜査が平成10年3月期末決算の「粉飾」に焦点を合わせて進展している様子を報道するようになった。

平成11年5月6日、平成10年3月期末決算の担当役員である上原隆元副頭取が東京地検特捜部の数回の取調べを受けた後に自殺する事件があった。そのころから不良債権処理を「先送り」したとして長銀の旧経営陣の責任を指弾する報道が競うように連日行われた。「関係者」からの情報という体裁で、本件被告ら頭取、副頭取が承認し本件平成10年3月期末決算処理に用いられた長銀の自己査定基準が粉飾を目的として作成されていたもので、「大蔵通達を逸脱した」独自基準であったとか、長銀の事業化会社などが「債権とばし」の受け皿であるなどと解説する報道が、捜査機関で

第2部　立件の経緯と弁護の体制

なければ把握できないような具体的な内容で各新聞により披露された。大野木、須田、鈴木その他の元役員や幹部行員の名を摘示したり、あるいはそのイニシャルを表示してこれら解説を行う例もあった。長銀の内部調査委員会が旧経営陣を貸倒引当金の過少計上により決算を粉飾して違法配当したものとして告発する方針である等の報道がなされた。また、「長銀元役員、粉飾認める」という見出しで、捜査機関から得た確かな情報であるとの印象を与える報道がなされたこともあった。マスコミ各社の動きは、本件被告らの自宅前の路上などに陣取って、これを取り囲むように24時間カメラを向けて待機し、自宅に本人が出入りするたびに追跡して争ってマイクを突きつけたり、自宅に取材の電話をひっきりなしに掛けるなどして加熱した。大野木の場合は、別の階に自宅を構える兄が自転車で外出したところ、本人と取り違えられて追跡撮影をされるという笑えぬ珍事さえあった。

　同年5月20日、本件被告人となった大野木、鈴木、須田の3名が一斉に検察官に呼び出されて証券取引法違反及び商法違反の被疑者として任意の取調べをうけた。大野木及び鈴木は、一応被疑者となることは予期しており、他方須田は被疑者として取調べられることは予想外であったが、いずれにしても、この3名及びその予定弁護人らがこの任意の取調べの事実を他に漏らすことはなかった。また、このころは捜査をはばかるうえに、マスコミの目に触れることを避ける必要からも、上記3名を含め、長銀関係者相互の連絡や情報連絡も（弁護人予定者間で、一般的な情報を交換すること以外は）行なわれていない。それにもかかわらず、マスコミはこの取調べの事実及び取調内容を、歪曲された内容で報道した。例えば大野木は平成10年3月末決算につき被疑事実を否認したのであるが、新聞はこの取調べを「大野木元頭取、粉飾認める」という、事実とは正反対の見出しで報道した（毎日新聞、同年5月25日）。その報道は読者に誤った事実認識を与え、取調べが継続中の、あるいはこれから取調べが予測される関係者に「粉飾」の事実を認めるように促す圧力としての効果を有していた。当時弁護人となる準備を始めていた著者らには、捜査側からの意図的なリークその他不明朗なものの存在を強く感じられるものであった。

### (iii) 内部調査委員会と報道

　特別公的管理銀行となった長銀において平成10年11月の経営陣一新とともに設置されていた内部調査委員会は、長銀バッシングとも言うべき長銀の破たん責任、粉飾決算の報道が過熱している状況の中で、平成11年6月4日報告書を提出し、長銀はこれを受けた形で同日、長銀の旧役員を違法配当（商法違反）、及び証券取引法違反（有価証券報告書虚偽記載罪）の罪名で告発した（同委員会は同法50条による民事・刑事の責任追及に関して長銀内部に弁護士7名で構成されたもので、委員長は当初は岩田廣一弁護士であったが、病気のためまもなく川端和治弁護士に交代した。なお川端弁護士は、後に長銀旧役員に対する民事の損害賠償請求事件でも長銀及びこれを承継した整理回収機構の訴訟代理人となった）。

　6月初旬には後日逮捕された3名を念頭に置いたと思われる「元頭取ら3人が主導」

とする見出しの新聞記事があらわれ、大野木ら3名に対する出頭要請と家宅捜索を6月8日に実施する捜査方針が決まったとする事前予告報道がなされ、それが当日になって延期されたとの報道が続くという騒動があった。大野木ら3名の「粉飾決算容疑」による逮捕は既定の事実となり、逮捕を心待ちにする雰囲気が世論を覆った。

### (3) 3名の逮捕——有価証券報告書虚偽記載

平成11年6月10日、大野木、須田、鈴木の3名は東京地検特捜部に出頭を求められ、同日平成10年3月期末決算についての証券取引法違反(有価証券報告書虚偽記載)の容疑で検察官に逮捕された。同日長銀本店や大野木らの自宅の家宅捜索も行われた。その逮捕(及び引き続く勾留)の理由となった被疑事実の要旨は「平成10年3月末までの事業年度内において、取立不能ないしはその虞がある貸出金合計約1,528億3,100円の償却又は引当てをなすべきであったのに、これをせず、当期未処理損失を過少に偽った貸借対照表、損益計算書及び利益処分計算書を掲載した有価証券報告書を平成10年6月29日に提出した」というものであった。翌11日、3名につき勾留請求がなされた。

この時点で、大野木の弁護人として那須弘平、中島鉱三及び倉科直文の3名が、鈴木の弁護人として更田義彦、長文弘の2名が弁護人選任届を提出した。須田については勾留質問後の6月11日、國廣正、坂井眞、五味祐子の3名が弁護人選任届を提出した。

## 2 逮捕後の被告人らの取調べと供述調書作成

### (1) 身柄拘束下の取調べの実態
### (i) 取調べ状況と接見制限

3名は6月11日に東京地裁により勾留決定を受け、以後10日間の勾留延長を含めて同月30日まで東京拘置所に身柄を拘束され、以後連日、土曜日曜もなく、朝から夜は消灯時刻(午後9時)後まで、同所に出向いてくる東京地検特捜部の検事からの取調べを受けた。須田は膀胱癌の全摘手術を受けて尿排出に障害のある身体障害者であり、これに対する配慮の乏しい拘置所での勾留生活は困難と苦痛を伴うものであったが、同人についても遠慮ない長期勾留と、連日の取調べは続けられた。捜査主任検察官として接見指定、公訴提起等を行ったのは大野宗検事であったが、実際の取調べに当たったのは、大野木について長野哲生、須田について江畑宏則、鈴木について落合義和の各検事であった。

これに対し、弁護人の接見はその都度検察官の指定を受け、おおむね朝取調べ前の時間帯に1回20分ないし30分に制限された。弁護人側には取調べに用いられた長銀の行内資料を含めた必要な情報の手持ちがないこともあり、防禦に実効あるアドバイスは困難であり、前日の取調べの概要を聞き取る程度のことしかできないのが実態であった。家族についても接見禁止処分がなされていたので、差入や私事に関する家族

との連絡事項の取り次ぎも弁護団の役割となった。

なお、3名の弁護人らは接見のたびにマスコミの記者などから執拗に取材を受けるなどしたが、本件事案の特質と守秘義務の考慮から沈黙を守り、一切マスコミに情報を提供することはしなかった。そのため、勾留中の取調べ状況あるいは供述状況として報道された内容は、すべて捜査側からの何らかの形によるリークを情報源としているものと判断できる。

### (ii) 円卓会議資料を突きつけ「自白」に追い込む

勾留の被疑事実は有価証券報告書虚偽記載のみであったが、実際は、当初から違法配当の被疑事実と両建ての取調べであった。両事件共通の取調べ目標として、大野木らが平成10年3月末時点で約「1兆円超」の回収不能貸出金が存在していることを知りながら、これにつき本来なすべき償却引当処理を意図的に怠った粉飾決算を行ったということを、各自に「自白」させることが追求された。

その具体的方法は、先ず長銀内部で平成8年当時に作成された役員打合せ会の資料(「円卓会議」資料)の中に、当時の大蔵省の金融検査による資産査定が最悪の結果となった場合に「Ⅳ分類1兆1256億円」がありうるという記載があること(Ⅳ分類は、平成8年度までの大蔵省の金融検査で原則として回収不能として償却引当てを要求される資産と評価された段階を指す)及びその後も類似の「最終要処理額1兆7000億円」「損失を完全に一掃するには1兆円」等の表現のある行内会議資料が平成9年12月までの間に複数作成されていることを示して、それらが回収不能見こみで当期に償却引当てが必要な不稼働資産の額を意味するものと認めさせる。これにより平成10年3月末の償却引当処理(約6000億円)がこの1兆円に遠く及ばなかったのは、長銀の自己資本比率維持と配当実施の目的に合わせて、本来であれば直ちに償却・引当すべき貸出金の実態を過少に評価して粉飾したものであり、違法配当及び有価証券報告書虚偽記載を犯したものであると認めさせる。その後は、長銀から押収された行内資料を引用しつつ、長銀の不稼働資産処理の経過や、平成10年3月期末決算から適用となった自己査定基準の策定経緯、平成10年3月期末決算における償却引当方針の決定経過、関連親密先を中心とした大口の不良債権先の状況の説明などの具体的な供述を展開する形の調書を作成するという手法であった。

### (2) 逮捕された3名が「自白」した経過と、その内容

### (i) 余儀なく自白

逮捕勾留中に作成された3名の供述調書(ただし公判廷に提出されたものに限る)の内容を時系列に従って検討すると明らかなことであるが、3名とも、逮捕の日の夜まで続いた取調べにおいて、検察官から前記「円卓会議」資料の「1兆1256億円」の記載部分を見せられ(あるいはこの1兆1256億円の記載があることを告げられ)、最終的には、その記載は当期に即時償却引当処理を要する額が1兆円超であることを意味するという検察官の主張を受け入れ、あるいは屈服した。その結果、同日作成された供

述調書において早くも、平成10年3月決算期における実態としての「1兆円」の要即時処理債権が存在したことを認め、同決算での償却引当てが過少であり決算書類は粉飾であり、実際には配当する資金がなかったことを認める趣旨の調書作成に至っていた。すなわち大野木は「長銀の平成10年3月期の決算が粉飾決算であり、違法配当であったこと」を争う意思がない旨を表明し、須田・鈴木もニュアンスの差はあるものの、結果としてそれぞれ違法配当等の被疑事実を争わない内容となっている。(ただし、鈴木はその後勾留質問では前夜の検察官の取調べでの供述は不本意であったとして被疑事実を争う態度を示したが、その後の取調べにおいて結局抵抗を諦めて被疑事実を認める内容の調書を作成することになった経過がある。)

### (ii) 自白調書と厖大な添付資料

 6月11日の勾留決定以降、起訴された同月30日までの間に作成された各自の供述調書は、粉飾決算による違法配当及び有価証券報告書虚偽記載の被疑事実を認める旨表明しつつ、あるいはこれを認めることを前提として、例えば長銀における不稼働資産対策の経緯とその実態認識、自己査定基準の作成経緯、問題となる関連会社の実態、平成10年3月決算における償却引当処理方針の決定の経緯などのテーマごとに分けた10数通の供述調書において、具体的な形で「自白」を肉付け展開するものである。検察官が長銀の押収資料の中から選別提示した資料抄本中の記載を引用しつつ、それらをつなぎ合わせる叙述を加えて説明するかたちをとっている。これらの調書は100丁を超えるボリュームのものも少なくないが、本文部分はせいぜい20丁ないし50丁未満程度までであり、その余の大部分は引用され添付された資料部分である。

 その取調べと調書作成の態様は、実際には例えば、被疑者に調書に添付する予定の資料を渡してそれを読ませている間に、取調べ検事が「朝からひたすらワードプロセッサーに向かってタイプ打ちを始められて、……余り会話もなく、そういう検面調書が作成されていて、それで全部でき上がって、夕食が終わった後、これを読んで、直すべきところをおっしゃってくださいみたいな形で、調書が作成されておりました」(一審第23回公判須田供述) という態様でなされることが殆どであった。

 これら6月11日以降作成された供述調書は、公判廷に提出されたものの数で言えば、大野木11通、須田15通、鈴木10通に達する。これに加えて大野木の場合は、一連の取調べが終了し違法配当罪等で起訴された当日に、検察官のリクエストにより、検察官の指摘する「商法の鉄則」に則った資産査定を行わなかったことを反省する旨の「上申書」まで作成している。

### (3) 決算処理当時の認識・真意に反する自白調書の作成に応じた事情

### (i) 商法の原則をめぐる見解の対立

 もともと長銀の元役員らは、本件平成10年3月期末の決算において長銀の行った不良債権の自己査定とそれに基づく会計処理は、当時の金融機関において一般に通用していた慣行に基づいて行われたものであり、大蔵省が平成9年の春に示していたガ

イドライン(「資産査定通達」等)でも許容されている範囲内であるとの認識であった。公判段階で提出された膨大な行内資料にも、自己査定を法令や行政のガイドライン等に反しない内容で実施することを前提とする記載はあっても、これらに反した内容で自己査定を実施するとの認識を示したものは皆無である。

実は大野木らは、逮捕前の平成11年5月20日の任意取調べの際にも検察官から前記平成8年「円卓会議」資料中の「IV分類1兆円1256億円」という記載を示された部分のコピーを示されて質問を受け、この1兆円は回収不能債権として当期に全額を償却引当しなければならないものではないかと追及されていた。これに対し大野木は、当該資料にいう1兆円という記載は、貸出先である関連ノンバンク等をその時点で清算価値により評価した場合に生じると推定される損失(ロス)の計算に過ぎず、これをもって直ちに当期に長銀が当該関連ノンバンクに対する債権者として償却引当をする必要がある額を示すものとは思われない旨説明していた。しかし検察官は、この貸出先の清算価値に基づく損失計算額をそのまま長銀の当期の決算において償却引当をなすのが商法の原則であるとして譲らず、意見が一致しなかった経過がある。

(ii) 屈服した経緯

それにもかかわらず、3名とも逮捕・勾留の冒頭段階で早くも、長銀行内の資料に出てくる前記「1兆円」等の記載は、当期の償却引当が商法上の義務とされる額を意味するという検察官の見解に服して、平成10年3月期末の決算が必要な償却引当てを実施しない粉飾決算であったことを認める旨の「自白」に及んでいる。それはなぜか。この点につき大野木は一審の公判で自身の認識に反する供述調書の作成に応じた事情ないし心境を次のように述懐している。

「私自身としては、もう社会に対する経営責任というものは、いかなる理由であれ何かの処罰の対象となってあがなわなくちゃいけないことではないかという気持ちと、もう1つは、その証拠資料が元の部下の下からずうっと積み上がっているということでございます(注:5月20日の取調べの際に、検察官から「違法な決算であるという証拠は山ほど積み上がっている」と言われたことを指す。)ので、……やはりこれを、できれば私一人で悪いということを認めて、そこで、若い人たち、旧役員に行くのを止めてほしいと、そういう気持ちもございまして、この際、逮捕されれば基本的には争うまいと」「私が違法とか違法じゃないとか、そういうことに関係なしに、やはり処罰を甘んじて受けるということが最後の、失敗した頭取の取るべき道ではないか」。検事の清算バランスに基づく償却イコール商法の鉄則という議論を受け入れた事情について、「当日(注:逮捕当日の取調べのことを指す)もいろいろ議論いたしまして、再度強くそれがオーソライズされた解釈であるという、そういうことを受けましたと言うこともございましたし、争うまいという基本的な気持ちがベースになって、そういう調書をそのまま受け入れさせていただいたと」「ずばり検事の方から言われまして、おまえは下に押しつけるつもりかという言葉がありました。で、ここはやはり、争うまいということのきっかけになった」(一審第28回公判大野木供述)。

須田、鈴木の場合も、同様に平成10年3月期末決算当時、これが違法なものであるとは全く認識していなかったが、須田の場合、その長銀破綻の社会的責任を問われる立場からして、否認して検事に反論抵抗しても無駄であるという意識があった。「書いてあることは事実とは違うし、いちいち反論しないといけないとは思いつつも、ああいう特別な環境の中に入ってしまいますと、要するに、我々は長銀が破綻してその破綻の責任者として処罰されているんだから、そのことはそのことでもう自分で背負っていくしかないんじゃないか、というような思いで一杯でございました。」（一審第24回公判須田供述）。またその身体障害にとって過酷な環境であるために「自分の体のことを考えると、こういうところにはいつまでもいてはならないというか、早くここを脱出しなければという気持ちでいっぱいになってしまいました」という状況から、検事に反論することなく自白調書にサインした経過があったと述べている（同第10回公判供述）。

　鈴木は、身柄拘束され初めて手錠をされたり身体検査を受けたりして精神的余裕がなくなっているところへ、担当検事から部下の元行員が全面的に被疑事実を認めているとか、逮捕された大野木も須田も認めているなどと言われて、それ以上がんばって抵抗する気力を奪われ、検事に何を言っても無駄という気持ちになり、真意に反する内容の調書にサインさせられた。また、勾留質問で否認する態度を示すと、検事にそれを責められて「弁護人から言われたので否認した」という趣旨の調書を作成されたり、検事から弁護人を貶め本人を不安にさせる話を言われたりもした。そして「とにかく机をばんばんたたいて、大変なお怒りでございまして、昨日言ったことをすぐ引っ繰りかえすのかというようなことで、がんがんやられた」。「あなたの人生も長いんだよというようなことも言われたし、……商法と証取法を合わせると7年になるぞと、……そのようなことをわんわん繰り返し言われ」、「否認したければすればいいじゃないかと、その選択もあなたの人生でしょう」というようなことを言われて、これから大変なことになるなと思わせられたりした（一審第12回、第28回公判鈴木供述）。

　このような取調べの中で、「自白」調書が大量に作成された。

### (iii) あとは一気呵成に

　そして、このような経過で一旦平成10年3月期末決算での償却引当不足と違法配当の被疑事実を認め、これを争わないことに決めてしまった後は、3名とも、その基本線に辻褄が合うように、各論テーマごとに資料を解釈あるいは説明する調書を作成していくところを受け入れざるをえず、これにサインしていった経過がある。「そういう違法な決算を導く大前提として、自己査定基準及びそれに基づく自己査定ということが基本にあるわけでございます。……最後の着手である決算について違法ということを認めた以上、それに至る一番大事なプロセスとしての自己査定についての評価も、そういう形での取調べにおける評価を受け入れたと、そういうことでございます。」（一審第8回公判大野木供述）

### (iv) 臨場感のある発言とワープロによる反復

これら供述調書の中には、過去の長銀の行内会議等において供述者自身の発言あるいは他の役員・行員等の報告内容などとして、具体的な言葉を引用した臨場感のある表現で記載されている部分がある。しかし、それらは実際には供述者の記憶があった事柄ではない。検事がそういうのだから、それには何か根拠があるのだろうという信頼感から、そのまま異議を述べずにそれら引用文言のある調書にサインしたというのが実態である。(一審第23回公判須田供述、第8回公判大野木供述)

また、これら3名の被疑者調書と他の長銀元役員・行員らの供述調書はいずれも手書き調書ではなく、記憶媒体を利用するワードプロセッサー(若しくはパソコン)により本文が作成されているものであるところ、供述者ごとに別の担当検事が取調べて供述調書を作成しているものであるにもかかわらず、供述者を異にする調書同士の間において、同一の人物の特定場面での発言の引用あるいは事実関係の特徴的な言い回し部分が相互に類似ないし酷似した表現となっている例が見られ、中には殆ど一言一句同じである例さえあった。これも本件取調べの特徴である。

### (v) 核心にふれた取調べはあったか

なお、本件裁判においては、平成10年3月決算における会計処理が当時の「公正なる会計慣行」に反していたか否か等が最も重要な争点になったのであるが、3名に対する取調べにおいて、この当時の「公正なる会計慣行」が何であったか、それと長銀の自己査定基準及び決算処理との関係はいかなるものだったか、などの問題に焦点を置いて大野木ら3名の取調べが行われたことを窺わせる調書記載は、見あたらない。

## 3 長銀の行員、元役員らの取調べと供述調書作成

### (1) 多数回に及ぶ取調べと、多数の供述調書作成

本件においては、大野木ら3名の元頭取、元副頭取の身柄拘束による取調べと並行して、あるいはそれ以前の段階から、長銀の元役員、行員らの任意による取調べが行われた。その範囲、回数は極めて多い。検察官により公判に請求された供述調書に限っても、これら長銀関係者(関連ノンバンク役職員を含む)の供述調書は人数にして43名、のべ通数にして139通に達している。請求された調書の通数からみると、特に長銀の関連会社に対するものを含む不稼働資産処理を担当し、自己査定基準の策定においても中心的役割を担ったとされる長銀事業推進部関係の役員及び幹部職員の供述調書と、決算事務を担当し不良債権処理計画を含めた経営計画の立案を担当する総合企画部関係の役員及び幹部職員の供述調書が、群を抜いて多い。事案の性質からしても、これらの部局担当の元役員や職員に対する取調べがもっとも数多く、かつ厳しい態様で行われたと思われる。

多くは大野木らの逮捕の日である6月10日以降の日付で作成されているが、逮捕予定者の周囲の参考人の取調べを行いその調書等を「山のように積んで」から、逮捕予定者の任意取調べや強制捜査が行われるのが常識であるから、実際には5月20日

や 6 月 10 日より前の時期からおびただしい数の取調べが行われており、6 月 10 日以降の日付になっている供述調書も、その原型的な調書がそれ以前に作成されていた例が少なくないと思われる。

例えば取締役事業推進部長であった大田秀晴氏の場合、公判段階で請求された供述調書は 6 月 18 日付以降 6 月 28 日までの間の 6 通にとどまっているが、同氏の証言によれば実際に検察官による取調べを受けたのは 4 月 14 日から 6 月 30 日まで、ウイークデイに限らず土日も含めて 30 回強であり、この間作成した供述調書は 13 通ないし 14 通である（一審第 16 回公判大田秀晴供述）。公判に提出されている 6 月後半の作成日付の供述調書の作成の仕方は「もうできあがったものが、どんと置かれていまして、それを読んで、署名捺印しろと、こういうことでございました」（同）というものであった。

また取締役総合企画部長だった大岩一彦氏の場合、公判段階で請求された供述調書は 6 月 5 日付以降 6 月 30 日までの間の 8 通にとどまっているが、同氏の証言によれば実際に検察官の取調べを受けたのは平成 11 年 4 月 14 日から 6 月 30 日までの間に 36、7 回であり、公判で請求されているもの以外にも少なくとも 3 通の供述調書が作成されている（一審第 17 回公判大岩一彦供述）。

大田氏の場合も、大岩氏の場合も、その取調べの様子から、部下の行員が自分よりもはるかに多数回取調べを受けているものと当時から推測していた。実際、公判に請求された供述調書の通数を見ても、その部下の供述調書の通数（1 人で 10 数通に及ぶものもある）の方が多い。

## (2) 元役員、行員の供述調書の内容と特徴

公判で検察官から請求された元役員、行員らの供述調書の内容は、いずれも、各調書の末尾に添付した長銀の行内資料（役員会議資料等）や貸出先債務者にかかる財務資料等の一部を引用しながら、口をそろえて、長銀の貸出金には回収不能のため即時償却引当処理を要するものが、平成 8 年時点でも、本件平成 10 年 3 月期末決算（平成 9 年度期末決算）時においても 1 兆円超あり、役員はこれを認識していたにもかかわらずこれらの処理を先送りしていたとか、粉飾決算であり違法配当であったとか、あるいは長銀が平成 10 年 3 月期末決算のために用意した自己査定基準は、償却引当必要額を意図的に少なく見積もるような内容で作成したなどと供述するものである。

いずれも検察官がワードプロセッサー（もしくはパソコン）を用いて作成したものであり、添付された行内資料等が占めるボリュームが大きいものである点も、逮捕・起訴された 3 名の供述調書と同様である。また所々で生々しい言葉の形で引用している発言の文言を含め、文面的に類似あるいは酷似したパターンが多く、明らかに他人の調書における記載をそのまま転用したと思われるものさえあることも特徴である。

大野木は保釈後にこれら供述調書を読んだ印象を、「どうも全員が全く同じ基調で、……俗な言葉で言うと、金太郎飴みたいな調書になっていると。これが果たして、証

第2部　立件の経緯と弁護の体制

拠が山積みしているということの本当の意味なのかと、同じものだけがつみあがっているということが。」というものであったことを一審で述懐している（一審第30回公判大野木供述）。

これら供述調書にあらわれた元役員ら及び行員らの供述は、「円卓会議資料」を含め、その調書に添付された客観的資料の記載から読み取れるところとは矛盾することが明らかな内容のものが少なくない。また大野木ら3名が当時の自分を含めた長銀の役員、行員の認識であると理解していたものとも矛盾する内容である。「（保釈後）自分の調書も読み直してみましたし、それと同時に、他の方の検面調書も、全部読んでみました。そうしましたら、自分の調書は、情けない調書だってことは最初から分かっているわけなんですが、他の方の調書も、みんな、私と同じことが書いてあるのに驚きました。優に1兆円を超える引当、償却引当義務を知りつつとか、大蔵Ⅳ分類イコール即時引当、償却とか、違法配当とか、粉飾決算とか、そのような言葉が、みんな一様に同じように載っている調書がたくさんあるので、これはどうしたんだと、銀行時代に多くの仲間がいたわけですが、誰もこんなこと言ってなかったじゃないかと、一体これは何なんだろう。」（一審第24回公判須田供述）。

圧倒的な量の有罪証拠の「山」が実は、このような事実から乖離した内容による、画一的にまとまった供述調書の山であるということを保釈後に知った。このことが、当初は起訴事実を争うことに積極的とはいえなかった大野木ら3名を覚醒させ、本件の真実を問い、無罪を主張する姿勢に転ずるきっかけとなった。

### (3) 事実から乖離した長銀関係者の供述調書はどのようにして作成されたか

このように、平成10年3月決算期あるいはそれ以前の長銀関係者の認識に反し、残されている行内資料等の客観的内容とも整合しない無理な内容の供述調書の山が作られたことには、どのような事情があったのだろうか。

本件では、国有化後の長銀の新経営陣が大野木らを告発し、旧役員に対する損害賠償請求を提起していた状況の下で、弁護人らが現職行員に接触し、公判廷で証人として真実を供述するよう求めることは困難であった。そのため、行員らの供述調書作成経緯の実態を公判廷で明らかにすることはできなかった。

しかし、元役員らに公判廷で証言を求めると、彼らの供述調書記載のうち、前記の如く1兆円超の要即時償却引当債権があったとか、粉飾決算であり違法配当であったとか、自己査定基準は、意図的に作成したなどと供述している部分は、いずれも本人の認識とは反対の内容であったことが判明した。彼らは作られようとしている調書が自分の認識に反する旨検察官に申し述べたのであるが、結局多数回に亘り続く取調べによる負担・疲労や、逮捕される恐怖も含めた取調べの圧力に屈して、検察官が作成した調書は内容が真実と相異すると知りつつ、心ならずもサインしてしまったという。

例えば大田秀晴氏は、かねてマスコミ報道でも逮捕の最有力候補であると報道されている立場であったところ、最初の取調べの際に「協力するかしないかは、あなたの

考え方ですよ」といわれて、いつ逮捕されるかわからないという気持ちになった。そして、自分の勤務先（長銀退職後の職場）の仕事がありながら前年の11月から続く多数回長時間の取り調べを受けていた負担が積み重なっていた。部下が自分よりもさらに多数の取り調べを受けており、自分自身もマスコミに追われている状況に追い詰められて、「残念ながら精神的にも肉体的にも限界になって、検察庁にやってくるのがようやっとというような状況」となり、調書の内容について検察官と意見が合わなかったところがあっても、致し方なく印鑑を押したと証言している（一審第16回公判大田秀晴供述）。また同氏の場合も、調書中の臨場感ある第三者発言の引用部分の記載について、「調書におけるいろんな人の……会話の臨場感、これが私は残念ながら覚えていないことが大部分でございましたが、結局、流れがそうなっているし、……みんな部下も認めていると、それから、……逮捕された人たちも全部認めていると、認めていないのは大田さんだけだというふうに再三言われまして、それで、署名捺印をした」とも証言している（同）。

大岩一彦氏の場合も、償却引当義務の認識問題を含め取調検事とは意見が相違した。しかし、検事から「塀の向こうに行って調べますか」「捜査に協力しなければどうなるか」というようなことを言われながら取調べを受け、検事の作ってきた調書に署名をすることを躊躇すると「もうほかの人はそんなことを言っていません」と拒否されるなどのつらい取調べを受けた。「ここでサインしないと、捕まるといいますか、そういうようなことも非常に恐怖として持って」やむなく署名したと証言している（一審第17回公判大岩一彦供述）。他の元役員らも、それなりにニュアンスの差はあれ、基本的には同様の証言を行って調書作成に応じた事情を説明している。

### (4) 会計処理ルール、会計慣行等に関する捜査の実態

ところで、本件裁判で最重要の問題となった、本件における取立不能（見込み）債権の認定とそれにかかる償却引当義務を決する会計ルールについて、捜査として何が行われていたのか。

本件当時、株式会社の会計処理において取立不能金銭債権の取り扱いを規律する法令は商法285条の4（平成17年の新会社法制定前の旧商法）第2項の「金銭債権ニ付取立不能ノ虞アルトキハ取立ツルコト能ハザル見込額ヲ控除スルコトヲ要ス」という抽象的な条文のみであり、その抽象的な基準を補充するものは結局旧商法32条2項の「商業帳簿ノ作成ニ関スル規定ノ解釈ニ付テハ公正ナル会計慣行ヲ斟酌スベシ」とされていた。本件長銀の平成10年3月期末決算における不稼働貸出金の評価・償却引当処理が適法であったか否かは、この公正なる会計慣行の内容としていかなるものを認定するかによって、結論が左右される問題である。その会計処理に違法がなければ粉飾も違法配当も成立しないことになるのだから、この視点からの捜査は不可欠だったというべきであろう。

この点、検察官が公判に提出した証拠を見る限り、長銀の平成10年3月期末決算

に適用されるべき会計ルールに関して第1回公判までに捜査されたものは、平成10年7月から実施された金融監督庁による長銀に対する金融検査と同年5月の日銀による考査の結果を説明する関係職員の供述調書、その検査で基準とした平成9年3月のいわゆる「資産査定通達」及び同年4月の「関連ノンバンク事務連絡」及び前提となる「決算経理基準」等の諸通達、これら通達に関する金融監督庁職員の解説（職員の供述調書）、平成9年4月の日本公認会計士協会「4号実務指針」及びこれに関する同協会役員の解説（同役員の供述調書）、平成8年4月大蔵省により行われた長銀に対する金融検査の際の資産査定状況、及び平成7年12月の大蔵省早期是正措置検討会の「中間とりまとめ」の範囲に限られているようである（一審証拠関係カード検察官甲号証144番〜170番、181番）。

しかし、これらは、金融監督行政の立場から会計処理方法の基準となる通達等を（平成8年度以前のものと平成9年度のものとをそれぞれ）説明し、長銀の金融検査結果を述べたり、長銀の自己査定基準の中に不適正なものがあると説明するもの、及び公認会計士協会の内部における指針を示すもの等にとどまっている。それらと客観的なルールである「公正なる会計慣行」の関係について説明して、本件決算時における不稼働貸出金の評価・償却引当ルールを明らかにする観点からの捜査の視点は殆ど見受けられない。特に裁判で中心的に問題となった、平成10年3月期末決算における関連ノンバンクに対する貸出金の取扱いにつき他行を含む金融機関において一般に受け入れられ適用されていた会計処理方法の内容と、その「公正なる会計慣行」性の有無、長銀の本件決算で用いられた会計処理方法とその公正なる会計慣行との関係如何などについての捜査はなされた形跡がない。

また、本件長銀の平成10年3月期末決算において適用されるべきであった「正しい」処理ルールにより具体的に計算すれば、長銀の償却引当不足額は各貸出先ごとにいかほどの額になり、全体ではどれだけの額になるのか、それが確定しなければ有価証券報告書の虚偽記載の有無も、違法配当の成否も確定せず、公訴提起は不可能である。しかしこの「正しい」ルールに照らして不足額を算定するための第三者による鑑定あるいは計算書等の証拠の提出はなかった。結局公訴事実における償却引当不足額の貸出先ごとの内訳とその算定根拠として検察官が提出した「証拠」は、検察官自らが資産査定通達と関連ノンバンク事務連絡を解釈適用しながら、各貸出先ごとの償却引当不足額を具体的に「査定」し、これにより長銀の貸借対照表等を引き直して計算し作成した資料であった（一審証拠関係カード検察官甲号証177番）。「先ず訴追ありき」で始まり、高揚したマスコミ世論を追い風にし、検察官の示す見解が商法の原則であるとして大野木らを「自白」に追い込んだ自信満々の捜査は、意外に足もとが脆かったのである。

## 4 起訴と保釈、無罪主張に至った事情

### (1) 弁護団の慎重捜査要請と、強行された起訴

 3名の延長後の勾留期限（6月30日）が迫った平成11年6月28日、3名の弁護団は共同して主任検察官の大野宗検事に面会し、同日付の陳情書を提出して、他の銀行の平成10年3月期決算における不良債権の償却状況を十分調査した上で、それと均衡を失しない対応を取ること、及びその他銀行の調査が終了するまで3名の処分は保留とすることを求めた。この陳情書においては、平成10年3月期末決算について従来の決算基準に変わる一義的な基準が確立されておらず、この結果、長銀以外の多くの金融機関が後日金融監督庁から不良債権償却が不十分であるとの指摘を受けたことを取り上げて、「金融行政の過渡期と基準不明確な条件下で」長銀の3名についてのみ決算の「粉飾」の刑事罰を問うことには公平性の観点から疑念があるとしている。

 検察官はこの陳情書の指摘に耳を貸さずに起訴を強行した。しかしその9年後、本件における最高裁判決は、平成10年3月期末決算において長銀以外の大手18行（当時）のうち14行が長銀と同様に関連ノンバンク等に対する将来の支援損を引当て計上しておらず、また金融監督庁検査の結果長銀と日債銀を除外した17行において総額1兆円以上の償却引当不足が指摘されていた事実を重視し、同決算期においては従前の「公正なる会計慣行」である税法基準の考え方による処理が排除されているのか否か不明確な「過渡的な状況」であって、長銀が行った資産査定が「資産査定通達」の方向性から逸脱していたとしても、違法とはいえないとしている。弁護人陳情が示唆した本件の核心を見過ごして「まず処罰ありき」の「国策」による起訴に踏み切った検察官の対応は遺憾である。

### (2) 起訴と「公訴事実」

#### (i) 二つの訴因

 平成11年6月30日、大野木克信（当時63歳）、須田正己（当時59歳）、鈴木克治（当時62歳）の3名は、次のとおり、証券取引法違反（有価証券報告書虚偽記載）及び商法違反（違法配当）の2個の訴因により起訴された。

「（冒頭略）被告人3名は、共謀の上

第1 日本長期信用銀行の業務に関し、平成10年6月29日、東京都千代田区大手町一丁目3番3号大蔵省関東財務局において同財務局長に対し、同会社の同9年4月1日から同10年3月31日までの事業年度の決算には5,846億8,400万円（百万円未満切捨て。以下第1において同じ。）の当期未処理損失があったのに、取立不能の虞があって取立不能と見込まれる貸出金3,130億6,900万円の償却又は引当をしないことにより、これを同額減少の2,716億1,500万円に圧縮して計上した貸借対照表、損益計算書及び利益処分計算書を掲載するなどした同事業年度の有価証券報告書を提出し、もって、重要な事項につき虚偽の記載の

ある有価証券報告書を提出し

第2　日本長期信用銀行の前記事業年度の決算には前記のとおり5,846億8,400万円の当期未処理損失があって株主に配当すべき剰余金は皆無であったのに、平成10年6月25日、同会社本店で開催された同会社の定時株主総会において、前記当期未処理損失2,716億1,500万円を基に、任意積立金を取り崩し、1株3円の割合による総額71億7,864万7,455円の利益配当を行う旨の利益処分案を提出して可決承認させ、もって、法令に違反して利益の配当をしたものである。」

### (ⅱ) なぜ償却引当て不足か

この起訴状は、「取立不能の虞があって取立不能と見込まれる」にもかかわらず償却又は引当てをしなかったという貸出金の金額は3,130億6,900万円としており、これにもとづき有価証券報告書虚偽記載罪及び違法配当罪が成立するとしているが、有価証券報告書虚偽記載の勾留にかかる被疑事実（逮捕時のそれと同じ）においてはこの償却引当て不足額は「約1,528億3,100円金」であるから、起訴時に償却引当不足額が1600億円も増加していることになる。

しかし、起訴状にも逮捕・勾留の被疑事実にも「取立不能の虞があって取立不能と見込まれるにもかかわらず償却又は引当てをしなかった」とされる貸出金の内訳（債務者名とその債務者ごとの償却引当不足額の）記載がなく、結局第1回公判において検察官冒頭陳述によりその内訳の釈明がなされ、前述の一審証拠関係カード検察官甲号証177番の提出がなされるまでは、被告人らにも一体どの部分が償却引当不足といわれて起訴されたのか、認識困難なものであった。また逮捕・勾留の被疑事実と比較して、どの債務者に対するものがどれだけの額増加したのかということも、分からずじまいである。

### (3) 保　釈

起訴と同時に、従前の証券取引法違反の事実による勾留に加えて、公訴事実第2の、商法違反（違法配当）の事実について、新たな勾留請求（求令状）がなされ、東京地裁刑事14部裁判官は同日、3名全員の勾留を決定した。なお、この違法配当による勾留の勾留質問においては、3名ともに事実を争っていない。

これに対し弁護人らは直ちに、保釈の請求を行った。保釈を求める事情として各弁護人が強調したのは、本件ではその会計処理が適法か否かは客観的な会計基準にしたがって評価されることであって、行為者の主観的事情の如何により会計処理の違法性の存否が左右されるものではない。長銀の行内資料等の客観的資料が検察官にことごとく押収されているうえに、被告人らも客観的資料にあらわれた数値や事実関係を争わないで、これを認める供述調書を作成しているから、罪証隠滅の余地はない。また、今後検察官が取調べ請求する膨大な資料及び供述調書を検討して期日の準備をする必要があるので、被告人の身柄拘束は極めて不当であることなどである（須田の場合に

はさらに、その持病・障害の治療やケア上の必要性も強調した。）。これに加えて、当時は各弁護人とも、本件においては検察官立証に長期間を要することはない見こみであると判断していたことから、その旨のニュアンスも裁判官には伝えられた。

なお保釈請求に対する検察官の意見は、保釈自体に強く反対する内容ではなかった模様である。被告人らが取調べにおいて争う態度を示さずに「自白」調書が積み上がっていること、また被告人、弁護人側が長銀行員や元役員らの供述調書を不同意として事実関係を強く争うことは困難であり、弁護は事実の評価的側面や情状的な要素の主張が中心になると見ていたようである。

東京地方裁判所裁判官は、平成 11 年 7 月 6 日保釈を許可し、大野木及び須田は同日、鈴木は翌 7 日身柄を解放されて帰宅した。保釈金は大野木について 2000 万円、須田及び鈴木について各 1500 万円であった。許可には居住地制限、出頭義務、罪証隠滅行為禁止などの条件の他に、被告 3 名相互の接触の禁止と、大岩一彦、大田秀晴、越石一秀ら元役員 4 名及び平成 10 年 3 月当時の長銀総合企画部、事業推進部の幹部行員 3 名との接触の禁止（いずれも弁護人を介する場合を除く）が付されていた。

### (4) 第 1 回公判前の開示証拠の謄写とその検討

3 名の保釈直後の平成 11 年 7 月 8 日、早くも裁判所から公判前の進行協議の日程調整の連絡があり、起訴から 1 カ月も経たない同月 28 日に協議期日が開かれ、同年 8 月以降、平成 11 年 11 月 19 日の第 1 回公判期日の直近までの間に、検察官請求予定証拠が整理の出来たものから順次開示されていった。

これらの第 1 回公判前開示証拠の分量は 200 点近いうえに、その大部分は被告人、元役員、行員らの供述調書であり、大量の添付書類が付属しているため、1 調書が 300 丁近くに達するものもあった。そのため、全部を 1 セット謄写すると 60 万円近い費用を要した。実際には準備のために各被告ごとに数セット謄写する必要があったので、当初の検察官開示証拠の謄写費用だけでも各被告 200 万円前後の費用負担となった。

第 1 回公判に向けた準備として、3 被告の弁護人は手分けして検察官の開示した請求予定証拠を検討し、証拠意見を検討しつつ、これと並行して公判での防禦方針の協議を行った（証拠意見の検討の詳細については、一審の解説参照）。

### (5) 無罪主張に至った事情

本件では、捜査段階で各被告が自白した形となっている「粉飾」あるいは「当期要償却引当処理資産　1 兆円超」、「（法的な意味での）償却引当不足」などは、平成 10 年 3 月決算期の役員・行員の実際の認識とは異なっており、自分たちは間違った決算をしたとは思っていないという点は 3 被告とも共通するところであった。

しかし、実際の公判で被告・弁護人としてどのような立場を取り、どのような主張を展開するのか。そもそも無罪主張を鮮明にするのか否か。3 被告の間でもイメージ

は一致しておらず、各弁護人の間でも、検察官提出の多数の供述調書には原則として同意しながらも、例えば金融行政の過渡期であり会計基準も不明確な条件下で長銀が最善と考えて行った決算につき「粉飾」や「違法配当」を問うことが不当であるとする論陣を張るという点では一致していたが、その具体的方法や主張のニュアンスが一致していたわけではない。

公判においていかなる方針で臨むのかについて、開示証拠の検討会議の場などで各弁護人を介した意見交換が重ねられたが、第1回公判が間近に迫る時点まで、各被告の意見が揺れ、あるいは逡巡したことは事実である。

しかし、結局、最終的に3被告は、当時の長銀の経営者としての社会的責任を自省しつつも、平成10年3月期末決算には違法な会計処理はないと認識している、無罪である旨を明確に主張することで足並みがそろうことになり、第1回公判に臨むことになったのである。

この経過について、大野木は次のように述懐している。起訴当初は、事実と異なる「フィクション」に立った供述調書作成に応じたことが良かったのか、という疑問を持ちながらも「争わない、それは私のやっぱり取るべき道だということで（自らを）納得させた」経過があった。しかし、その後「心ならずも調書にサインしてしまいましたと、もし、おっしゃりたいことがあったら遠慮しないで言ってくれ」という趣旨の長銀の行員からの「うめき声」が伝わってきた。開示された長銀の元部下達の供述調書が金太郎飴みたいに不自然に一致した状態で事実と異なる内容となっていること、それら供述調書に添付された行内資料はむしろ、当時自分らが取った立場が慣行に沿った正しいものであったことを裏付けていることに気がついた。そのため、「（平成10年3月、あるいは、それ以前の）当時、自分で考えて、そして自分で指示をして行ったこと、こういったことをありのまま正直に筋道を立ててお話しし、その間にはいろいろ失敗もございますから、恥ずかしいこともございますけれども、そういった点をこの公判の場で公にして、そして、この裁判の御審判を仰ぐと、そういうことをしないと、供述調書だけがこの事件の歴史的な文書として残ってしまう」という心境になった（一審第30回公判大野木供述）。

須田も、開示された供述調書の山を見て、自分や長銀の職員らは「結局、取調べ時点に成立しているルールで、みんな物事を振り返って考えてしまったんじゃないか」「長銀の取調べを受けた人たちは、みんな、集団的な幻覚症状みたいなことになって、現在時点から、すべて過去を振り返って判断している調書ができあがっているんじゃないかと、これが、みんな同じ調書になっていることのポイントなんじゃないか」ということに気がついた。そして、ためらいつつも、「長銀の伝統と歴史をしっかりと後々に伝えるためには、説明すべきことは、きちんと説明しておかないと、その説明をするということが、長銀の最後の経営者の、一番大事な経営責任の果たし方ではないか」という心境になった（一審第24回公判須田供述）。

鈴木も、長銀の元経営者としての社会的責任を感じつつも、「私自身としては違法

なことをした覚えもございませんし、そういう友人の声というものもございますので。しかも、本件につきましては、銀行関係者、かなり注目している事件かなと思います。それから、私も銀行員として長く生きてきた、非常に私としてはまじめに生きてきたつもりでございまして、そういうような状況を踏まえますと、どうして本件が刑事罰に触れるのか、やはり、どういう事情で、どんな点が問題なのかということをはっきりしてもらいたいなという気持ちが強いということであります」という心境で無罪主張に至った（一審第26回公判鈴木供述）。

第 2 部　立件の経緯と弁護の体制

## Ⅱ　起　訴

### ①　起　訴　状

```
                    5089                          平成11年東地領第841号
         13422〜13424
平成11年検第 13716・13717 号
         15501〜15503
         15508〜15510
```

起　訴　状

下記被告事件につき公訴を提起する。
　　平成11年6月30日
　　　　東京地方検察庁　検察官検事　大野　宗

　東京地方裁判所　殿

　　　本　籍　　東京都○区○○丁目○○番地
　　　住　居　　同区○○丁目○○番○号
　　　職　業　　無　職
　　　（第一事実につき勾留中、第二事実につき求令状）　　大野木　克信
　　　　　　　　　　　　　　　　　　　　　　　　　昭和11年○月○日生

　　　本　籍　　東京都○○市○○丁目○○番地○○
　　　住　居　　同市○○丁目○番○号
　　　職　業　　会社役員
　　　（第一事実につき勾留中、第二事実につき求令状）　　須田　正己
　　　　　　　　　　　　　　　　　　　　　　　　　昭和14年○月○日生

　　　本　籍　　東京都○○区○○丁目○番地
　　　住　居　　同区○○丁目○番○号
　　　職　業　　無　職
　　　（第一事実につき勾留中、第二事実につき求令状）　　鈴木　克治
　　　　　　　　　　　　　　　　　　　　　　　　　昭和12年○月○日生

公　訴　事　実

　被告人大野木克信は、平成7年4月20日から同10年9月28日までの間、東京都千代田区内幸町2丁目1番8号に本店を置き長期信用銀行業務等を目的とする長期信用銀行で発行する株式が東京証券取引所第1部等に上場されている株式会社日本長期信用銀行（以下「日本長期信用銀行」ともいう。）の代表取締役頭取であったもの、被告人須田正己は、同9年10月1日から同10年8月21日までの間、同会社の代表取締役副頭取であったもの、被告人鈴木克治は、同9年10月1日から同10年3月31日までの間は同会社の代表取締役副頭取、同年4月1日から同年7月27日までの間は同会社の特命顧問であったものであるが、被告

人3名は、共謀の上

第一　日本長期信用銀行の業務に関し、平成10年6月29日、東京都千代田区大手町1丁目3番3号大蔵省関東財務局において、同財務局長に対し、同会社の同9年4月1日から同10年3月31日までの事業年度の決算には5,846億8,400万円（百万円未満切捨て。以下第一において同じ。）の当期未処理損失があったのに、取立不能の虞があって取立不能と見込まれる貸出金合計3,130億6,900万円の償却又は引当をしないことにより、これを同額過少の2,716億1,500万円に圧縮して計上した貸借対照表、損益計算書及び利益処分計算書を掲載するなどした同事業年度の有価証券報告書を提出し、もって、重要な事項につき虚偽の記載のある有価証券報告書を提出し

第二　日本長期信用銀行の前記事業年度の決算には前記のとおり5,846億8,400万円の当期未処理損失があって株主に配当すべき剰余金は皆無であったのに、平成10年6月25日、同会社本店で開催された同会社の定時株主総会において、前記当期未処理損失2,716億1,500万円を基に、任意積立金を取り崩し、1株3円の割合による総額71億7,864万7,455円の利益配当を行う旨の利益処分案を提出して可決承認させ、そのころ、同会社の株主に対し、配当金合計71億6,660万2,360円を支払い、もって、法令に違反して利益の配当をしたものである。

## 罪名及び罰条

第一　証券取引法違反　　平成10年法律第107号による改正前の同法第197条第1号、第207条第1項第1号、刑法第60条
第二　商　法　違　反　　同法第489条第3号、刑法第60条

　　上記は謄本である　平成11年6月30日
　　　東京地方検察庁　検察事務官　　吉　田　晴　郎

# 第3部　公判手続の緒戦
## ――冒頭手続と検察官の主張立証

第3部　公判手続の緒戦
　　　　――冒頭手続と検察官の主張立証
[解説]
　I　第1回公判期日　　（上 83）
　II　冒頭の攻防と検察官の立証　　（上 129）

## 解 説

## 1 公判前協議における裁判所の姿勢

### (1) 書記官からの連絡
被告人3名全員の保釈直後の1999(平成11)年7月8日、係属部(東京地裁刑事第1部)の主任書記官から主任弁護人あて、「早い時期に、裁判所、検察官、弁護人の訴訟進行および争点整理のための事前打ち合わせを入れたい」と連絡があった。

当時は、公判前整理手続の制度は整備されていなかったが、第1回公判期日前に、裁判所は、その裁量により、膨大な証拠が提出され、長期間にわたる公判が予想される事件については、証拠整理の目途や公判の見通しを立て、計画的審理を行うために、訴訟の進行に関し必要な事項について打合せを行うことができる(刑訴規則178の10第1項)とされていた。

### (2) 検察官の証拠開示予定
公判前協議は、同年7月28日に行われた。本件事件の裁判長は金山薫裁判官であった。

まず、検察官から、記録整理の状況と取調請求予定証拠の開示予定時期の説明があった。

検察官は、請求予定の証拠はダンボール箱で7～8箱、証拠開示は同年8月初めから順次行う予定であると述べた。これを受けて、裁判所から弁護人に対して、弁護人の証拠意見を同年11月19日に行われる第1回公判期日までに準備するよう要請があった。弁護人にとっては、非常に困難な作業となることは予想できたが、裁判所の公判の迅速な進行に協力する姿勢を示し、未だ証拠を確認していないので明言できないことを留保しながらも、これに応ずるよう努力する旨述べた。

### (3) 裁判長の発言
裁判長から、次のような発言があった。
・本件では数字は争点とはならないでしょう。
・本件は、被告人3名の間の罪状・罪責の軽重が争点か。
・3名の役割がそれぞれどのようなものであったかが問題になるのではないか。

これらの発言は、第1回公判期日前に被告人3名が有罪だろうと認識していることを示唆し、公判期日前の事前の打ち合わせにおいては、「事件につき予断を生じさせ

る事項にわたることはできない」（刑訴規則178条の10第1項但し書き）とされていることに照らしても重大な疑問がある。弁護人らは、被告人の認否を確認することなく、何のためらいもなくこのような発言があったことに、一様に驚いた。

　裁判所の発言の要因は二つ考えられる。

　一つ目は、「特捜部の自白事件」に対する裁判所の絶大な信頼である。いわゆる特捜事件は、検察官のストーリーに沿った膨大な量の関係者の供述調書と同じく検察ストーリーに沿った被告人らの自白調書の存在に大きな特徴がある。自白調書が存在することから、直ちに有罪と決めつけていた（有罪の推定）のではないだろうか。

　本件事件では、検察官は、ダンボール7～8箱の供述調書を請求する予定であると説明しており、これらはすべて検察官ストーリーにしたがったもの、ということになる。加えて、本件事件の被告人らは全員起訴後間もなく保釈されていた。第1回公判期日前で保釈される事件は、争いのない事件であるか、少なくとも検察官立証に手間取らない事件であるという「通念」があった。裁判所は被告人が捜査段階の自白を覆すことはないと判断したのだろう。

　もう一つは、本件事件、長銀旧経営陣を取り巻く社会の雰囲気が裁判所に与えた影響が大きかったのではないか。1998（平成10）年秋に長銀が国有化されて以降、警視庁捜査二課と特捜部は被告人らを含む旧経営陣の刑事責任の有無について捜査を行っており、マスコミ報道は旧経営陣叩きの報道を断続的に行ってきた。そして、被告人らの逮捕が間近であると噂された5月前後から逮捕の6月までの間のマスコミ報道では連日大きく取り上げていた。その内容は、長銀の不良債権処理は「真っ黒」であり、被告人らはすでに「犯罪人」扱いに等しいものであった。そして、逮捕後は、被告人が「違法性を認めた」等が記事になっていた。

　裁判官も、このような状況の下では、被告人らの公判供述に謙虚に耳を傾けようとする姿勢を保ち難いということであろう。

### (4) 弁護人の対応

　弁護人は、公判前協議において、客観的な事実（有価証券報告書に記載した数字、配当額等の数字）については認める方向であること、むろん開示された証拠を閲覧しない現段階で断言はできないが、検察官取調べ請求予定証拠を全面的に不同意にし、検察官により長銀行員に証言を求めるような進め方をしない旨回答した。弁護人には、保釈裁判官に対し、検察官立証に長期間を要する闘い方はしない旨約束しており、長銀行員が大半を占める検察官請求予定の供述調書を全面的に不同意にはできないとの判断があった。

　公判前協議を経て、弁護人と被告人は、公判での無罪主張は、山積みされた自白調書、厳しい世論だけでなく、裁判所の予断と偏見との厳しい戦いになることを覚悟した。

## 2 検察官の開示証拠への弁護人の対応

### (1) 開示順序と読み方指南

検察官による証拠開示は、8月中旬ころから順次行われた。膨大な供述調書を弁護活動に必要な部数謄写し、各弁護団が分担して検討した。

開示された証拠は、長銀の被告人以外の役員、長銀行員、関連ノンバンク等の役員、旧大蔵省による金融検査（いわゆる MOF 検）担当者、金融監督庁の金融検査担当者、日銀考査担当者、長銀担当の公認会計士の供述調書が大半を占めていた。これらの供述調書のほとんどには、供述部分をはるかに上回る大量の長銀の会議資料等が添付されていた。

検察官は、不良債権処理及び決算実務責任者であった部長らの供述調書から開示を始め、弁護人に対し、「膨大な量の供述調書があるため、A氏の供述調書を最初に読むと全体像を理解できる」などと述べ、供述調書を読む順序を指南した。

検察官の指南の意図は定かではない。未だ、本件事件を把握していない弁護人と逮捕勾留中に自白した被告人に対し、検察官の目から見て極めて枢要な実務責任者である長銀行員が、検察官ストーリーに従い、検察官ロジックで貫かれた供述をしていることを知らしめ、供述内容を刷り込み、被告人らが否認に転じるのを防ごうとする狙いがあったのだろうか。

### (2) 供述調書から読み取れる検察官ストーリー

開示された供述調書は検察官ストーリーに沿った内容で一貫していた。
「MOF 検Ⅳ分類＝資産査定通達Ⅳ分類＝商法上の即時償却引当義務あり」、「BIS 比率8％確保、配当実施のために財源の範囲内で不良債権を処理」というロジックで組み立てられたストーリーである。

後から見直してみても、長銀関係者の供述調書を読むと、本件事件の真の争点となる不良債権処理における「公正なる会計慣行」（商法32条2項）について触れた部分はほとんどなかった。

### (3) 膨大な「金太郎飴」調書

検察官から開示された供述証拠の特徴は、次のような点にある。
・ほとんどの供述調書に供述者自身の供述部分を上回る量の資料が添付されている。
・供述部分は添付資料を説明する形式をとっている。
・供述調書はほぼ同じ内容で固められている（金太郎飴調書）。
・検察官ストーリーに沿った趣旨の供述部分が随所に織り込まれている。
・関係者の供述調書の作成日付のほとんどは被告人の逮捕勾留期間中のものである。

これらの諸点と、被告人質問や弁護側証人として後日法廷で証言した長銀の元取締役らの証言内容により明らかになった取調べ状況を考慮すると、検察官の供述調書作

成手法は、
① 検察官の基本ストーリーを決める。
② 基本ストーリーに沿って、人ごとに多少アレンジした供述部分をパソコンの文書作成ソフトで打ち込んで作成する。
③ さらに、一斉に関係者から供述調書に署名押印・指印を求める。
と、いうようなものと推測される。
明らかにパソコンのコピーアンドペーストで作成された調書が目立つ。

### (4) 弁護側の対応

三弁護団の弁護人は、開示された供述調書が膨大であり、短期間のうちに証拠意見の提出を求められていたため、分担して各自内容を読み込み、証拠意見案を作成して検討する方法をとった。そのため、証拠意見の作成は担当弁護人の判断に事実上委ねられ、それにより生じうる、供述調書ごと、弁護人ごとの多少のばらつきは許容することとなった。

被告人と、三弁護団は第1回公判期日までに、本件については、無罪主張を行うという方向性で一致した。無罪主張の場合、検察官ストーリーに沿った関係者の供述調書（甲号証）を不同意とし、弁護人は、検察官が証人申請した関係者に反対尋問するのが、いわば刑事弁護の定石である。

しかし、本件事件の証拠意見については、無罪主張に必要最少限度で不同意とするという基本方針を立てた。そして、①客観的事実関係は同意、②評価にかかわる部分（たとえば、「即時償却引当しなければならない」）を不同意、③長銀行員（役員以外）の供述調書については検察官の証人申請を必要としない最少限度での不同意とすることにした。

「必要最少限」の基本方針をとったのは、現役の長銀行員の供述調書が多数含まれていたことにある。被告人としては、公的管理に付された長銀の現役行員である元部下たちに、検察証人として法廷での証言を強いるのは心情的に困難であった。また、現役行員たちは、立場上、勤務先である長銀（被告人らを告発した）の意向に反して被告人らに有利な証言を行う可能性は小さい。弁護人が事前に感触を探ってみたが、法廷で事実をありのままの証言を得られる見込みは小さかった。このような事情から、弁護人は、供述調書を全部不同意にして検察側証人として証言させることは得策ではないと判断した。

争点は、債権の評価基準であるため、不同意部分を、検察官ロジックの核である「即時償却引当しなければならないIV分類債権」等に限定し、一部不同意の意見を多数提出した。

結局、検察官請求証拠の開示が一部遅れたことなどもあり、証拠意見は、第1回期日にそのすべてを出し切ることはできず、第2回期日の両期日を要した。

被告人らの供述調書（乙号証）については、第2回期日（平成12年2月24日）にお

いて、「すべて同意、信用性を争う」との証拠意見を述べた。取り調べの過程には別に指摘するとおり問題があるが、任意性を主要な争点とするよりは、被告人質問において取り調べのプロセスを明らかにして、そもそも、被告人らの供述内容が客観的事実と整合しないこと、要するに信用できないことを明らかにすべきと判断したためである。

### (5) 検察官請求証拠の同意不同意をめぐる攻防

弁護人と検察官は、ある長銀行員の供述調書の証拠意見をめぐり鋭く対立した。その供述調書の内容は、長銀において、金融検査で資料の改ざんや隠ぺいがあったかのような内容であった。

検察官は、不同意にするのであれば検査妨害で立件する旨述べ、弁護人に対し同意するよう事実上圧力をかけてきた。

弁護人は検討の結果、当該供述調書の内容が本件事件の結論の帰趨に決定的な影響を及ぼすものではないこと、検査妨害が成立するようなものではないが立件されれば被告人らに新たな負担が生じることから、最終的には当該供述調書の提出に同意した。

## 3 第1回公判期日（11月19日）——争点整理をめぐる三者の攻防

### (1) 裁判長の発言

1999（平成11）年11月19日午後1時15分、東京地裁第103号法廷で第1回公判期日が始まった。傍聴席には報道機関の記者が並び、開始直後の法廷の撮影も行われた。

裁判長は、冒頭の人定質問の際、首を横に傾げながら被告人ら3名に対し「きみたち、前へ」と告げた。この裁判長の発言や態度は、極めて奇異に映った。手続上、「被告人」の地位にあるものであるから、「被告人は前へ」と告げるのが自然であろう。破綻するまで金融機関のトップにいた年長者に対し、あえて「きみたち」と呼ぶのは、何としても座りが悪く、裁判官には被告人らの供述に謙虚に耳を傾けようとする姿勢は感じられなかった。

### (2) 起訴状に対する求釈明と検察官の対応

検察官より起訴状の朗読が行われた。

本件は、商法285条の4第2項による「金銭債権の取立不能の虞、取立不能の見込み額」を控除せよとの規定の解釈の問題である。しかし、この規定のみで取立不能見込み額を算定することはできない。

そこで、金銭債権を取り立て不能と判断する基準、及び取立不能見込み額の算定基準は何かが、問われる。

またこの判断基準、算定基準は、商法32条2項にいう「公正なる会計慣行」においてどのように位置づけられていたかが問題となる。

したがって、本件の争点は、1998（平成10）年3月期決算における債権評価の基準に

関する「公正なる会計慣行」が何であったかである。しかし、検察官の起訴状ではその「基準」は明らかにされていなかった。

また、起訴前の被告人らの取り調べにおいても、検察官は、「Ⅳ分類＝商法上当期に全額償却引当が義務づけられている取立不能または取立不能見込み額」というロジックで供述調書を作成したものの、取立不能見込み額の判断基準を明示していなかった。

そこで、弁護人は、その基準を明確にすべく以下のような釈明を行った（1999（平成11）年11月19日付求釈明書、全弁護団共通）。

① 3130億6900万円を取立不能と認定する根拠は何か、その判断基準は何か、その判断基準が直接法令に定められているか否か、定められていない場合はそれを判断基準とする根拠は何か。
② 右を償却又は引当すべきであったとする法令上の根拠は何か。
③ 「法令に違反して利益の配当をし」とあるが、具体的にいかなる法令に違反したのか。

これに対する検察官の釈明は以下の通りである（同日付釈明書）。

①については、
「釈明の要はないものと思料する。なお、取立不能と認定する根拠等については、冒頭陳述で明らかにする。」
②については、
「釈明の要はないものと思料する。なお、冒頭陳述において明らかにする。」
③については、
「商法等の関連法令に違反して利益配当をしたということである。」

### (3) 検察官の冒頭陳述

ついで検察官は、冒頭陳述書を朗読した。

検察官は、起訴状に対する求釈明に対し、「冒頭陳述において明らかにする」としながら、冒頭陳述では明らかにしなかった。

検察官は、冒頭陳述において、償却引当の基準について、資産査定通達や関連ノンバンク事務連絡、公認会計士4号実務指針を判断根拠とするかのごとく主張した。

もともと、資産査定通達、事務連絡は金融検査官宛ての通達類にすぎず、4号実務指針も公認会計士の実務マニュアルにすぎない。ところが、検察官は、これらが刑罰法規発動基準となる法令上の根拠となる理由を明らかにしなかった。

この点をもう少し紹介すると、検察官は、冒頭陳述のうち、「第三　銀行等金融機関の資産査定と償却・引当の関係等」の項で、要約、次のとおり述べている。

① 貸出金については、「取立不能の虞があるときには、取立つること能わざる見込額を控除することを要す」（商法285条の4第2項）とされているところ、取立不能見込み額を貸出金勘定から直接控除することを「貸出金の償却」、同見込み額を

債権償却特別勘定に繰り入れることを「貸出金の引当」という。
② 平成9年度決算を対象に、平成10年4月から早期是正措置制度が導入されることとなった。「早期是正措置制度」は、自己資本比率という客観的指標に基づいて、金融行政当局が銀行に対し、業務改善計画の提出等の是正措置を適時・適切に発動することを主眼とする。早期是正措置制度は、金融機関自身に対して、自ら資産査定をした上で、その結果に基づき適切な償却・引当処理を行い、資産内容の実態を反映した財務諸表を作成することを要請するものであり、これにより、金融機関が行う自己査定と償却・引当処理とが直接の関連を有するものとなった。
③ 「資産査定」については、平成9年3月5日付の通達「早期是正措置制度導入後の金融検査における資産査定について」（資産査定通達）では「MOF一般先基準」を定め、同年4月21日付の大蔵省監理課長発の事務連絡「金融機関等の関連ノンバンクに対する貸出金の査定について」（関連ノンバンク事務連絡）では「MOF関連ノンバンク基準」を定め、これらの基準の内容が全銀協を通じて、Q&Aの形で全国の銀行に対して送付された。
④ 日本公認会計士協会は、同年4月15日付で公表した「銀行等金融機関の資産の自己査定に係る内部統制の検証並びに貸倒償却及び貸倒引当金の計上に関する監査上の取り扱い」（実務指針）において、資産査定通達における会計処理上の準拠基準を明示し、大蔵省銀行局は、同年7月31日付通達において、「決算経理基準」を改正した。

検察官は、以上の一般論をうけて、冒頭陳述書「第六　本件共謀状況及び本件犯行状況」の項で、「（長銀における）償却・引当不足額の算出経過は、冒頭陳述の別紙3②記載のとおりである」として、末尾に別紙を添付している。これによると、関連ノンバンクでない会社については「MOF一般先基準」が、関連ノンバンクについては「MOF関連ノンバンク基準」が適用されるとした上、それぞれその「IV分類該当額」が、すなわち、「償却引当を要する額」であるとして、不足額を算出している。

以上でみたように、冒頭陳述においても、商法285条の4第2項による償却引当の基準は、明示的に明らかにされなかった。

### (4) 再度の求釈明

そこで、弁護人は、釈明事項が冒頭陳述において明確にされていないことを指摘し、これを明らかにするよう求めたが、検察官は「冒頭陳述書記載以外にこれを明らかにする要なし」として釈明を拒否した。

そこで、弁護人から、「冒頭陳述書の記載を一瞥するかぎりは、結局「MOF一般先基準」あるいは「MOF関連ノンバンク基準」に基づきIV分類に該当すると認定するか否かが、「取立不能」かつ「償却・引当義務」の基準となるとするのか。明らかにされたい」と確認を求めた。

このような場合、裁判長は、検察官に対し釈明を求めるべきである。ところが、裁

第3部　公判手続の緒戦──冒頭手続と検察官の主張立証

判長は、「それは MOF 一般先基準ということではないでしょうか」と検察官の代わりに釈明するかのような発言を行ったうえで検察官に対応を促した。この発言・対応は、検察官の釈明拒否に助け舟を出すことにより、釈明論争を打ち切ろうとしているとも受け取られる。裁判所の公正性に疑念が生じうる訴訟指揮である。

弁護人は、第2回公判期日に提出した再度の釈明の申立書等において、「検察官の釈明拒否を助けると誤解されかねないものであって遺憾である」として、裁判長の訴訟指揮に対する抗議を行い、公正に手続を進めるよう裁判長をけん制した(【資料】12月14日付訴訟指揮に関する意見書)。

なお、第1回の公判調書(手続)には、
倉科弁護人　冒頭陳述で明らかにされていない部分についての求釈明
　　　　　　求釈明書一③について、取立不能と認定する根拠等は、MOF 一般先基準、MOF 関連ノンバンク基準によれば四分類となるべきであるという趣旨でよいか。
裁判長　　　検察官に釈明を求めます。
永幡検察官　MOF 一般先基準という趣旨です。

と記載されており、裁判長が直ちに検察官に直接釈明を求めたことになっていた。そこで、弁護人は、この点について、公判調書の正確性について異議を述べた。

### (5) 検察官の再度の求釈明の申立に対する意見

第2回公判期日前に、弁護側は検察官に対し、再度の釈明を求める申立書を提出した。

これに対し、検察官は、同年12月15日付検察官意見として、再度の求釈明の申立書に対する意見を提出し、次のとおり述べている。

・3130億6900万円を償却又は引当すべきであったとする法令上の根拠は、冒頭陳述書第三において明らかにしたとおりであるが、企業会計原則、同注解等の公正なる会計慣行も当然に含まれる。
・公訴事実記載の訴因は十分特定され明確化されており、これ以上釈明の要はない。釈明を行ったのは、公判の円滑な遂行の便宜に資するためである。
・弁護人の主張は、要するに「取立不能」という法的概念についての検察官の法律解釈ないし見解を問うとともに、取立不能を立証するための関係証拠を示すよう求めるものに等しく、いわば冒頭手続段階で論告の先取りを求めるものであって、検察官がこれに応ずる義務がないことは明白である。

この意見書は、「公正なる会計慣行」(商法32条2項の文言)に触れており、検察官は、同条項が本件の争点となることを初めて明示した。

なお、検察官は、弁護側の求釈明に対し「論告の先取り」を求めるものと主張している。しかし、弁護人は、起訴の対象となった事実についての実質的な法令上の根拠を明らかにするよう述べているだけであって、関係証拠の提示を求めるものではない。

検察官の主張は、論理のすりかえである。

法令上の根拠を明確にすることを頑なに拒否する検察官の対応は、基準論が弱点であること、あるいは、基準論を詰めていなかったことを自認するものであったように思う。検察官が、公判の冒頭手続において、商法285条の4第2項の解釈基準と公正なる会計慣行を明示しなかったことを裁判所は、いったいどのように受け止めていたのであろうか。

また、裁判員制度の導入により、対象事件において公判前の争点整理手続が厳格に行われている現在から振り返ると、この検察官の対応は隔世の感がある。

### (6) 第1回公判期日における被告人の認否と意見陳述

被告人は、第1回公判期日において、無罪を主張し、公判に臨む際の意見、心情を陳述した。

被告人の認否及び意見陳述、弁護人の意見および求釈明をめぐるやりとりから、本件の争点が「取立不能見込み額」の評価基準であり、そこに「公正なる会計慣行」論が含まれることは、第3回公判期日で検察立証が終了するまでには明らかになっていった。

しかし、弁護人は、本件争点の絞り込み、本件事案の整理は未消化であり、手さぐりで前に進むといった状態であった。弁護人は、被告人との議論や事案検討を通じて関連ノンバンク等への支援損の取り扱い、税法基準などの存在などに気付き始めていたが、それらを本件事件の無罪主張するためにどのようなロジックを組み立てればよいか整理しきれていなかった。

## 4　検察官立証①——日銀考査担当者高野円証人尋問

### (1) 高野円の供述調書

高野円は、1998(平成10)年5月に長銀に対する日本銀行による考査、いわゆる日銀考査のチームの1人であった。

検察官が取調べ請求をした高野円の供述調書2通のうち、平成11年5月24日付調書（検甲165）は、長銀の自己査定基準について、「不合理な基準を作り、運用を歪めていた」、「強引極まりない主張」、「自己査定が甘い」、「明らかにMOFガイドラインから逸脱した基準」、「MOFガイドラインの債務者区分の考え方を大きく歪めて、勝手に作った基準であることは明らかでした」、「随所に長銀にとって都合のよいように勝手なルールを作っているという印象を強くもちました」などの過激な表現がちりばめられており、完全に検察官ストーリーに沿ったものであった。

また、個社についても、「査定結果はあくまでも長銀側が日銀に対して提供した資料や説明が真実であるという信頼に基づくものでした。ですから、もし、長銀側が……社の実態、……について真実を隠していたとした場合に、これらの諸事情について、日銀側として実態を反映した資料や説明に基づいて査定していたならば、本来あ

るべき査定結果は自ずと異なったものであったと思われます」、「たとえば、……などの事情が認められれば」、という仮定の事実を実態として前提とし、「……という事情が本件日銀考査で明らかにされていたら、平成10年3月期基準で査定した際も、……再建可能性が十分あるとは到底認められなかったとされるべきであった」、「そのような場合、関連ノンバンク事務連絡 Q&A に定められているとおり、これを基準とする査定をすべきでした。」と結ばれている。

高野円の供述調書は、このように被告人に著しく不利な内容の部分が多く（長銀に対する悪意が感じられるような表現も多かった）、かつ、「仮定」の事実を前提として検察官ロジックに沿った供述を行っている部分があった。そこで、弁護人は、高野円の供述調書のうち、検甲165について、「不同意」とする意見を述べた。

その結果、この供述調書に代えて、検察官は、高野円について尋問請求をなし、第2回公判期日で同人の証人尋問が施行された。

### (2) 高野円証人の証言（主尋問）

検察官の主尋問の内容は、総論部分については供述調書の内容をそのままなぞるような内容であったが、個社の査定状況についての尋問はほとんど行われなかった。

主尋問では、資産査定通達や関連ノンバンク事務連絡 Q&A は銀行が一般的に守るべきルールであり、公認会計士の実務指針と一体として資産査定通達が基準となることを証言した。

特徴的な証言は、関連ノンバンクについても資産査定通達を基準とし、その特殊性を Q&A で検討するにすぎない、よって、関連ノンバンクについても資産査定通達にしたがった債務者区分を行わなければならない、つまり、引当償却額を算出するには資産査定通達と4号実務指針との関連で行うというスタンスであった。

検察官が抽象的な質問を繰り返したため、弁護人は頻回に異議申し立てを行った。

### (3) 高野証人に対する反対尋問

弁護人の反対尋問のポイントは、以下のとおりであった。
・日銀考査の目的と考査結果の法的効果
・資産査定通達の法的位置づけ（金融機関に対する法的拘束力がなかったこと）
・資産査定通達による査定と、それ以前の査定基準とは異なるものであったこと
・関連ノンバンク等について一般先と異なる基準を設けることに合理性があったこと
・資産査定通達や事務連絡の債務者区分とは異なる債務者区分を設けることに法的問題はなかったこと
・資産査定通達の債務者区分の定義は明確でなく、長銀の解釈も許容されるものであったこと
・資産査定通達は金融機関の自主性を許容していたこと

・日銀考査において関連ノンバンク等の査定で「参考にした」全銀協 Q&A は法的拘束力のある基準ではないこと

　弁護人の反対尋問に対しても、高野証人は、検察官の主張に沿った証言を貫いた。しかし、全銀協という任意団体が発出した Q&A が法的拘束力を持つと証言したものの、その根拠についての説得的な証言がなかったし、関連ノンバンクについて一般先とは異なる債務者区分を設けることが問題となるとの証言についても、その理由についての説得的な証言はなかった。このような意味で、反対尋問は一定の効果を収めたものと思われる。

　また、査定基準のあいまいさや MOF 検の際の MOF 事務連絡やメモ、法人税基本通達 9-6-4 についても少し触れたが、これらは、その後、展開することとなる基準論の萌芽であった（【資料】尋問調書 156～157 頁参照）。

　しかし、この段階で、弁護人は、税法基準など大蔵省 MOF 検当時の実務と早期是正措置制度導入による資産査定通達、関連ノンバンク事務連絡、公認会計士協会 4 号実務指針との関係、金融行政の変遷、従前から続くIV分類の定義、関連ノンバンク等と母体行責任と不良債権の計画的段階的処理等、いくつもの素材を集めたが、「公正なる会計慣行」論でどのように料理するかを体系だてて、レシピをつくることができないでいた。

　そのため、高野証人に対しても、MOF 時代のIV分類との関係、税法基準の位置づけ、その内容について突っ込んだ反対尋問を行わなかった。検察官は、「検察立証は成功」という認識を持ったものと見られるし、裁判所も検察官ストーリーに対する根本的な疑問を持つには至らなかったものと思われる。

### (4) 検察官による再主尋問

　検察官の再主尋問では、資産査定通達が公認会計士の 4 号実務指針と一体となって基準となるとの証言を行った（【資料】尋問調書 178 頁 15 行目～179 頁 12 行目）。

　この証言は、検察官の冒頭陳述および釈明意見書における「公正なる会計慣行」論を意識したものかどうか、明らかではない上、「法的な拘束力」の根拠を説明するものとはなっていない。

### (5) 裁判長による補充尋問

　最後に裁判長が、自己査定基準と資産査定通達との関係を次のように尋ねた。

　「先ほどのご証言からすると、要するに、この通達よりも緩い自己査定基準は許されない。逆に言うと、通達よりももっと厳しい資産査定をする自己査定であれば、正当なものとして承認すると、そういうご趣旨でよろしいんですか」と単刀直入に尋ねた（【資料】尋問調書 180 頁 10 行～32 行目）。

　この質問は、裁判長が、金銭債権の評価基準について「自己査定基準は厳しければ厳しいほどよい」との誤った認識を持っていたことを、明らかにした。検察側の高野

証人も、裁判官の認識の誤りを指摘した。

## 5　検察官立証②――金融監督庁検査官吉武正訓証人尋問

### (1)　吉武正訓証人の供述調書

第3回公判期日において、検察官が申請した吉武正訓証人(以下「吉武証人」という)の証人尋問が行われた。

検察官は、吉武証人の検察官供述調書8通(検甲144ないし150、同154)を証拠調べ請求したが、弁護人は、1通のみ同意し、4通を一部不同意、残り3通については全部不同意という証拠意見を提出していた。

吉武証人は、1998年3月期決算直後の同年4月に、金融監督庁による主要行19行への一斉金融検査が行われた際に、長銀への検査を担当した検査官である。信用リスクチームのリーダーとして長銀の自己査定・償却引当について検査を行った。その金融検査において、第一ファイナンス、日本リース、NED、ビルプロ三社、日本リース子会社、NED関連会社についての長銀自己査定についての検査状況について、個社別の「供述調書」が作成されていた。

供述調書には、当時検査官が作成した査定メモや長銀が提出した資料が添付され、供述部分には、査定基準は資産査定通達であり、関連ノンバンクについては関連ノンバンク事務連絡であること、各個社の査定もこれらの基準にしたがって行ったことが記載されていた。

金融検査結果の査定、債務者分類、分類額が、検察庁による起訴対象となった査定額と異なる部分については、「あくまでも長銀側が金融監督庁に対して提出した資料や私に対する説明が真実であると信頼してのことでした。」「ですから、もし本件記入検査で長銀側が……実態と異なる資料を提出したり、実態と異なる説明をしたりしていたとして、本件検査の場で、……実態が本件検査の場での説明内容と相当乖離があったとすれば、……おのずと異なった判断に至ったと思われます。」として、長銀があたかも虚偽の資料を提出し、虚偽の説明を行ったかのような印象を与える内容となっていた。

また、仮定に基づく説明が多用されていた。たとえば、個社についての供述調書を見ると、「もし仮に～、実態が……であったら、」という仮定に基づく供述を12回も繰り返したうえで、「その場合は、関連ノンバンク事務連絡の文言に忠実に従うと、」とし、検察庁の査定したIV分類額について、「当然に平成10年3月期に全額償却又は引当すべきでした。」

「そして、その場合、本件検査でも、最低限、これと同様の査定結果を出したはずでした。」と締めくくっている。弁護人は、この仮定に基づく「供述部分」について不同意とする意見を述べていた。

## (2) 検察官の主尋問

検察官の主尋問の構成は、証人の経歴、長銀自己査定基準に対する評価、資産査定と自己査定との関係、長銀に対する金融検査、長銀の自己査定基準の問題点、個社ごとの査定状況であった。

吉武証人は、検察官の主尋問に対して、
・資産査定通達と関連ノンバンク事務連絡は、金融機関が準拠すべき基準である。
・関連ノンバンク事務連絡は資産査定通達の細則と位置付けられる。
・公認会計士実務指針は債務者区分に応じて償却引当を行う。
・Ⅳ分類額とは当期に全額償却引当を要するもので、検査官も銀行も同じ認識
・長銀自己査定基準は、新たな債務者区分を設けている点等に問題があった。
などの証言を行った。

## (3) 弁護側の反対尋問

第4回公判期日において弁護側の反対尋問が行われた。弁護人側がポイントとしていたのは、以下各点であった。

・金融検査の目的は行政監督にあること
・金融検査は償却引当不足の違法性判断ではないこと
・金融検査で指摘された償却引当不足があっても、ただちに商法違反に当たるものではないこと
・資産査定通達も関連ノンバンク事務連絡も検査官向けの通達にすぎず、金融機関に対する法的拘束力を持つものではないこと
・資産査定通達の画一的運用を禁じていたこと
・資産査定通達や関連ノンバンク事務連絡は、そのまま適用できるような明確な基準ではなかったこと
・償却引当は金融機関の経営判断に属するものであること
・Ⅳ分類は、MOF検討時の平成6年メモや平成7年事務連絡の記載からも全額即時償却引当義務を負うものとは理解されていなかったこと

弁護人は、当初企図したポイントについては成果を上げた。吉武証人は、資産査定通達や関連ノンバンク事務連絡に違反することが直ちに商法違反となるなどの証言はしなかった。

しかし、Ⅳ分類の定義、関連ノンバンクに対する支援損の扱いについては、問題意識の萌芽となるような質問が数か所みられるが、証人に切り込むような質問はできなかった。また、商法32条2項の「公正なる会計慣行」論を意識した税法基準に関する質問もほとんど行わなかった。

むしろ証人のほうが、検察官との尋問準備の結果であろうか、「資産査定通達の債務者区分が公認会計士協会の実務指針に連動しており、そういう意味では、実務指針が公正な会計原則に触れてくる」、「商法にいう公正な会計原則に該当するのではない

かというふうに考えている」と述べたが、この段階では、弁護人は十分に対応できなかった憾みがある。

このころ、弁護人、被告人は、母体行責任、関連ノンバンク等に対する支援の考え方、計画的段階的償却、税法基準などについて強い問題意識を持っていたが、検察官のロジックに対抗できるような強いロジックを構築できていなかった。

弁護人が検察官ロジックを崩すロジックを構築できたのは、検察立証終了後の弁護人の立証段階、とくに一巡目の被告人質問からであった。

検察官の立証は、2人の証人の尋問をもってひとまず終了した。

# 第4部　弁護側の反証

第4部　弁護側の反証
［解説］
- Ⅰ　弁護側の立証計画　　（上 295）
- Ⅱ　一巡目の被告人質問　　（上 322）
- Ⅲ　長銀関係者の証言　　（上 335）
- Ⅳ　公認会計士の証言等　　（上 428）
- Ⅴ　学者の証言　　（上 544）
- Ⅵ　二巡目の被告人質問1　　（上 562）
- Ⅶ　行政官の証言1　　（上 593）
- Ⅷ　二巡目の被告人質問2　　（上 616）
- Ⅸ　行政官の証言2　　（上 719）
- Ⅹ　二巡目の被告人質問3　　（上 739）
- Ⅺ　一審　論告　　（上 767）
- Ⅻ　一審　最終弁論　　（上 842）
- ⅩⅢ　証拠―証拠調請求と採否　　（上 943）

(上 279)

## 解 説

### 1 反証準備の難航

　検察側の立証は、弁護側が被告人の捜査段階の供述調書（乙号証）の取り調べに応じたことによって、早々に目処がついた。そこで裁判所は、弁護側に「経営上の判断の正当性、査定基準の誤りをストレートに立証したらどうか、総論、各論のいずれで争うのか明確にするように」と促した。

　弁護側は、公判手続の前から、それぞれ、弁護側の立証段階に備えて、事実関係を調査研究するとともに、証人尋問によって事実をどのように明らかにするか、腐心していた。

　弁護人の反証準備には、様々な障碍があった。

　本件では、被告人は、起訴後1週間程度のうちに、保釈されたが、保釈許可条件として、被告人相互の接触のほか、各部門の実務の責任者である大岩一彦、妹尾賢治、平田敏紀、大田秀晴、竹井信治、小西龍治、越石一秀の各氏との面接、通信、電話等による接触は禁止されており、被告人相互でさえ、公判期日に弁護人立ち会いで、顔を合わせるのがせいぜいであった。弁護人と被告人の電話による連絡は、原因不明の雑音が入り、盗聴されている疑いもなしとしなかった。

　弁護人は、金融機関の不良債権にかかわる償却引当の実情などについて、検察官の請求取調べ済み証拠に添付された会議資料等の行内資料の読み込みのほか、文献上の調査を進める一方で、他行の関係者から、決算経理について一、二ヒアリングを行った。しかし、世論は、捜査機関からの取材に基づく圧倒的な報道によって、破綻金融機関の経営陣は当然に刑事責任を負うべき「犯罪人」であるとみなしていた。刑事事件に証人として法廷で「事実」を語る人を見つけることは、極めて困難であった。

　原則的には、長銀関係者等参考人の検察官面前調書の信用性を争い、反対尋問の機会を求める必要がある。しかし、本件では、極めて例外的に全部不同意とした調書もあるが、様々な制約から、膨大な書証のほとんどを、同意せざるを得なかった。したがって、せいぜい、検察官の主張を引き写しにした結論部分を一部不同意とした程度であり、事実、およそ160点以上（56人）の供述調書を取調べ済みで、検察官立証は2名の証人で終了した。

　長銀関係者が証人として出廷する可能性について、公判を傍聴していた渡辺邦敏新生銀行法務・コンプライアンス統括部長は、「長銀関係者の法廷での証言は行わないということで検察側と話がついている」と明言していたほどであった。そのような取

第4部　弁護側の反証

り決めがなくても、長銀関係者は、長期間、捜査の対象とされたため、疲弊しきっており、被告人らの腹心であっても、自分の生活の立て直しなどに追われ、こと刑事事件にかかわって「事実」を語ろうとする態勢にはなかった。

弁護人は、長銀関係者の中から、候補者を絞って、何人かから事情の聴取を行った。新生銀行に残留した人については、同行のコンプライアンス部長の取次なしには面会が許されなかったし、再就職先を得た人も周囲に気を使い、過去に触れられることを好まなかった。

検察官から、長期、かつ土、日など40数回という多数回の調べを受けた関係者は、その「マインドコントロール」の下にあるかのように、破綻金融機関の要衝にあって、強い責任感に苛まれ、なお深刻な反省のさなかにあり、「自分が法廷に出れば、調書では述べてない、もっと不利な事実を述べなければならない」と漏らし、押し黙って、多くを語りたがらなかった。

要するに、事実や理屈がどうであれ、「長銀が破たんした以上、トップが刑事責任を負うのは当然であり、それを弁護することなど考えられない」という雰囲気が圧倒していたように思われる。

こうして、事件の全体像を描き出すのに相応しい証人を見つけることは、出来なかった。

また、本来、冷静な立場にあるべき学究に、弁護団が商法、会計学、刑事法の交錯する未開の分野について意見を求めても、専門的見地から率直な意見を聞くことも、なかなか容易ではなかった。

政府の審議会に関係する商法学者は、「本件について意見は言えない」として敬遠し、又、刑事法の学者も、一方的な資料のみによって「(長銀経営者は)膨大な不良債権を隠ぺいするため、関連ノンバンク向けの融資の査定を別基準にして、不良債権を少なく見せかけていました。」(芝原邦爾『経済刑法』岩波新書、2000年5月)と決めつけ、関連ノンバンクに対する融資の回収可能性の判断基準は、論ずるまでもないという姿勢であった。

そのような状況の下で、公判準備において、那須弁護人が、「金融検査官の尋問請求を検討中」と述べたところ、金山裁判長は言下に、「その必要はないでしょう」と採用に否定的な態度を示し、端的に鈴木克治被告人の公判供述を促した。しかし、検察側の立証が終わった今、被告人質問を終えれば、いつ審理が打ち切られても不思議ではない。したがって、弁護側は、裁判所のそのような打診に対し、きわめて警戒的であった。

したがって、弁護側の立証計画は、検察官請求により取調べ済みの供述調書のある長銀関係者の中から数名、その他、公認会計士、大蔵省関係者等を軸に検討中というのが、偽らざるところであった。

## 2 民事訴訟の応訴と弁護側の体制

他方、保釈された被告人をはじめ、何人かの元取締役は、平成9年9月中間期及び平成10年3月期の決算について、新生銀行から刑事事件と同様に粉飾決算であり、利益がないのに違法に配当を実施して銀行に損害を与えたとして、すでに述べたように、裁判上、10億円の損害賠償請求を受けた。これを民事配当事件という。

さらに、新生銀行は被告人らを含む元取締役に対し、関連会社等に対する融資判断を誤り、銀行に損害を与えたとして巨額の損害賠償請求訴訟を提起した（「関連ノンバンク事件」など）。これらの事件はいずれも整理回収機構が承継した。

そこで、被告人らを含む元取締役は、民事訴訟の防御活動も負った。刑事事件では起訴を免れたものの、民事事件の被告となった元取締役の代理人は、刑事事件の弁護人とともに、連携をとりつつ、民事の弁護活動にあたることになった。

鈴木被告人の場合、不良債権処理の担当役員であったことから、ほとんどすべての案件について、民事責任を追及されることとなった。訴訟上、請求された金額は80億円に上る。

長銀提訴弁護団団長川端和治弁護士は、平成12年2月3日、民事事件の第1回口頭弁論期日に、傍聴席の報道陣に向けて、「長銀事件の審理の開始に当たって」と題し、あえて意見陳述を行った。この中で、川端弁護士は、「巨額の負担を強いられた国民が重大な関心を持って見つめている」と述べ、「本件では司法もその力を問われている」と訴えた。これに対し、被告等の代理人は昂然かつ粛々と正攻法で応戦した。

弁護人は、刑事事件の弁護活動の一方で、民事訴訟の対応を余儀なくされた。刑事事件の膨大な訴訟記録中には、長銀の会議資料等、民事訴訟の資料となるものが少なくなかった。刑事弁護においても、民事弁護においても、被告人が自ら克明に資料を読み解き、丹念に作業メモを作成し、企業会計、銀行決算、ノンバンク等の実情に疎い弁護人に注意喚起を促した。

## 3 弁護側の立証計画と冒頭陳述

弁護人は、こうして人証に先立って、文献、記録等の客観的な証拠を収集し、第4回公判から、数次にわたって書証の取り調べを請求した。これらの書証及びその立証趣旨は、証拠関係カードのうち、弁護側請求分のとおりである。そのほとんどが公刊された文献等の資料であり、同意書証として決定取り調べられた。本件では、この頃までに同様の法律問題を抱える日債銀事件の弁護団と連絡が取れ、金融機関における決算経理に関する資料の提供を受けることができた。

捜査機関は、世論の後押しを得て、強制捜査権限を背後に、6カ月以上を費やして捜査の末、公判の維持に自信を持って起訴した。それに引き換え、弁護側の実情は、以上のとおりであった。もし、本件のような事件で、公判前整理手続において、短期間に立証計画のみならず、証拠調べ請求まで要求されると、弁護側としては、閉塞状

第4部　弁護側の反証

況に陥ることは必至である。しかし、本件では、公判期日の進行と平行して、準備を進めることができた。

平成12年4月14日、第6回公判期日。この日、裁判所の構成が変わり、新たに大野市太郎裁判長の下で審理が行われることになり、公判手続が更新された。

弁護人は、それぞれ、更新意見を述べ、かつ冒頭陳述を行った。

弁護人の冒頭陳述は、弁護人によって区々であるが、例えば、平成9年度決算の経緯、貸出債権の償却引当義務の根拠、長銀における自己査定基準の策定と自己査定の経緯、本件決算後の事情などを述べた。これは検察官請求証拠中の行内資料、被告人からの聴き取りのほか、収集した文献等に基づいて執筆したものである。

調査を進め、公判が回を重ねるとともに、事実上、法律上、本件の起訴には問題があるのではないかという確信が深まっていった。しかし、この段階では、弁護人は、遺憾ながら、本件の争点をまだ、的確に絞り切ってはいない。

```
 4  争点明確化のための被告人質問 ………………………………… 284
   (1) 大野木被告人（7、8、9回公判）（284）
   (2) 須田被告人（9、10回公判）（285）
   (3) 鈴木被告人（11、12回公判）（286）

 5  長銀関係者の尋問 …………………………………………………… 286
   (1) 鈴木恒男証人（13、14回公判）（287）
   (2) 越石一秀証人（15回公判）（287）
   (3) 大田秀晴証人（16回公判）（287）
   (4) 大岩一彦証人（17回公判）（288）
   (5) 千葉務証人（18回公判）（288）
   (6) 田島哲朗証人（19回公判）（288）

 6  公認会計士の尋問 …………………………………………………… 289
   (1) 中嶋敬雄証人（19回公判）（289）
   (2) 秋山正明証人（20回公判）（289）

 7  学者・学識経験者の尋問 …………………………………………… 289
   (1) 岸田雅雄証人（22回公判）（289）
   (2) 西崎哲郎証人（22回公判）（290）

 8  二巡目の被告人質問 ………………………………………………… 290
   (1) 須田被告人（23、24、25、29、32回公判）（290）
   (2) 鈴木被告人（26、27、28、32回公判）（291）
   (3) 大野木被告人（28、30、31、32回公判）（291）

 9  行政官などの尋問 …………………………………………………… 292
   (1) 高橋洋一証人（28回公判）（292）
   (2) 内藤純一証人（32回公判）（292）

10  公判手続の更新 ……………………………………………………… 292
```

## 11 論　　告

　論告は、金融機関の健全性確保のため、「早期是正措置制度」が導入されたことに伴い、自己資本比率算出の前提として、「資産査定通達」及びその細則が発出され、各金融機関において、平成10年3月期から、これらの基準と整合性を有する適正な自己査定基準を策定して自ら資産査定を行い、いわゆる不良債権を含む貸出金等を回収可能性に応じて分類した結果に基づき、従来にも増して適正に償却引当を行うことが求められるようになったものであるところ、上記通達等において、「Ⅳ分類」と分類される貸出金等は「回収不可能又は無価値と判定される資産」とされ、商法285条の4第2項等によれば、前記Ⅳ分類は当期に全額償却・引当すべきものであった。長銀は、バブル崩壊により関連ノンバンクを含む関連会社等向け貸出金に巨額の不良債権を抱えたものの、償却・引当の財源に乏しいことから、適正な償却引当を行わず、被告人ら3人が、Ⅳ分類債権を実態に反して圧縮することとし、意図的に独自の基準を新たに定めるなど、資産査定通達等から逸脱し、かつ合理性のない自己査定基準に従って、自己査定を行うことにより、当期の償却・引当額を違法に圧縮したなどとして、虚偽の有価証券報告及び違法配当が成立する旨主張し、大野木被告人に懲役3年、他の2人に懲役2年をそれぞれ求刑した。

## 12 弁　　論

　以上に紹介したとおり、裁判所は、多数回の公判期日を重ねて、被告人質問を丹念に聞き、証人尋問を行うという慎重な審理を行った。
　そこで、弁護側は、被告人ごとに、証拠調べの結果に基づき、弁論要旨を準備・執筆し、2日にわたって弁論を行った。

**(1) 大野木被告人関係**

**(2) 須田被告人関係**

**(3) 鈴木被告人関係**

**(4) 小　　括**

　このように、本件では、「商法285条の4第2項による金銭債権の取立不能の虞、取立不能の見込み額を判断する基準として、何が公正なる会計慣行であるか」が、激しく争われた。
　とはいえ、振り返ってみると、弁護人としては、一審当時には、事案の背景、金融機関の機能、支援先、不良債権処理の経過とその環境、決算手続の経過、長銀の破たんの経緯等、多くの論点に力を注がなければならず、いささか焦点が拡散していた。
　そこで、一審判決の後、引き続き、裁判所を説得する作業が残された。

第4部　弁護側の反証

## $\boxed{V}$　学者の証言

---

### 第 22 回 公 判 調 書（手続）

被 告 人 の 氏 名 ⑴　　大野木　克　信（出頭）
被 告 人 の 氏 名 ⑵　　須　田　正　己（出頭）
被 告 人 の 氏 名 ⑶　　鈴　木　克　治（出頭）
被 告 事 件 名⑴、⑵、⑶証券取引法違反、商法違反
公 判 を し た 年 月 日　　平成 13 年 4 月 13 日
公 判 を し た 裁 判 所　　東京地方裁判所刑事第一部
裁 判 長 裁 判 官　　大　野　市太郎
裁　　判　　官　　福　士　利　博
裁　　判　　官　　石　田　寿　一
裁 判 所 書 記 官　　村　上　剛　英
検　　察　　官　　保坂直樹、大圖 明
出 頭 し た 弁 護 人 ⑴　　(主任) 那須弘平、倉科直文、横田高人
出 頭 し た 弁 護 人 ⑵　　(主任) 國廣　正、五味祐子、坂井　眞
出 頭 し た 弁 護 人 ⑶　　(主任) 更田義彦、長　文弘
出 頭 し た 証 人　　(主任) 岸田雅雄、西崎哲郎
証 拠 調 べ 等
　　　　　　証拠等関係カード記載のとおり
指定告知した次回期日
　　　　　平成 13 年 5 月 9 日午前 10 時 00 分
　　平成 13 年 4 月 26 日
　　　　　　東京地方裁判所刑事第一部
　　　　　　　　裁判所書記官　　村　上　剛　英

---

　　証人岸田雅雄、同西崎哲郎の尋問を施行

Ⅴ　学者の証言〔① 岸田雅雄証人尋問調書（第22回公判）〕

## ① 岸田雅雄証人尋問調書（第22回公判）

証人尋問調書（平成13年4月13日第22回公判）

弁　護　人（倉科）
速記録末尾添付の「経歴並びに業績」と題する書面を示す
　まず、証人の経歴及び著書等を伺います。証人の経歴、職歴、それから業績の中で著書とあるものは、この「経歴並びに業績」のとおりですか。
　　　はい、間違いございません。
　証人の著作等を拝見すると、証人は企業の会計規制法を主要な専攻分野にしてこられ、それとの関係で、税法などについても研究を重ねておられるように思われますが、いかがでしょうか。
　　　はい、そのとおりです。
　既に証拠調べ請求済みの「商法・証券取引法から見た企業の違法行為のチェックシステム」と題するジュリスト1129号34ページ以下の論文をお書きになられましたね。
　　　はい。
　それを執筆した問題意識について伺います。非常に大きいところで結構でございますので。
　　　ちょうどそのころ、いろいろな企業不祥事がたくさんございまして、その特集を御覧いただければ分かりますが、ほかの方は、全部、刑事、あるいは刑事畑の学者、あるいは実務家の方でございますけれども、当時のジュリストの編集部から、私が企業会計をやっているということで、企業会計の観点から、そういう企業の不祥事等について書いてくれと言われてましたので、私もその点、興味を持っておりましたので、それが書いた動機でございます。
　そのジュリストの論文を書かれる少し前の1997年（平成9年）10月発行のインベストメントと題する、これは雑誌でございましょうか。
　　　はい。大阪取引証券所が出している雑誌でございます。
　その雑誌においても、「規制産業とその企業会計規制」という題の論文を書かれておられますね。
　　　はい。
　それでは伺いますが、企業会計における金銭債権の評価及びその方法ということについて、企業会計における基準というものはどういう状態なんだろうかという問題意識で伺いますが、そもそも、企業会計における金銭債権の評価及びその方法について、絶対の基準だとか、唯一の基準というものはあるんでございましょうか。
　　　私、企業会計を専門に、20年近くやっておりましたので、一般的なことからお話をしたいと思います。私、よく授業で、こういうふうに説明をいたします。私は神戸に住んでいるわけですけれども、神戸市というのは、東西34キロ、南北は、北は六甲山、南はポートアイランドという島までございますけれども、そこで、毎日、ラジオやテレビで天気の情報が入ってます。昨日、神戸で10ミリの雨が降ったと言いましても、ある人は神戸に住んでても雨が降ってなかったと、あるいは1ミリしか降ってなかったという人があります。つまり、神戸市内の山の上で測るか、水上で測るか、北で測るか、南で測るか、全部雨量は変わってきますけれども、神戸では、神戸の海洋気象台というところで、午前9時、午前10時に測ったものを神戸市の雨量としてやっているわけでございます。だから、厳格に言う

— 81 —

（上545）

第4部　弁護側の反証

と、それは神戸の雨量の1つに過ぎないわけでございます。しかし、同じ場所で、同じ時間で、毎日継続しておけば、それは1つの客観的な真実になるということでございます。長くなりましたけれども、企業会計においても、様々な会計処理の方法がございます。例えば、時価主義と原価主義というのは、会計学で200年以上争っているわけですが、いまだ決着がつかない問題でございます。しかし、時価主義なら時価主義、原価主義なら原価主義と、1つの方法を継続してやれば、それは比較可能な処理だということでございます。私が申し上げたいのは、会計においても様々な会計処理方法があって、それぞれが1つの基準として認められている。つまり、選択のあるものだと。これが会計の現実でございます。

そうすると、その企業会計について、今度は、その法令上の規制を加えるというような状況になったときに、そうしますと、そういった様々な方法のある企業会計というものについて、法で一つの物を押し付けるというか、あるいは、これにしなさいということは、非常に難しい問題があるのではありませんか。

はい、おっしゃるとおりでございます。ですから、私の定義によれば、会計というのは、企業の経済活動を評価して記録して、そして報告するシステムだということでございます。経済活動というのは、極端なことを申しますと、一瞬、一瞬動いているわけでございます。ところが、法律の体系というのは権利、義務の体系に納まるところでございます。つまり何らかの経済活動を、権利あるいは義務に結び付けるということは本来不可能でございます。法律というのは保守的なもので、一回決まれば、そう動くものじゃありません。しかし、会計の事実というのはしょっちゅう変わっているわけですから、ある程度の幅で経済的な事実を、権利、義務の法律の体系に翻訳するといいますか、法律を表すためには、やはり一定の幅というものが必要ではないかというふうに思っております。

そこで、今度は、会社の資産について増減が生じたという問題について、先生の書かれた教科書等を拝見しますと、1つは、その法律的に効果を生じた財産的な増減の問題と、それから、法律的には効果を生じてない、そういった増減という問題があるというふうに、先生は整理しておられる部分がございますが、この本件で問題になっております、金銭債権の時間的経過に伴い発生する経済的価値の減少という問題、これは、今の類型で言うと、どちらの類型になるんでございましょうか。

後のほうですね。土地の評価というのは、極端なことを言えば、毎日毎日変わっているわけですが、それを、法律的に権利があるとかないとかいうふうに表す場合には、やはり一定の幅で評価しなければならないというふうに思います。

そうだとしますと、そもそも、ある程度幅を持ってやらなきゃならないというのは、性質がそうでありますが、同時に、その幅をどうするということ自体、それ自体が非常に難しいというか、明確な基準というものはつけにくいものなのではございませんか。

はい、そうだと思います。

そこで、いわゆる経済的価値の減少という、つまり法律的価値を生ぜしめない経済的価値の減少としての金銭的債権の価格の減少、そういった問題について、それをどう評価するか、評価する場合に、どのような方法で測定するか、どのような方法で表現するかというようなことについて、会計基準として、何らかの明確なものがあるんでございましょうか。

必ずしも、ございませんです。

法令上は、そういった経済的価値の減少という問題の取扱いというものの規制はどう

Ⅴ 学者の証言〔① 岸田雅雄証人尋問調書（第22回公判）〕

なっているのかと、法の規制としてはどうなっているのかという問題がございますね。
　　はい。金銭債権については、商法の285条ノ4と34条の3号というのがございます。今申し上げているのは、例えば、100万円でお金を貸したということは、法律的には100万円の権利が免除なり弁済なり、民法の定める消滅事由が発生しない限り、100万円の権利があると、しかし、経済的には、それが回収不能であれば50万円、30万円の経済的な事実がある、そういうことを申し上げているわけですが、商法には、一般的な、今申し上げた規定以外には、細かいところはございません。
今先生がおっしゃいました金銭的債権というのは、それは、要するに、いつまでも100万円なら100万円のものがあるというふうに、法律的には評価されるということは、これは商法上は金銭債権における額面主義として規定されているわけですね。
　　そうですね、はい。
ということなんですが、それで、今申し上げました商法285条ノ4の第2項、それから、商法34条の第3号だったですかね、これについては、そういった経済的価値の減少に対する会計上の評価の基準として、これは客観的、具体的な基準と言えるんでございましょうか。
　　いえ、商法の285条ノ4という規定があるだけで、その後に、どのように評価するかということは、法令、この場合は省令で、法務省規則である、計算処理規則等には、規定は、直接はないわけでございます。
この金銭債権評価の法としての基準、法令の基準というものは、これは、客観的、具体的なものでなければならないんではないでしょうか。
　　そうですね。だから、その辺が、大変難しい問題であると思います。
そうしますと、じゃあ、商法285条ノ4の第3項とか、あるいは商法34条の第3号ということについて、それ自体は、客観的、具体的な基準としては機能しないと。
　　いや、客観的、具体的と申しますか、法律に規定がないと、法令の令ですね、省令、法務省の計算処理規則にも細かいところはないと、少なくとも法令にはないと。
そうすると、法令のレベルとして、そういった会計規制法として、持つべき客観性、具体性というものは、十分には備わっていないということは言えるわけですね。
　　はい。それは、先ほど申し上げたようにやむを得ないと言いますか、必ずしも明確に、経済価値を反映するようなルールを作ることは、もともと難しいと、幾つかの選択方法があっておかしくないということは言えると思います。
で、念のため伺いますが、いわゆる、通達というものがございますね。銀行関係であっても、たくさん、大蔵省、あるいは金融監督庁もあるかもしれませんけれども、そういった通達というものがありますが、そういった通達類というのは、この商法の規定の解釈の基準となるような、そういった法令として扱うことはできるんでございましょうか。
　　当然に、ならないですね。その理由というのは、法令というのは、飽くまでも国民を拘束すると。ですから、法律であろうが、政令であろうが、省令であろうが、すべて官報に公告されて、国民のみんなが知っているから、これを守りなさいというのが法令です。通達というのは、基本的に、通達も様々なものがございますけれども、上級官庁が下級官庁と言いますか、下の者に対して、内部でこういうふうにしなさいというのが通達であって、公表されているものもありますけれども、公表されてないものもたくさんあるわけでありまして、通達は、原則と言い

第4部　弁護側の反証

　　　ますか、法令的には、法律あるいは省令という効力を持たないのは当然のことだと思います。ただ、例えば、大蔵省、当時の大蔵大臣なり、大蔵大臣というのは、法律上、銀行について監督権限を持っていますから、通達に従わなかったような場合に、銀行に対する処分と言いますか、行政処分の根拠となることはあり得ますけれども、それは当然に商法の規定になるということは論理的にあり得ないと思います。

そうしますと、その商法そのもの、あるいは省令、あるいは規則などによって、そういった法令によって、経済的減少をどのように会計的に処理すべきかということの基準が、客観的、具体的なものがないということであるとしますと、実際に、企業、会社は、そういった金銭債権の経済的価値の減少に対しては、どのような取扱いをすればよろしいのかと、こういう問題が出てきます。

　　　一つはその法律の解釈、商法285条ノ4を、私はこういうふうに解釈しましたということで処理すると。で、それが正しいかどうかは裁判で決まることだと思いますけれども、それが一つの方法だと思います。

今、一つの方法とおっしゃいましたけれども、後はどういう方法に。

　　　後は、商法の違反になるかどうかは、当然に法令上の根拠がないといけませんから、よくあるのは、商法32条2項の公正なる会計慣行を斟酌すると、もしそれが公正なる会計慣行ならば、そしてそれが斟酌されれば、その商法32条2項を通じて、法令上の効力を持つことがあり得ると。あるいは商法第1条の商慣習法という規定がございますけれども、商慣習法であれば、商慣習法として、商法上の効力を持つことはあり得るということですね。

そこで、商法32条の公正なる会計慣行という問題につきましては、そもそも何が公正なる会計慣行なのかという問題と、それから、斟酌す、とはどういうことなのかという2つの問題があるように思うんでございますが、公正なる会計慣行ということは、一体そもそも、どんなもののことを言っているんだろうかというような問題がございますね。

　　　はい。

これについて、よく議論されるのは、企業会計原則がそうではないかというような議論もあるようなんでございますが、そういったことについて、問題になる可能性があるものとして、例えば、銀行ですと、平成9年3月に出された資産査定通達という通達がございます。あるいは、そのほかにも通達がございますが、そういった通達は公正なる会計慣行と言うことができるでしょうか。

　　　公正なる会計慣行とは何かということについて、様々な議論がございますけれども、とにかく、一般の人にそれが公正だと、一般というのも、非常にあいまいですけれども、認められていなければいけないというふうに思いますから、通達は、先ほど申し上げたように、当然には入らない。しかし、企業会計原則は、多くの会計学のテキストによりますと、原則として入るだろうと、実際、財務諸表規則の1条から2条に、これは98年(平成10年)だと思いますけれども、そういうのを取り入れようということを認めましたんで、一般には、企業会計原則は、原則として、公正な会計慣行に入ると考えてよろしいのではないかと思います。原則としてであって、当然に入るということではございませんけれども。

そうすると、いわゆる通達は、今の企業会計原則はもちろん、そういう議論があるということでございますね。

　　　何度も繰り返しますけれども、通達というのは、当然には当たらないと。繰り返

(上 548)

— 84 —

V 学者の証言〔① 岸田雅雄証人尋問調書(第22回公判)〕

します。通達というのは、法令ではありませんから、それには当たらないと。場合によって、それが、今申し上げたように、一般の社会で認められているような場合に入ることがあり得ると、あり得ますけれども、当然には入らないというふうに思います。企業会計原則のように、先ほど申し上げたように、通達というのは、一般に知られてないことが多いわけですから、そういうふうに思います。

税法において、それぞれ、少し前ですと、基本通達で、償却、引当の基準というものを決めているというのがございまして、そういったようなものは、これは公正なる会計慣行というふうに取り扱うことができるのかという問題がございます。

　税法も同じですね。商法の規定ではないですから、それが一般に社会で認められているような場合に入ることがあり得ますけれども、税法の処理に従ったからと言って、当然に公正な会計処理を斟酌したということにはならないというふうに思います。なることがあり得るということですね。

いろいろお話を伺いますと、ちょっと基本的な疑問になるんですが、公正なる会計慣行というものは一つしかないものなんでしょうか。

　いえ、先ほど申し上げたように、会計処理というのは複数、原則として、資産評価でも債権の評価でも、様々なもの、大体一つ以上あるのが普通でございまして、その中でどれを選ぶかというのが一般的ではないかと思います。必ずしも一つではないと思います。

それで、よく会計においては、継続性の原則ということが問題になるんでございますが、その継続性の原則という問題、今ずっとお伺いしてきました金銭債権評価の問題としては、意味のある議論なんでございましょうか。

　先ほど、ちょっと神戸の雨量の話で申し上げましたけれども、基本的に複数の会計基準があるから、どれか一つを選べば、原則として継続しなきゃいけないと、それはそこに結び付いているわけで、もし一つだけなら、当然守らなきゃないけないんで、何も問題ないんですが、幾つかの考え方があった場合に、時価なら時価、原価なら原価というものを一つ選択し、それを継続してくれば、絶対的な真実じゃなくても、相対的な真実というものがあって、それによって、企業会計の比較可能性と、去年よりも今年よくなったというようなことはできると、そこに意味があるわけで、継続性の原則は、一般的には認められております。商法には、必ずしもその規定はありませんけれども、ただ、商法281条ノ3の第2項の第5号に、監査役について、そういう規定がございますので、それを根拠にして、あるいはそれを根拠にせずに、商法32条2項の公正なる会計慣行を根拠として、一般には継続性の原則というのが認められております。

今おっしゃいました商法281条ノ3の第2項というのは、監査報告書に記載することを要する事項の中の、貸借対照表又は損益計算書の作成に関する会計方針の変更が相当なるや否や、及びその理由と、こういう部分のことをおっしゃっておられるわけですね。

　はい。だから、監査役が、それは原則として監査役、商法特例法上では公認会計士ですけれども、監査をする人が、会計処理の方針が変更されていた場合には、それをチェックしなさいよと。だから、チェックするという言葉を入れることによって、間接的に継続性の原則が認められているのではないかというふうに、一般に考えられております。

先ほど、お伺いする機会を失ったんで伺いますけれども、公正なる会計慣行の斟酌という言葉がございますね。

— 85 —

(上549)

はい。
その斟酌ということはどういうことなんだろうと。つまり、公正なる会計慣行なるものがあると、それに、例えば、従わなければならないという意味なんだろうかと、こういうような疑問があるわけなんですが、それはどういうふうに理解すればよろしいんでしょうか。

これは立法のときから問題があったわけでございますが、商法以外にも、多くの法律で斟酌という言葉を使っております。おそらく、これはドイツ語の翻訳だろうと思うんですが、ここでも、公正な会計慣行に従わなきゃいけないということを書かずに、わざわざ斟酌としたのは、従うほど強くないと、しかし、参酌、参考にする参酌という言葉も使わないと、つまり、参酌と従うの中間的なものであって、先ほど申し上げたように、企業会計には、様々な会計処理方法がございますので、わずかなミス、ちょっと従わなかったからということで、違法というのは問題だということで、幅を持たせて、斟酌という言葉を使ったというふうに言われております。ですから、公正な会計慣行を斟酌したけれども使わないということは論理的にあり得るわけで、アメリカではGAAP、Generally Accepted Accounting principle、一般に認められた会計原則と言いますけれども、それに従わないと、これは、見たけれども、従わないほうがいいというような場合もあり得ると、だから、日本でも、論理的には公正な会計慣行であっても、これは真実を表してないというような場合には、斟酌した結果、従わなくても違法ではないと、そういう意味で、斟酌という言葉を使っているというふうに思います。

そうしますと、商法285条ノ4第2項、それから、商法第34条第3号という、そういった規定の下で、企業が、金銭債権の経済的価値の減少というものを、どう会計上取り扱うかという問題について、そのよるべき基準というようなものについては、一つは、法令の解釈として、こういう取扱いというものが許容されるということで、それを処理するという方法が一つあるということでございますね。

はい。先ほど申し上げたように、解釈というのは、それぞれの法律を見た人が、例えば、企業の経営者が行うと、その結果、その解釈が正しいか、正しくないか、これは規定は何もないわけですから、最終的には、裁判所が判断するというのが一つの方法であると思います。

しかし、解釈が正しいかどうかということが、一体、行為をする人にとって判断が容易なものであるかどうかという問題がございますね。

はい。

そういったことについては、判断は容易なものではないんじゃないかというふうに思うんでございますが、先生はそういう問題意識をお持ちなんではないでしょうか。

そうです。

それから、もう一つの方法としては、公正なる会計慣行というものがあるかということで、それを斟酌するという方法を取るということもあり得ると、こういうことでございますね。

はい。

その場合の公正なる会計慣行というものについては、これは一つには限らないということでございますね。

そうすると、しかし、何が公正なる会計慣行かということについては、これは、だれが見ても間違いのない判断ができるというような性質のものなんでしょうか。

Ⅴ 学者の証言〔① 岸田雅雄証人尋問調書(第22回公判)〕

　　そうではないですね。
そうであるとしますと、そういった点でも、何が公正なる会計慣行かという基準で行動するにしても、その行為者にとっては、非常に判断の難しい問題になるということになりますね。
　　そうです。
それで、平成10年の3月末までの期間で結構でございますが、その期間において、金融機関の金銭債権の経済的減少に対する評価、そういった実務を事実上支配してたという、何かそのようなものはあるんでございましょうか。
　　恐らくそれは、税法の処理だろうと思いますね。企業経営者に税金を一番気にして、有税償却と言いますか、そういうことをせずに、税金がかからない範囲で、税法の基準に従って行われてたというのが実情ではないかと思います。
それで、先生は、ジュリスト1129号の34ページ以下の論文でございますが、その論文の中でおっしゃっておられることなんでございますが、先生は書かれたので特にお見せしませんけれども、39ページの一番下の段、4段のところに、こういうくだりがございます。「会計基準の明確化の要請」という標題になっておりまして、文章が、「会社の役員が民事・刑事の責任を負うためには、その行為が違法なもの、すなわち『法令』違反でなければならない。しかし商法・証券取引法等の法令には企業会計に関する規定がほとんどなく、規定がある場合でもその規定があいまいで、それに違反する行為を『法令』違反として責任を追及することは事実上困難である。」と、こういうふうにおっしゃっておりますが、これはそうしますと、今までお伺いしたような、法令としての客観的、具体的な基準を定めたものが十分備わっていないという現状、あるいは会社として、この法令の解釈として許される範囲であると判断して、例えば、会計の処理をする、あるいは公正なる会計慣行はこれではないかということでそれを斟酌して会計を処理するということをするにしても、何が正しいかということについては非常に判断が難しい問題であると。
　　そうですね。
そういった状況を踏まえて、今お読みしたような部分を書かれたというふうに理解してよろしゅうございましょうか。
　　そうですね、はい。

弁　護　人（更田）
今の御証言で、商法285条ノ4の解釈は、最終的には裁判所の判断によるんだというふうにおっしゃったのでお尋ねしたいんですが、285条ノ4で、金銭債権について、取立不能のおそれあるときはというふうに、あるいは取り立てることができない見込み額を控除するというふうな表現になっているわけですけれども、この解釈にあたっては、公正なる会計慣行を斟酌して解釈すると、こういうことになるんでございますね。
　　はい。公正なる会計慣行を斟酌するという場合は二つあって、つまり、法律に規定があるという場合でも、具体的な内容について公正な会計慣行によるという場合と、今おっしゃったように、ない場合に公正な会計慣行によると、両方あって、両方とも認められるというふうに考えられてます。
285条ノ4については、法令に規定がないと、こういう場合なんですね。
　　はい。だから、その場合に、先ほど申し上げたように解釈によると、しかし、解釈だけでは十分な根拠がないという場合に、法令上に根拠するためには32条2項によって、もう少し明確にするというのが一つの考え方だろうと思います。

第4部　弁護側の反証

　　その場合に、公正なる会計慣行として、一般に、企業会計原則が考えられると、こういうことなんですね。
　　　はい。
　　企業会計原則が唯一の公正なる会計慣行ではないというふうに理解してよろしいんでしょうか。
　　　もちろんそうです。
　　その企業会計原則で、特に金銭債権の引当に関する条項としては、企業会計原則の注18というのに、引当金についての条項が定められているようですが、それはそのとおりでございますか。
　　　そうです。
　　ここでは、将来の損失であって、発生の可能性が高いものというふうなことが記載されておりますね。
　　　はい。
　　この発生の可能性が高いというのをどう読むかということについては、解釈が、また幅があるんでしょうか。
　　　そうだと思います。
　　例えば、業況が不良の関係会社に対する支援は、要注意先として扱うというようなことを例示したような解釈というのは、今の企業会計原則の発生の可能性が高いということの読み込みとしては、許されるものなんでしょうか。
　　　はい、そうだと思います。えっ、すみません。もう一度おっしゃっていただけますか。
　　金融機関の貸付先が業況不良の関係会社であると、この業況不良の関係会社に対する支援というのは、差し当たり、要注意先として扱うというような。
　　　要注意先というのが、先ほど、分類の話に出てないんですけれども、どういうふうに解釈するかということで、その発生見込みが低いという意味でおっしゃっているわけですか。
　　いや、ですから、それも含めてお尋ねしたいんですけれども、業況不良の関係会社に対する支援は、直ちに発生可能性が高いものとして、取り扱わなければならないかどうかという意味でお尋ねしています。
検　察　官（保坂）
　　異議があります。今の質問は意味が分かりません。発生する可能性というのは何のことをおっしゃっているんですか。
裁　判　長
　　要注意先というのはⅣ分類のことをおっしゃっているわけなんでしょうけれども、そこのところを確定してからじゃないと、質問を受けている人がどういう理解しているかということの間に、ちょっとずれがあるような感じもしないでもないんですが。

　　　　　　　　　　　　　　　　　　　　　　　　　（以上　　木場　英子）


弁　護　人（更田）
　　商法の285条ノ4は、金銭債権について取立不能のおそれあるときは、取り立てることができない見込額を控除するという趣旨の規定なんですが、この条項の解釈として、企業会計原則の注の18、引当金についてを公正なる会計慣行の一つとして考えた場合に、その企業会計原則の注の18の発生の可能性が高いと、これは損失の発生の可能性が高いと、こういう意味でございますね。

はい、そうです。
　で、この損失の発生の可能性というのは、取立て不能になるような、取立て不能によって生ずるであろう損失と、その発生の可能性が高いという意味と理解してよろしいですか。
　　　はい。
　で、その場合に、何を損失発生の可能性が高いと解釈するかというのは幅があると、こういうことですね。
　　　はい、そうです。
　で、先生、平成9年の3月に大蔵省が出した資産査定通達というのは、子細に検討されたことがおありですか。
　　　少し読みましたけれども、あんまり深くは知りません。
　その資産査定通達の中で、債務者の区分として、正常先、要注意先、破綻懸念先、それから実質破綻先、それから破綻先と、5つに区分しているということは御存じでしょうか。
　　　はい、大体知っております。
　で、その2番目の要注意先の一つの例示として、先ほどお尋ねした業況不良の関係会社に対する支援というものを挙げてるんですが。
（甲）証拠番号151（供述調書）添付の資料2を示す
　下のページでいくと36ページを示します。金融機関の業況不良の関係会社に対する支援や旧債肩代わり資金等を、要注意先に対する貸出金として扱うと。言ってみれば、損失の発生の可能性が比較的低い債務者、あるいはその債務であると、貸出金、債権であるというふうに扱うというような扱いというのは、これは、企業会計原則の注の18の解釈の幅として、どういうふうに考えたらよろしいんでしょうか。
　　　入ると思いますけど。
　入るというのは、そういう取扱いも、一つの基準の設定の仕方として許されるものだと。
　　　はい、要するに、一つの根拠になるということですね。
弁　護　人（坂井）
　一点だけ確認なんですが、先ほどの倉科弁護人の質問で、公正なる会計慣行は一つしかないのかということで質問がありまして、それについて証人は、一つ以上あるというお答えと、必ずしも一つではないというお答えをされたんですが、一つ以上というのは一つが含まれるものですから、どういう御趣旨で言ったのかがちょっとあいまいだったので。
　　　それは二つ以上ですね。
　それは二つ以上という御趣旨でおっしゃった、複数という御趣旨でおっしゃったんですか。
　　　だから、いろいろな会計処理がございますので、今私が申し上げてるのは、すべての会計処理方法を知ってるわけじゃないですし、またいろんな新しいのが出てきてますから、ま、多くの場合には複数のものが、一つ以上というのは複数という意味なんですが、二つ以上という意味なんですが。
　複数という趣旨でおっしゃったんですか。
　　　はい、そういう意味で申し上げてるわけでございます。
弁　護　人（倉科）
　今更田弁護人から出た質問がありますので少しお伺いしますが、先生のおっしゃると

第4部 弁護側の反証

ころからすると、今更田弁護人が示したような、ああいうふうに例えば債務者区分というものを設ける、それから債務者区分についていろいろなグレードをつける、で、そのグレードをつける中で、こういう事象がある場合にはこうすると、そういった基準を設けるという、そういったやり方、そういったいろんな分類だとか基準だとかいうものについても、それは一つの方法であると、別にそれだけが唯一のものではないと、そういうのが先生のおっしゃることの趣旨というふうに理解してよろしゅうございますか。

　　はい。不良債権の分類についても、自己査定の基準ですとか、金融再生法の基準とか、銀行法21条に基づくディスクロージャーの基準とか、さまざまな分類の仕方があって、必ずしもすべての分類というのは一致してないのが現状でございまして、今そのお話でございましたように、それも一つの方法に過ぎないと、すなわち、これを守らないから当然に商法の違反になるということは言えないように私は思います。

今お示ししたのは、別に、私どもは公正なる会計慣行という趣旨でお示ししたわけじゃないんですけれども、例えばそういった一つの基準を設けて金銭債権の評価をするということについては、その基準をどういう内容にするかについてはいろんな方法があると。

　　はい。で、それはやっぱり、目的と言いますと、今申し上げた三つの基準というのは、それぞれの、例えば金融再生法の目的、あるいはその自己査定の目的、ディスクロージャーの目的によってそれぞれ分類されているわけで、それが商法285条ノ4の解釈として当然に入るという意味ではないというふうに申し上げて、もし仮に入るとしても、それは様々なやり方があり得るということを申し上げております。

ということですよね。

　　はい。

だから、例えば、今盛んに例として挙げましたように、業況不良の関係会社に対する債権者としての当行のかかわり方というものを考慮するのかどうか、あるいは考慮するとすればどういう方法で考慮するのか、それについても様々な方法があると。

　　そうです。

どれかこれでなければならないというようなものは、商法で別に何か決められているわけではない。

　　はい、そうです。

また、公正なる会計慣行として、これでなければならないというものがあるわけでもないというふうに理解してよろしゅうございますか。

　　はい、そうです。

そうであるとしますと、一つの企業、あるいは銀行というものが、そういったいわゆる不良債権ですね、貸出先について自分なりの基準を作って、で、それについてその基準に従って評価をし、処理をするということ、これというものは、この商法の法体系の中では許容されていることであると。

　　はい、商法285条ノ4の解釈としては認められてると思います。

検　察　官（保坂）

まず、今回証言されるに当たって、弁護人のほうから示された資料、その他についてはどんなものがあったでしょうか。

　　私、資料というのは余り見てませんですけれども。冒頭陳述書だけですので。

Ⅴ 学者の証言〔① 岸田雅雄証人尋問調書(第22回公判)〕

冒頭陳述のみですか。
　　冒頭陳述書だけです。あと起訴状という薄いもの一枚です。それしか。だから、証拠関係は全然存じません。どういう事件か、どういうふうになってるのかというのは、全く存じません。
そうしますと、本日の証言は、そういった具体的な証拠関係に基づいてというよりは、一般論として御証言されたということですか。
　　はい、そうです。私の立場は多分そうだと思います。
それから、弁護人から冒頭陳述を受け取ったということですが、その冒頭陳述というのは、だれが作成した冒頭陳述でしょうか。
　　3人の方ですけど。
検察官の冒頭陳述も、御覧になっていますか。
　　ただし、飽くまでも事実関係ではなくて法律の問題として今言っていますので、事実関係は余りよく分からないです。
それから、先ほどの御証言では、資産査定通達については、大まかなところは御覧になったことがあるけれども、詳細な内容については知らないと。
　　知らないというか、多分、これ、できてる経過というのがございますので、それを全部知らないと、これはどうだということは私自身は言えないと思いますので。ちらっと見たくらいは知ってますけども。
ですから、資産査定通達の細かい内容については御存じないということでよろしいでしょうか。
　　はい。
それから、その査定通達以外にも、大蔵省から出ている事務連絡のようなものとか、全銀協から出ている Q&A 形式のものですとかそういったものもあるんですが、そういったものも、内容は御存じないということなんですか。
　　いや、ちらっとはもちろん見てますけれども、それを、具体的にこれはどうだというようなことまではちょっとお答えしかねるということですね。
子細な内容は御存じないということですね。
　　はい、そうです。
それから、早期是正措置が導入されるに当たって、それに関連する審議会とか検討会等に参加されたということはございますか。
　　ございません。
それから、先ほど弁護人が質問の中で引用していた「商法・証券取引法から見た企業の違法行為のチェックシステム」という論文ですが、ジュリストに掲載されたのは平成10年3月1日号ということなんですが、実際にこの論文をお書きになったのはいつごろでしょうか。
　　ジュリストの場合は結構長いと、ま、2、3月前ですね、それは。ほかのは1週間とか2週間ありますけれども、ジュリストは2箇月くらい前だと思います。正確にちょっと覚えておりませんけど。
平成10年の初めごろということでしょうか。か、9年の暮れか。
　　おっしゃってるのは依頼があったということですか。書いたのは、出したのはその前ですけど、本が出る2、3週間前ですけども、執筆の依頼がございましたのは、だから、その前の年の暮れか1月の初めぐらいですね、恐らく。
実際に執筆されたのは。
　　その前後ですね。だから、12月から1月ぐらいであると思います。

第4部　弁護側の反証

で、この10年3月1日という時期は、まだ自己査定制度ですとか早期是正措置というものが正式な導入、実際に施行されているという状況ではないんですが、ま、そういう施行前のものについては前提にしないで書かれた論文ということでよろしいんですか。

別に銀行のことだけ関係してるわけじゃございませんので、内容自体が一般的な会社の問題で、利益供与の問題もございまして、特に銀行を中心に書いたということはありませんので、よくその辺は存じません。

それから、インベストメントの論文のほうですが、これも実際に雑誌が発行されたのは平成9年の10月ということですが、論文をお書きになった時期はいつごろですか。

それも2、3月前ですね、その雑誌が出る。

2、3箇月前ですか。

ええ。ちょっと正確に覚えてませんけど、2、3箇月前に書いたと思います。資料なんかも多分それは古いですけれども、そのときとしては新しいものだと思います。

その論文の12ページのところを示します。12ページには、左右2つの段がありまして、その右側の段のところの真ん中辺りを見ていただきたいんですが、「ところで銀行の会計処理については、前述の通達は、『第5経理関係』として」というふうに書いてあって、いわゆる決算経理基準の内容を引用されていますね。

はい、そうです。

これは、いつの時点の決算経理基準のことを書かれたんでしょうか。

その当時のことですね。

その当時と言いますと。

97年(平成9年)ですかね、これが出たのは……。ちょっと正確に覚えてないんですけれども。

決算経理基準というのは平成9年の7月に一部改正があるんですが、その改正の前のものですか。

いや、ちょっと正確に覚えてませんですけど。

今この論文を御覧になって、はっきりしないということですか。

そうですね。

商法32条の関係で伺いますが、公正なる会計慣行を斟酌すべしという点についてですが、その斟酌という点について、公正な会計慣行によらない特別な事情を立証できない限り、それに従わなければならない趣旨であると、こういった解釈、理解でよろしいでしょうか。

はい。

税効果会計という制度が導入されていますが、これについては、その税効果会計を用いて経理処理をするということは、法令上強制されているというふうにお考えでしょうか。

はい。

その法令上の根拠は、どういった点にあるんでしょうか。

私、大蔵省と法務省との間で、商法と企業会計の調整に関する委員会というのに参加してまして、そこで、税効果会計とか時価会計をどうするかということについて議論をしたわけでございます。で、その場合に、時価評価については法律を改正しないとできないということだけれども、税効果会計については、特に繰延資産、繰延税金資産、繰延税金負債は現行法の解釈でできるのではないかと

(上556)

— 92 —

いう報告書を出してるわけでございますけれども、そういう報告書等を根拠に、できると、それから、御承知のように、計算処理規則とか財務諸表規則も、省令ですけれども、大蔵省令とか法務省令です、それがかかわっておりますので、それはできると、それが根拠でございます。
今おっしゃった一点目というのは、企業会計審議会の。
　企業会計審議会ではなくて、企業会計審議会の委員の方と、つまり会計の専門家とそれから法律の専門家で、座長が江頭東大教授ですけれども、そこで、企業会計の専門家と商法の専門家が集まって、商法を改正する場合にどの点を改正しなければならないかということを議論して、時価会計については商法を改正しない以上は導入は無理だろうという結論を出しまして、昨年、2000年（平成12年）の4月から時価会計に入ったわけですけれども、税効果会計はそういうことをしなくても入るのではないかという、つまりできるのではないかというふうに考えて。
その考えたというのは。
　報告書を出してるわけですね。
今のその報告書というものを根拠に、税効果会計が法律上強制されていると。
　根拠の一つでございます。
と考えるのは、どういう理屈によるんでしょうか。
　ですから、理屈というのは。
その報告書と法律の関係は、どういうふうに考えればよろしいんですか。
　報告書というのは、飽くまでも法務省、ま、実際にやったのは大蔵省の中なんですが、大蔵省と法務省の担当の役人の方と、それから学者が出て一応そこで調整をしたということで、企業会計審議会の報告ほどではないんですけど、一つの公の機関、ま、半公的なものが出したということで、私は申し上げてるわけです。だから、当然にそれだけになるということではございません。
今の点と、では商法32条2項は、どういうふうに関係するんでしょうか。
　32条2項の公正なる会計慣行に入れば、法規性のある会計の一つになるのではないかというふうに、私は、そこに書いてあると思いますけど、それだけではないと、その辺は何回も申し上げておりますようにはっきりしておらないですね。だから、法務省が作った、法務省じゃなくてその報告、何とか審議会の報告というものが当然に法律の効力を持つかというのは全くあり得ないわけですが、しかしそれが、32条2項に当たる場合になり得ると、こういうことを申し上げてるわけです。
で、その今の32条2項を通じて、その報告書が。
　報告書だけではないですよ。その場合は省令が改正されていますので。
時価会計についても触れられたので質問しますが、時価会計の関係では、商法が改正されて285条ノ4の第1項というところで、金銭債権より高い代金で買い入れたときは相当の増額をすることができるというような規定が入れられていると、こういうことですね。
　その後の規定ですね、時価については。3項ですかね。
そうですね、3項のほうで、金銭債権について時価評価を認めると。
　そうです。
ただ、その規定の仕方としては、時価評価することを得るというふうな規定になっておりますね。

第4部　弁護側の反証

　はい。
　時価会計で処理することは法律上強制されているかどうかという点については、どうお考えでしょうか。
　　それも、大会社、別に法律の規定はないわけですけども、公認会計士等の公の監査が行われているところでは強制されているというふうに、私は考えております。
　その根拠は、どういった点にありますか。
　　それもそこの報告書で議論したわけですけれども、会社法でしなければならないといいますと、すべての会社、つまり中小企業、ま、零細企業といいますか、そういうところでもそういうことをしなければならないということになりますと、中小企業では公の監査というのは行われておりませんので、例えば奥さんが主人の監査をするというんでは監査になりませんので、利益操作、ある場合には時価にして、ある場合にはしないと、恣意的に用いられるおそれがありますので、公認会計士という第三者が監査する大会社についてだけ認めよというのが趣旨でして、その当時の法律審議会の商法部会の会長の前田庸先生のテキストには、そういう趣旨のことが書いてあったと思います。だから、大会社だけだというふうに私は思っております。
　大会社については時価会計制度を導入することが強制されているとお考えになっているということと、商法32条2項の関係は、どういうふうにお考えでしょうか。
弁　護　人（國廣）
　一つ質問があります。今の質問は、いつの時点を基準にした御質問なのかを明らかにして。つまり、98年(平成10年)3月期のお話をされているのか、それより前なのか、それとも今なのかというところが不明確だと思いますが。
検　察　官（保坂）
　時価会計制度は本年から導入されてますので。
裁　判　長
　施行されたときからという、現在の時点に近いところになるという解釈ですか。
検　察　官（保坂）
　時価会計の話については、現在のことを聞いてるということです。
弁　護　人（倉科）
　時価会計だけじゃなくて、あれでしょう、税金の。
検　察　官（保坂）
　もちろん、税効果会計も導入されてから。
弁　護　人（倉科）
　当然そうですよね。
検　察　官（保坂）
　それは当然の前提です。で、先ほどの質問に対しては。
　　正確じゃありませんけど、多分、98年(平成10年)の1月22日に、企業会計審議会で金融商品の会計処理に関する報告というので、正確じゃないけれども出ておりまして、その企業会計審議会がそういう金融商品、有価証券、ま、一つの有価証券について時価で評価するという、ま、企業会計審議会が行ったものですから、それが一つの根拠、商法32条2項の根拠になるということでございます。
弁　護　人（更田）
　今の検察官の反対尋問の中で、くどいようですけども、公正なる会計慣行を斟酌すべしとされていることとのかかわりで、特別な事情がない限り従わなければならないと

いうことについて聞かれましたが、それに対する先生のお答え、ちょっとよく聞き取れなかったのでもう一度お願いします。つまり、先ほど先生は、公正なる会計慣行は二つ以上ある場合があるということもおっしゃっておられたので、そうすると、公正なる会計慣行に、特別な事情がない限り従わなければならないということとの関係では、どうなるんでしょうか。

　斟酌という意味が、先ほど申し上げたように、必ずしもそれに従わなきゃいけないという意味ではないんですが、原則としてそれに従うと、で、従わないからといって、斟酌という意味は、当然には違法ではないということですね。

それは、特別な事情がない限りということなんですね。

　ええ。さっきおっしゃったように、企業会計原則じゃなかったですか。

先ほど、検察官が反対尋問の中で、公正なる会計慣行とのかかわりで聞いていたというふうに私は理解して、今お尋ねしてるんですが、そうじゃなかったんですかね。

　もう一度、御質問をよろしいですか。

公正なる会計慣行を斟酌すべしとされていることとのかかわりで、公正なる会計慣行がある場合には、特別な事情がない限り従わなければならないのではないかというふうに検察官がたしか聞いたように私は聞き取ったんですけれども、その質問に対する先生のお答えをもう一度確認させていただきたいんです。

　一般的にそう考えられているというふうに申しました。

そこで、公正なる会計慣行というのは、先ほど二つ以上ある場合があるというふうにおっしゃったこととのかかわりでは。

　それぞれが正しいということですね。

そうすると、その特別な事情ということの一つになるわけですか、ほかに公正なる会計慣行があるということは。ある公正なる会計慣行に従わないという場合の一つの理由になるわけですか、他にも公正なる会計慣行があるということは。

　いや、それも公正なる会計慣行で、別におかしくはないと思いますよ。公正なる会計慣行が例えば三つあったと、三つの以外のものに従うという場合は特別な場合ですね。そういう意味で申し上げてるんです。

それでは、ここで問題になってるのは改正前の285条ノ4なんですが、その2項の取立て不能の見込みというものと時価主義との関係は、どういう関係に立つんでしょうか。つまり、金銭債権について、取立て不能のおそれがあるものについて償却、引当すべしというものと時価主義との関係についてお尋ねしたいんです。

　債権の場合には、原則が額面であると、例えば100万貸せば100万円というのは、相手が弁済とか、免除しない場合には当然100万円の額面があるというのが原則でございますね。で、その評価の過程として、今日の最初に申し上げたように、経済的に価値が下がっているという場合に、貸倒引当金等を積み立てるということを命ずというのは、別に矛盾はしてないと思いますが。

いや、矛盾してるかどうかということではなくて、額面主義を原則としながら、取立て不能のおそれがあるものについて償却、引当をすべきだとしているのは、時価主義と全く同一のものではないと、こういう理解でよろしいわけですね。

　そうですね、先ほど商法285条ノ4のところで、金銭債権についても、一部のものについては時価主義が取り入れられましたですから。

改正後は取り入れられたということですね。

　今現在ですね、時価があるものはですね。

改正前の法律についてお尋ねしてるんですけども。

第4部　弁護側の反証

　　　改正前にはそういう規定はなかったですから、結局評価の問題だということになると思いますが。額面自体は、法律上の権利としては、100万円はあるということは全然問題ないわけですよね。しかしそれは、会計処理というのは飽くまでも会計、経済的実情を表すものですから、それについて引当をすると、こういうことになるわけじゃないかと思いますけれども。
　取立て不能のおそれが生じたから、それについて償却又は引当をすることと、時価で債権を評価するということとの間にはなお隔たりがあるんだと、こういうふうに理解してよろしいでしょうか。
　　　はい、そうです。
裁　判　官（石田）
　企業が、経済的価値の減少、金銭債権の価値が減少した際の処理をする際にどうすればいいかという弁護人の質問に対して、商法の解釈をして、それが正しいかどうかは最終的には裁判で決めることになるんだというお答えをしたと思うんですけれども、その解釈を企業が実際に決める際に、その企業家としては、やみくもにこれがいい解釈だというふうに勝手に決めるわけにはいかないと思うんですけれども、その際に考慮することというのはどういうことなんだというふうにお考えになったんでしょうか。……。
　質問の趣旨は分かりましたでしょうか。
　　　法律の解釈で、不良債権について引当金を積み立てなきゃいけないという規定があった場合に、具体的にどうするかということですか。
　はい、そうです。
　　　それは経営判断の問題じゃないんでしょうか。法律の規定に従って、ある一定の裁量の範囲内では、やっぱり経営の判断の問題として行うということだろうと思いますけど。
　それから、ジュリストの1129号に証人がお書きになった論文で、先ほどちょっと聞かれてますけれども、会社の役員が民事、刑事の責任を負うためにはというところから始まって、法令違反として役員のこういう責任を追及することは事実上困難であるというふうに記載されていますけれども、事実上困難であるというのは、正確にはどういう趣旨からですか。
　　　取締役の責任、民事でも刑事でも負わせるためには、当然に違法でないといけないということですね。だから、法律的に、その法律の規定があいまいな以上は、当然にそれが違法かどうかについては、判断するのは難しいということですね。第何条に違反したということ、特に会計の規定というのは先ほど申し上げたように幅がございますので、実際に、この規定のこれに違反したということは言いにくいのではないかと、そういうことでございます。
　理屈の問題として言いにくいというふうに理解されているということですか、それとも、事実認定の問題として、そういうことを立証するのは難しいという趣旨で言ってるわけですか。
　　　実質そうですね。
　どちらですか。
　　　もう1回言ってください。
　事実認定の問題として難しいというふうにおっしゃってるのか。
　　　そうです。
　そちらですか。

(上560)

— 96 —

[V] 学者の証言〔① 岸田雅雄証人尋問調書(第22回公判)〕

　　事実認定の問題と法律の判断という問題ですか。
　法律の解釈の問題として理論上できないという趣旨でおっしゃってるんでしようか。
　　両方でしょうね。
　両方ですね。
　　特に事実認定は難しいと思いますけれども、私は。

(以上　　松本　美和)


経歴並びに業績
氏名　　　岸田　雅雄（きしだ　まさお）
　　　　　神戸大学大学院法学研究科教授（商事法、証券取引法、税法　専攻）
学歴及び学位
　　　　1970年　滋賀大学経済学部卒業（経済学士）
　　　　1972年　神戸大学法学部卒業（法学士）
　　　　1982年　New York 大学大学院修了（法学修士　Master of Laws）
　　　　1997年　法学博士（早稲田大学）
職歴
　　　　1974年　最高裁判所司法研修所司法修習生修了
　　　　1974年　神戸大学法学部助手
　　　　1976年　神戸大学法学部助教授
　　　　1985年　神戸大学法学部教授
　　　　2000年　神戸大学大学院法学研究科教授　現在に至る。
業績
著書（単著）
　結合企業会計の法的規制（有斐閣　1984年）
　企業会計法入門（有斐閣、1989年）
　ゼミナール会社法入門（日本経済新聞社、1991年）
　ゼミナール企業取引法入門（日本経済新聞社　1996年）
　法と経済学（新世社　1996年）
　会計会社法（中央経済社　1996年）
　会社税法（悠々社　1997年）
　平成11年改正商法解説（税務経理協会、1999年）
　平成12年改正商法改正（税務経理協会　2000年）

# 第5部 行政の通達は、処罰根拠になるか
―― 第一審判決に対する不服申し立て

第5部　行政の通達は、処罰根拠になるか
　　　　――第一審判決に対する不服申し立て
[解説]
　Ⅰ　一審判決　　（下 17）
　Ⅱ　控訴趣意　　（下 111）
　Ⅲ　控訴審の審理　　（下 236）
　Ⅳ　弁　論　　（下 599）
　Ⅴ　証　拠　　（下 721）

## 解説

## 1 一審判決

### (1) 判決の宣告

判決の宣告期日は、審理を終結する法廷で、平成14年6月28日と指定されていたが、6月11日になって、変更され、同年9月10日に言い渡された。

主文は、被告人大野木に対し、懲役3年、他の2人に対し、懲役2年、それぞれ執行猶予付きとする有罪判決であった。裁判長は判決理由を読み上げ、裁判所はその骨子をプレス向けに配布し、メディアはこれを報道した。

各紙は、判決が巨額の不良債権の隠蔽を図ったことは悪質であり、市場の信頼を失墜させたと指摘したことを報じ、経営責任は重いとする一方で、行政責任が置き去りにされた、当時の経営者を有罪としただけでは一件落着とするわけにはいかないなどと論じた。

地検特捜事件では、有罪がいわば常識であり、本件でも、予想どおりと受け止められたものといえよう。ただし、検察官の論告を額面どおりに聴けば、犯情は重く、とうてい執行猶予の付く犯罪ではない。

被告人にとっても、執行猶予があればもって瞑すべしというのが、1つの「見識」であるかもしれない。

しかし、被告人及び弁護人としては、一審の審理を通じ、明らかになった事実を基礎としてみると、とうてい納得できる結論ではない。判決を確定させ、過去の事件として葬り去ることはできない。

この上、裁判を続けても得るものがあるのかという見方に抗して、被告人は3名とも、控訴を申し立てた。

そこでここでは、本件の本質を振り返り、ついで一審判決を検討し、控訴審の審理の経過を述べる。

### (2) 本件の本質

本件は、銀行の決算におけるいわゆる不良債権の償却引当額の適法性が問題とされた事案であり、その内容を理解するためには会計基準に関わる極めて専門的な知識が必要であることから、一般に、一見難解で近づき難い印象を与える。

しかし、本件を刑事裁判の視点から見れば、本件の本質は、被告人ら3名はいかなる刑罰法規に違反したのか、言い換えると、長銀の平成10年3月期の決算における

第5部　行政の通達は処罰根拠になるか――第一審判決に対する不服申し立て

資産の評価はどうして違法だというのか、という点にある。

起訴状によると、その罪名は、証券取引法（当時）の有価証券報告書の虚偽記載罪と、商法の違法配当罪である。しかし、その前提となる実体（事実関係）は共通の事実である。すなわち、いずれの罪についても、被告人ら3名が、長銀の平成10年3月期決算において、取立不能の虞があって取立不能と見込まれる貸出金3130億6900万円の償却または引当をしないことにより、その金額だけ過少の償却引当金額を計上したという事実が問題とされ、そのような虚偽の内容を有価証券報告書に記載して提出したことが訴因第1記載の罪であるとされ、そのような虚偽の内容の決算を前提にして本来は配当できない71億7864万7455円を株主に配当したことが訴因第2記載の罪であるとされたのである。

ところで、罪刑法定主義の原則（憲法31条）によれば、被告人3名が上記のそれぞれの罪を犯したとして罰せられるためには、検察官が「過少な償却引当額であった」とする根拠となる会計上の基準は、被告人3名に刑罰を加える根拠たりうる法律であるか、少なくとも法律と同視し得る法規範でなければならない。

したがって、検察官は「取立不能の虞があって取立不能と見込まれる貸出金3130億6900万円があった」とする以上、いったいどのような基準（償却引当額を上記金額だけ過少と算定する基準）によってその金額を算定したのか、また、その基準は刑罰法規、または、それと同視できる法規範性を有するものであることを明示しなければならないのである。

本件当時、いわゆる不良債権の償却引当額を規定する基準となる直接の法律の規定は、旧商法285条の4第2項の「……金銭債権ニ付取立不能ノ虞アルトキハ取立ツルコト能ハザル見込額ヲ控除スルコトヲ要ス」という規定のみであった。しかし、この規定の適用の基準については、公正なる会計慣行を斟酌しなければならないとされていた（旧商法32条2項「商業帳簿ノ作成ニ関スル規定ノ解釈ニ付テハ公正ナル会計慣行ヲ斟酌スベシ」）。

すでに見たように、弁護人らは、第1回公判期日において検察官の主張の根拠となる会計基準について釈明を求めたが、検察官はそれを明示しなかった。検察官は、一審論告においても、企業会計原則・同注解18、公認会計士協会4号実務指針、大蔵省銀行局の銀行業に関する決算経理基準は商法32条2項にいう公正なる会計慣行であり、特別の事情の立証できない限りそれに従わなければならないと主張するにとどまった。当時の貸出債権の償却引当基準に関し、第1に検察官の主張する会計基準が公正なる会計慣行であったこと、第2に長銀の平成10年3月期決算が用いた会計基準が当時の公正なる会計慣行とは言えなかったことを主張立証しなかったのである。

本件当時どのような基準によって償却引当額が算定されていたのかを認識するためにはたしかに会計についての専門的知識が必要である。そして、実際その点について検察側、弁護側双方の立証活動が展開された。しかし、筆者は、「検察官の主張する会計基準が罪刑法定主義の要請に応えるものでなければ被告人3名を罪に問うことは

(下4)　　　　　　　　　　　　　　　　　　　　― 102 ―

できない」という点を理解するためには、難解な会計理論や会計実務についての理解など格別必要でないと考える。

刑事裁判所の使命は、まさにこの点を十分に審理することにあったはずである。しかし、一審判決はこの一番肝心な部分について真摯に検討することはなかった。

なお、有価証券虚偽記載罪も違法配当罪も故意犯であることについて争いはなく、そうすると、当時の従うべき会計基準が何であるのかという点についての被告人本人の認識は、故意の有無に直結する論点となる。仮に本来従うべきでない基準に従って決算を行ったとしても、その基準が適法なものであると認識していたとすれば、それは非刑罰法規についての錯誤として故意を阻却することになるからである（最高裁第3小法廷平成元年7月18日判決（刑集43巻7号752頁）に関する「最高裁判所判例解説刑事編平成元年度」281頁）。本件に引きつけ分かりやすく述べれば、被告人らが誤った会計基準を正しいと信じて決算を行ったのに、算出された数値が違法であることだけはなぜか認識していた、などという事態はおよそ想定できないと言うことである。しかし、一審判決は、この点についても十分な検討を行うことはなかった。

### (3) 判決謄本交付の遅れ

弁護人は、直ちに判決謄本の交付を申請したが、裁判所が判決謄本を交付したのは、宣告後、実に7カ月余を経て、平成15年4月8日のことである。判決理由は、宣告当日、法廷で告げられた理由とおおむね変わっておらず、なぜ、裁判所が判決書の作成に長時間を要したのか。裁判の長期化は、挙げて弁護人側に責任があるかのごとき口ぶりで審理の促進が叫ばれることがあるが、この空白の7カ月は裁判所の責任と言って過言ではない。

また、新規性のある判断であり、かつこれだけ社会の関心を集めた判決であるにもかかわらず、筆者の知るかぎり、最高裁の判決後に最高裁判例集に登載されるまで、法律雑誌に掲載されなかった。

そのため、研究者等による判例評釈もほとんど見られないのは残念である。

### (4) 判決理由の検討
#### (i) 会計基準——公正なる会計慣行についての判断

なぜ判決は、「旧商法285条の4第2項、同32条2項の規定を適用し、日本長期信用銀行の平成10年3月期決算において、取立不能の虞があって取立不能と見込まれる貸出金3130億6900万円の償却または引当をしないとし、その金額だけ過少の償却引当金額を計上した」と認定したのであろうか。

判決は、事実認定の補足説明（20頁以下）において、ことごとく弁護人の主張を排斥し、本件決算当時の会計基準については「第3　平成10年3月期末における貸出金の償却・引当についての基準」（23頁～43頁）と題して、判断を示している。

しかし、被告人の罪責を問う前提としての当時の会計基準について論じている核心的

第5部　行政の通達は処罰根拠になるか――第一審判決に対する不服申し立て

な部分は、「4．資産査定通達等の法規範性について」(37頁) と題して記述された実質約4頁に過ぎない。

すなわち、第1に、事実関係について、

① 平成8年金融三法が成立し、平成10年4月1日から早期是正措置が導入されることになった。

② 平成8年12月26日付で「中間とりまとめ」が公表された。

③ 金融検査部長は平成9年3月5日付で資産査定通達を、その後全銀協が「資産査定Q&A」を、日本公認会計士協会が「4号実務指針」を公表し、さらに金融検査部管理課長が「9年事務連絡」を発出、それを受けて全銀協が「追加Q&A」を公表した。

④ 平成9年7月31日には銀行法施行規則や長期信用銀行法施行規則の改正が行われ、同時に、基本事項通達の改正が行われ、決算経理基準が改正された。

と項目的に羅列し、

第2に、「このように資産査定通達、資産査定Q&A、4号実務指針、9年事務連絡、追加Q&A(以下合わせて「資産査定通達等」という)及び改正決算経理基準は、金融機関の健全性を確保する目的で平成10年4月1日から導入された早期是正措置制度を有効に機能させるために必要な金融機関の資産内容の査定方法や適正な償却・引当の方法を明らかにし、それにより資産査定の実態を正確かつ客観的に反映した財務諸表を作成することを目指したものである。」と述べ、

第3に、それらの作成、発出等の経過を再度指摘した後、十分な論証なく、「これら資産査定通達等における資産査定の方法、償却・引当の方法等は、金融機関の貸出金等の償却・引当に関する合理的な基準であると認めることができるだけでなく、改正決算経理基準の内容を補充するものとして商法32条2項にいう『公正なる会計慣行』に当たると解することができる。」、「早期是正措置制度は、金融機関が抱えている不良債権を早期に処理し、バブル経済の崩壊で低下したわが国の金融システムの機能回復をはかるとともに、市場規律に立脚した透明性の高い金融システムを構築することにより、その安定化、健全化を成し遂げる目的で導入されたシステムであることからすれば、この早期是正措置制度を有効に機能させるために策定された資産査定通達等の趣旨に反する会計処理は許されないと解すべきであって、金融機関の貸出金等の償却・引当に関しては、資産査定通達等が唯一の合理的な基準であったと解される。」と結論付けているのである。

要するに判決は、資産査定通達に法規範としての効力のないこと自体は認めながら、資産通達等が、商法32条2項にいう「公正な会計慣行」に当たると解される(38頁)として、結論的には、その法規範性を実質上、認めた。

ついで、弁護側が主張する税法基準について、平成9年3月期決算以前において、これが公正なる会計慣行になっていたとまでは言えない(40頁) 上に、不良債権償却証明制度の廃止、決算経理基準の改正によって、それ以前に許容されていた償却引当

― 104 ―

の方法であっても、本件決算当時には、資産査定通達等の趣旨に反する会計処理は「公正なる会計慣行」と評価することはできないとした（41頁）。

さらに、弁護側の主張に反し、平成10年3月期決算は、早期是正措置制度の実現に向けた試行錯誤的なものにすぎなかったとか、貸出金等の償却・引当基準は変更されていなかったとは言えないとした（43頁）。

(ii) 判決の認定と論旨

判決は、法規範性に関する判断（上記37頁）に先立って、

① 証券取引法及び財務諸表規則が会計処理の基準については触れておらず、証券取引法が会社法の特別法であることから、会計処理の基準は商法の規定によるべきこと
② 具体的には商法285条の4第2項と商法32条2項の規定に従うべきこと
③ 公正なる会計慣行として企業会計原則・同注解があり、また、決算経理基準があるが、これは平成9年7月31日に改正されたこと
④ 検察官の主張と弁護人の主張の要約
⑤ 早期是正措置導入のための諸手続とその概要として金融三法の制定と早期是正措置に関する検討会、中間とりまとめの公表等の事実経過
⑥ 資産査定通達、資産査定Q&A、4号実務指針、9年事務連絡、追加Q&A、長期信用銀行法施行規則の改正、決算経理基準の改正の事実経過

について述べ、法規範性に関する判断を示した後、

⑦ 早期是正措置と税法基準による償却・引当との関係
⑧ 平成10年3月期決算と早期是正措置導入後の諸手続の改正

を述べている。

(iii) なぜ法規範性を有するのか

しかし、本件では、金融三法が成立し、資産査定通達等が発出された事実自体は、争点ではない。早期是正措置制度の目的が「金融機関が抱えている不良債権を早期に処理し、バブル経済の崩壊で低下したわが国の金融システムの機能回復をはかるとともに、市場規律に立脚した透明性の高い金融システムを構築することにより、その安定化、健全化を成し遂げる目的で導入されたシステムであること」についても、格別の異論はない。

以上のような事実経過や制度目的のみを理由として、「この早期是正措置制度を有効に機能させるために策定された資産査定通達等の趣旨に反する会計処理は許されないと解すべき」であると決め付け、「資産査定通達等が唯一の合理的な基準であったと解される」と断定することは、全く説得的ではない。行政の通達がどうして「法規範性」を有し、処罰根拠になるかこそ、証拠に基づき、論理的に説明すべきではないだろうか。

第5部 行政の通達は処罰根拠になるか――第一審判決に対する不服申し立て

① 商法の規定を前提にするとして、大蔵省の局長が国民にではなく金融検査官に宛て発出した資産査定通達等の規定、それを前提とした考え方を全銀協がまとめた資産査定Q&A、公認会計士協会の4号実務指針、金融検査部管理課長発出の9年事務連絡とそれを前提とした全銀協の追加Q&Aなどの規定による処理が、現実には一度も実施されないまま公正なる会計「慣行」になったと認定できるのか

② そのような行政通達等に基づく会計基準が一度も実施されないまま刑事罰発動の基準とすることが許されるのか

③ 仮にそれが許される場合があるとしてその要件は何か、資産査定通達等についてはその要件を満たすと言えるのか

という点である。そしてさらに、

④ 仮に資産査定通達等による処理が公正なる会計慣行であると認定できたとしても、一般に、複数の会計慣行は並存存し得るのであるから、資産査定通達等による処理に当たらないとしても、従前行われてきた会計基準による処理がなぜに公正なる会計慣行と言えなくなるのか

を、具体的に検討しなければならない。

ところが、判決は、当時、現実に行われていた公正なる会計慣行を証拠に基づいて認定するのではなく、新しい制度の目的からすればこうすべきであったという基準を直ちに会計慣行と認めるべきであるとの観点から判断を行った。その結果、早期是正措置の目的や制度趣旨のみを理由として、一度も行われていない会計処理の方法を、公正なる会計慣行と認めたばかりでなく、さらには、それが「唯一の」公正なる会計慣行であって刑事罰発動の基準たりうるとまで認定したのである。

なお、判決は、「5　早期是正措置と税法基準による償却・引当との関係」を論じている（判決39頁～）。そこでは、平成6年2月の不良債権償却証明制度実施要領通達の一部改正により、有税償却が認められることとなったことのみを理由として、平成9年3月期以前において、無税による償却・引当を行えば足りるとする会計処理が長年一般的に行われていたという事実を認めながら、それは「公正なる会計慣行」になっていたとまでは解されないとする。

この点は、そもそも判決が、不良債権償却証明制度による「無税認定」が、本件で問題とされた関連ノンバンクに対する損益支援の「無税認定」とは全く関係がないことを理解さえしていない（判決60頁では、「損益支援について不良債権償却証明制度に従って税務当局から損益支援をおこなうことについての承認を得る」と述べているが、明らかな誤解である）ことを、はしなくも露呈したものである。

しかし、その問題を措くとしても、ここでは税効果会計の導入がいまだ導入されていなかったという事実（平成10年12月21日付大蔵省令第73号により平成11年4月1日以降に適用、ただし3月期決算について前倒し実施）については一切触れられてはいない。

(下8)

― 106 ―

(iv) 長銀の自己査定基準、関連ノンバンク支援、償却引当に関する判断

「第4 長銀における自己査定基準の概要とその問題性」の項では、「5 資産査定通達等の許容限度」と題し、金融機関が策定する自己査定基準は、一定の合理性があれば金融機関の個別的事情に応じた基準を策定することも認めていたものの、資産査定通達等の基本となる枠組みを逸脱することは許容されていなかったとした (48頁)。

そして「6 関連ノンバンク等への計画的、段階的支援の可否」の項では、大蔵省が、金融機関の関連ノンバンク等に対する貸出金については、計画的、段階的処理を認めていたとは解されないとし、従来の大蔵省の事務連絡等の文書においても、不良債権償却証明制度の下においても、Ⅳ分類と査定した資産を数年に分割して償却・引当することを認めた趣旨ではないとし (51頁以下)、資産査定通達等は、Ⅳ分類と査定された資産については登記において一括して償却・引当すべきであるとしているとして、9年事務連絡は、金融機関の経営の意思を尊重した取り扱いを認めているのであるから、その趣旨に従った会計処理を行うべきであるとした (53頁)。

7項では、「長銀の自己査定基準の不当性」と題し、長銀の自己査定基準には、5点にわたり、資産査定通達の趣旨に反し、かつ合理性を欠く会計処理があるとした (53－56頁)。

「第5 平成10年3月期における貸出金の償却・引当不足額」の項では、関連ノンバンクごとに償却・引当の償却・引当の不足を指摘しているが、いずれも、長銀の償却・引当を「資産査定通達」に基づく債務者区分、あるいは「9年事務連絡」に基づく資産査定に引き直し、不足額を算定し、結論として公訴事実記載のとおりの不足額があるとしたものである (まとめは68頁)。

(v) 机上の空論

また、不良債権償却証明制度が平成9年7月4日付金融検査部長通達蔵検第296号により廃止されたものの、法人税基本通達が改正されていない以上、法人税法上債権償却特別勘定への繰り入れを認めている通達9-6-4の解釈が変更されたとまでは解されないとは認めつつも、結局それは法人税法上の問題であるとする。そして、公正なる会計慣行という事実慣行の問題を論じているにもかかわらず、商法による会計規制は会社債権者及び株主の利益を保護する趣旨から定められている以上、会社の計算に関わる会計処理については税法基準によるべきでないことはむしろ当然であるという、机上の理論のみによる結論を導いているのである。

これらの判決の認定方法は、一方で資産査定通達等による会計処理が本件当時一度の実施も見ていないにもかかわらず「公正なる会計慣行」であると認めたのに対し、他方で、従前行われてきた税法基準による処理が長年の実績があるにもかかわらず机上の理屈のみで「公正なる会計慣行」ではないとされた点において、本件に対する一審裁判所の姿勢をよく表していると言えよう。

要するに、証拠から事実を認定するのではなく、予断を持って結論を決めたうえ、

それに沿った証拠のみを持ち出していると評さざるを得ない。

### (vi) 故意、共謀、退任取締役の責任

第6は、「被告人3名の本件に関する故意及び共謀について」の項であるが、「3 長銀における不良債権の処理に関する被告人3名の認識」については、一部の行内会議資料と被告人らの捜査段階における自白（104頁ないし105頁参照。）を基礎として、弁護人の主張を排斥した。

最後に、鈴木被告人は、決算当時、すでに取締役を退任した後であったので、平成10年3月期の決算に対する関与等について判断を示した。これによると、在任中の常務会、取締役会、経営会議等の会議に出席した事実から決算の基本方針について説明を受けその内容を承認したとして、有価証券報告書の提出、及び配当との法的因果関係があり、共謀による責任を負うとしている（108頁）。

## 2 控訴審の審理 1 （控訴趣意と検察官の答弁）

### (1) 控訴趣意書提出に至る経過

弁護人は、判決謄本を受領した後、控訴審である東京高等裁判所から、控訴趣意書の提出期限を平成15年7月31日と指定した旨の通知を受けた。

控訴趣意書の作成は、判決書に基づいて具体的な作業を開始せざるを得ない部分が多いこと、また、同時に民事配当事件、民事ノンバンク事件の審理が東京地裁で進行中であること、特に同年の9月から10月にかけて、民事ノンバンク事件で集中証拠調（本人尋問、証人尋問）を実施することとなっており、争点と事実経過が共通ないしは重なり合うことからその尋問結果も前提として控訴趣意書の作成をする必要もあったことから、裁判所に事情を上申し、控訴趣意書の提出期限は、平成15年12月25日に延長された。

### (2) 弁護人の控訴趣意

弁護人の控訴趣意書は、いずれも平成15年12月25日に提出された。

大野木弁護団は286頁からなる控訴趣意書であり、長銀事件を理解するための関連事実と一審判決の無理解、関連ノンバンク支援について、長銀自己査定基準の適法性、関連親密先各社に対する処理の妥当性、故意の認定にかかる事実誤認などを内容とする6章よりなる。

須田弁護団は114頁からなる控訴趣意書であり、問題の所在、税法基準と母体行責任、1998年3月期における税法基準の位置づけ、資産査定通達等の公正なる会計慣行性、米国における一般に公正妥当と認められた会計基準と日本における動き、自己査定と金融検査結果との金融機関全般における乖離の存在、1998年3月期以降に発生した事実が意味すること、公正なる会計慣行論に関する一審判決の破綻、故意の存在及び共謀の成立に関する認定の誤りなどを内容とする10章よりなる。

鈴木弁護団は 210 頁からなる控訴趣意書であり、本件当時の公正なる会計慣行（法律関係、本件以前の会計慣行、本件当時の会計慣行、本件決算後の状況などを含む）、関連ノンバンク等に対する償却引当不足のないこと、退任後の取締役の責任に関する事実誤認・法定適用の誤り（共謀の不存在を含む）などを内容とする 3 章よりなる。

控訴趣意書の構成は三弁護団それぞれ独自のものであるが、共通して、重要なポイントとして論じられているのが、本件当時の貸出債権の償却引当基準にかかわる公正なる会計慣行がいかなるものであったかという点である。その関連において、関連親密先の扱いの問題、本件以前の会計慣行の問題、本件以後の状況についての理解の仕方などについても、詳しく論じられている。

### (3) 検察官の答弁

検察官は、平成 16 年 5 月 31 日付で答弁書を提出した。32 頁からなるものであるが、その構成は弁護人の主張、検察官の主張をまとめ記載し、そのうえで一審判決の結論は正しいとする形式を繰り返しているにすぎず、内容的には乏しいものである。検察官が控訴提起から一審での審理を終わるまであいまいにしてきた、「取立不能の虞があって取立不能と見込まれる貸出金 3130 億 6900 万円があった」と結論するための基準は何なのか、それがなぜ商法上公正なる会計慣行と言えるのか、仮にそう言えるとして、長銀を含む多くの銀行が平成 10 年 3 月期決算で採用した税法基準が、なぜ従前から長年にわたって実務上採用されてきたのに、突如として資産査定通達等による基準と並立する公正なる会計慣行として認められなくなるのかという、控訴審での主要な争点についての積極的な主張はなく、むしろ一審判決をなぞるものとの印象が強い。

すなわち、一審での審理における検察官の対応においては、検察官は本件を起訴する段階においてむしろ「商法一本」で勝負していて、従前の税法基準での処理であれば平成 9 年 3 月期以前であっても違法だったが起訴されていなかっただけだという前提を採っていたように思われる。従って、平成 10 年 3 月期に大蔵省銀行局長の発出した資産査定通達等によって突如新しい基準が公正なる会計慣行として成立し、それが刑罰適用の基準になるとするのは無理があるとの発想であったようにも感じられた。

ところが、一審判決では、そのような罪刑法定主義に関わる問題意識が欠けており、既に述べたように、平成 9 年 3 月期まで長年にわたり銀行が従ってきた税法基準は公正なる会計慣行性を失い、平成 10 年 3 月期からは、金融検査官に対する大蔵省銀行局長通達という行政通達に基づき、1 度も実施されていない新たな会計基準が唯一の公正なる会計慣行となったと判断し、有罪判決を下したのである。

検察官は、ある意味でそのような一審判決の論理構成に戸惑い、しかし勝訴したことからこれを批判することもできず、結局上記のような内容の薄い答弁書を書かざるを得なかったのではないか。それは、控訴審で有罪判決が維持された後、最高裁で無罪判決が予想される状況で開かれた弁論において、検察官が「先祖がえり」をするか

第5部　行政の通達は処罰根拠になるか——第一審判決に対する不服申し立て

のように、原審である東京高裁有罪判決の論理を擁護することなく、会計基準の問題を素通りし「商法一本勝負」での有罪弁論を展開したことからも窺えるのである。

## 3　控訴審の審理　2　(弁護人の主張立証活動)

### (1)　第1回公判

控訴趣意書を要約し、かつ補充する意見書を作成し、これに基づき意見を述べ、検察官は答弁書に基づいて意見を述べた。

弁護人の事実取調べ請求等については、後記のとおりであるが、書証としては控訴趣意書による主張を裏付ける書証131点の取調べ請求を行い、検察官の意見に伴い、2点につき、採否が留保されたが、その余はすべて採用され、取り調べられた。

また弁護人は、証人6人の取り調べを請求したが、検察官はすべて必要がない、ないしは不相当との意見を述べ、被告人質問についてもそのほとんどは、不必要との意見を述べた。

これに対し、裁判所は、第2回期日に被告人質問を施行することを決めた。

### (2)　証拠開示請求

#### (i)　弁護人の請求

弁護人は、平成16年4月27日付で証拠開示請求書を提出した。具体的には、検察官手持ち証拠中原審において開示されていない以下の証拠の開示を求めた。
① 国税局担当官の検察官面前調書
② 大蔵省担当官の検察官面前調書
③ 日本銀行の考査担当官の検察官面前調書
④ 早期是正措置に関する検討会関係者の検察官面前調書
⑤ 長銀役職員の平成11年5月以前に録取された検察官面前調書
⑥ 他銀行役職員の検察官面前調書

これらの証拠開示を請求したのは以下の理由による。

長銀事件では、平成10年3月期決算の適法性が主たる争点となっているため、当時の長銀内部の状況、当時の金融当局、国税当局、全銀協、他行の決算処理に関する認識が極めて重要である。ところが、被告人3名は逮捕当時既に長銀を退職していたので、手許に当時の行内の状況を示す資料はなく、かつ、金融当局、国税当局の方針、早期是正措置に関する検討会の資料は全銀協における資産査定に対する認識に関する資料、他行の考え方を知る資料は一切手許に存在しなかった。他方で検察官は本件の争点の所在から、当然に開示請求をした者の調書を作成したはずであると思われる。ところが、一審では金融検査部担当官の調書の一部が提出されてはいるが、なぜかそれ以外に存在するはずの上記調書が全く請求されていなかったのである。そうすると、検察官の手許には本件事件の核心である平成10年3月期の会計慣行に関わる重要な調書が存在するにもかかわらず、証拠調請求も開示もされていないままになっていた

と思われたのである。それらの調書が開示されたとしても、すでに一審判決後であること、そもそも事案の性質が、本件当時の会計基準いかんを争点としていることから、開示によって何らかの弊害が生じることは考え難いとの点も強調し、弁護人は証拠開示請求を行ったのである。

(ii) **検察官の回答**
これに対し、検察官は、控訴審第1回公判前日の平成16年7月13日の3者打ち合わせの時点において、検察官としては開示請求に対応はするがいつまでに返事ができるかは不明であるという姿勢であった。そして、同年9月3日付の書面により、以下のような回答をなした。
① 国税局担当官の検察官面前調書について
　長崎守の平成11年5月28日付検察官面前調書を証拠請求する。
② 大蔵省担当官の検察官面前調書
　宮川宏一の平成11年6月19日付検察官面前調書及び田上律兒の同月17日付検察官面前調書を請求する。
③ 日本銀行の考査担当官の検察官面前調書
　具体的必要性が示されておらず不適法な請求である。一審において該当調書を弁護人が一部不同意とした事実を付言する。
④ 早期是正措置に関する検討会関係者の検察官面前調書
　手許にない。
⑤ 長銀役職員の平成11年5月以前に録取された検察官面前調書
　具体的必要性が示されておらず不適法な請求である。一審において該当調書を弁護人が一部不同意とした事実を付言する。
⑥ 他銀行役職員の検察官面前調書
　手許にない。

弁護人が開示を請求した供述調書は、いずれも長銀事件の本質的争点にかかわるものである。すなわち、平成10年3月期における貸出債権の償却引当基準はいかなるものであったか、当時の公正なる会計慣行を認定する前提として、金融当局、税務当局、日銀当局、各銀行の担当者が実務上どのような処理を行っており、また、早期是正措置の実現へ向けての検討会の関係者がどのような考え方で処理をすべきだと考えていたのかということは、長銀事件の最も重要な争点である当時の会計基準がいかなるものであったのかに関わる証拠である。改正後の刑事訴訟法による公判前整理手続であれば、刑訴法316条の15第1項6号の類型証拠として開示が認められるべき性質のものであるとも考えられる。

長銀事件は、自白の有無等によって決せられるべき事案ではなく、平成10年3月期の銀行決算に適用されるべき会計基準は何であったのかという過去の客観的な事実から、資産査定通達等による会計基準は一審判決の言うように「唯一の公正なる会計

慣行であったのか」否かを認定することが可能な事件なのであり、その点がまさに控訴審の争点なのである。検察官が国家権力を使い収集した各機関の担当者たちの供述調書に、このような本件の本質的争点に関わる供述が存在する可能性がある以上、公益の代表者たる立場にある検察官としては積極的に開示に応じるべきであった。であるのに、手許にあると認めざるをえない証拠（東京国税局担当官、大蔵省担当官）については自らの立証のためにのみこれを請求するとして限定的な対応でお茶を濁したり、手許にあるが開示したくない証拠については「具体的必要性が示されていないから不適法である」などとして一切開示に応じない態度は、まさに不誠実であり、公益の代表者として不適切な態度というほかないであろう。

### (iii) 弁護人の補充意見等

弁護人は、この検察官の回答に対し、さらに平成16年9月29日付で補充意見書を提出し、同年10月28日付で証拠開示命令申出書を提出するなどしたが、検察官が誠実に対応することはなかった。

なお、検察官の手もとに、早期是正措置に関する検討会関係者、あるいは他銀行役職員の検察官面前調書がなく、また、国税、大蔵、日銀についても請求した以外の検察官面前調書が存在しないと言うのであれば、それは検察官が本件当時の公正なる会計慣行についての捜査または調査を行っていかなったということである。本件についてそれらの点についての捜査を行わないまま本件を起訴する姿勢は、言わば、会計基準にかかわる商法の解釈は会計のいわば門外漢である検察官が決める権限を有するのだという検察庁の姿勢を示していることにもなろう。恐ろしい姿勢であると言うほかない。

### (3) 事実の取調請求等

控訴審においても、平成10年3月期決算における貸出債権の償却・引当基準がどのようなものであったか、一審判決の認定したように、資産査定通達等によることが唯一の公正なる会計慣行であったのか、税法基準も並立する公正なる会計慣行であったのかについて、弁護側は精力的な立証活動を行った。

控訴審における事実取調請求書は、平成16年5月14日付の(1)から平成17年6月3日付の(17)まで17通を数えた。

事実取調請求(1)では、一審でも証言した早稲田大学大学院（一審当時は神戸大学）の岸田雅雄教授に加え、中央大学の児島隆教授の証人尋問を請求した。事実取調請求(2)では、被告人3名の尋問を請求した。

証拠書類関係では、第1回公判期日において事実取調請求書(3)、(4)、(5)のとおり、弁1〜131号証までの書籍、新聞記事等を請求し、その後も取調請求を重ね、最終的に事実取調請求書(17)によって弁150号証までの取調を請求し、検察官は一部を除きほとんど取調べに同意し、請求どおり採用された。

証拠書類の中で特に重要なものとしては、早期是正措置検討会特別メンバーであった岡田明重（三井住友銀行会長。なお、検討会当時の地位は㈱さくら銀行の専務取締役であり、実質的には都市銀行を代表する立場で検討会に参加していた）、及び元興銀主計室調査役山谷耕平（弁護士）の長銀民事配当事件における各尋問調書、元大蔵省大臣官房審議官（銀行局担当）の中井省の陳述書などがある。

人証としては、3名の被告人質問を早期に実施して争点を明確にした後、上記の2名の学者証人のほか、上記の中井省、金融財政事情研究会専務理事の倉田勲、一審でも証言した西崎哲郎の証人尋問を申請した。

裁判所は、検察官の反対意見にもかかわらず、西崎哲郎、倉田勲、中井省の3人を順次採用し、第3回公判期日から第5回公判期日にかけて尋問を行った。しかし、その他の証人の尋問請求は却下した。

中井証人からは、早期是正措置を担当する金融当局自身が、平成10年3月期決算について、仮に資産査定通達等による基準違反が認められてもそれを根拠として直ちに刑事処分が発動されるなどとは考えていなかったことを証言した。西崎証人は一審に続いて2度目の証言であったが、一審判決の後に検討会・小委員会の記録等を精査し、前回以上に具体的で充実した証言となった。

被告人質問は、1巡目を2、3回目の公判期日に、2巡目を証人尋問の後に施行し、最後に主任裁判官が補充尋問を行った。弁護人としては、その質問自体に首をかしげさせるものがあり、違和感があった。

### (4) 弁論、弁論の再開

控訴審における被告人質問は、本件の争点が絞られてきたので、争点に焦点を絞って効果的に実施した。

事実の取調べを終えて審理は終結し、平成17年2月24日に施行された第8回公判期日に、控訴審における証拠調べの結果を踏まえ、弁護人、検察官双方が、弁論を行った。

その後、東京地裁民事第8部は、平成17年5月19日、民事配当事件について、請求を棄却する被告ら取締役勝訴の判決を言渡した。民事配当事件の一審手続は、刑事控訴審の審理と並行して、言わば刑事一審判決の当否をめぐる攻防を尽くしており、証拠もほぼ共通していた。

そこで、弁護人は、平成17年5月20日、弁論再開の申し立て、同日、民事事件の判決を証拠として事実取調べ請求をし（控訴審弁147号証）、裁判所は同月24日、弁論を再開する決定をした。

民事配当事件の一審判決は、「本件で問題とされている銀行の貸出金の償却・引当に関する基準の変更は、その変更された内容が唯一の『公正なる会計慣行』とみなされる場合には、改正が法規によってなされるものでないにもかかわらず銀行の取締役らに民事責任及び刑事責任を生じさせうることからすると、相当の時間繰り返して行

第5部　行政の通達は処罰根拠になるか——第一審判決に対する不服申し立て

われることなくこれを唯一の『公正なる会計慣行』とするためには、改正手続が適正なものであることは当然としても、新たな銀行の貸出金の償却・引当に関する基準が一義的で明確なのであることが必要であり、さらに当該基準に拘束されることになる関係者（銀行の取締役、公認会計士、税理士等）に対し、これが唯一の規範として拘束性を有するものであることの周知徹底を図ることが必要と解すべきである」としたうえ、さらに例外的に認められる場合の要件まで具体的に検討しているのである（民事一審判決文30～31頁）。

このような検討は、本来罪刑法定主義が直接適用される刑事裁判においてこそなされるべき事項である。

裁判所は、平成17年6月10日の第9回公判期日において民事一審判決を取り調べ、双方は意見を述べた。

しかし、裁判所は、民事一審判決に左右されることなく、すでに指定ずみであった平成17年6月21日に控訴を棄却する判決を言い渡したのである。

以上

# 第6部 ためらいを見せた控訴審判決

第6部　ためらいを見せた控訴審判決
［解説］
- Ⅰ　控訴審判決　　（下 771）
- Ⅱ　上告及び上告受理申立　（下 803）
- Ⅲ　上告趣意　　（下 819）
- Ⅳ　上告趣意の補充　（下 827）
- Ⅴ　最高裁弁論　　（下 882）
- Ⅵ　民事事件の決着　（下 908）

長銀事件関係資料　　（下 911）

> 解　説

## 1　控訴審判決の宣告と対応

控訴審判決は、2005(平成17)年6月21日に宣告された。

判決は、結論において、一審判決を支持し、控訴を棄却するものであった。

弁護側は、二審における主張立証には、手応えを感じていたので、この結論は衝撃であった。メディアは、「東京高裁、民事と判断にねじれ」と報じ、中には透明性を重視した判決であると報じたものもある。

被告人らは、控訴審の判決の誤りをただすため、全員が上告に踏み切った。

大野木、須田の弁護人は、上告にとどまらず、上告受理の申し立ても行った。

上告受理の申し立ての理由提出期間もあってか、このたびは2005(平成17)年7月21日付で判決謄本が交付された。

弁護人は、控訴審判決を検討し、上告趣意書の作成に取り掛かった。

## 2　本件裁判の主題

### (1)　「公正なる会計慣行」

本件裁判の主題は1998(平成10)年3月期の長銀の有価証券報告書の記載が虚偽であったか否か、当期において配当可能利益が存在したか否か、ということである。

この判断は、1998(平成10)年3月期において、長銀の貸付金についての償却・引当額の計上が過小であり、違法なものであったか否かという点に帰する。

長銀の1998(平成10)年3月期における貸付金の償却・引当額についての判断の合法・違法は、旧商法285条の4第2項に違反するものであるかという問題となる。しかし同項は、金銭債権に関する取立不能見込額の算出につき、算出の根拠となる具体的基準は明示しておらず、商人一般(個人商店から巨大金融機関まで)に適用されるものであるから、同項だけをいくら眺めていても取立不能見込であるとして償却・引当すべき金額を算定することができない。

そこで、旧商法32条2項は、「商業帳簿の作成に関する規定の解釈に付いては公正なる会計慣行を斟酌すべし」と定めた。つまり、取立不能見込額は、「公正なる会計慣行」にしたがって判断すべきことになる。

したがって、本件裁判の主題は、1998(平成10)年3月期の銀行業界における償却・引当についての「公正なる会計慣行」が何であったか、ということになる。

第6部　ためらいを見せた控訴審判決

### (2) 新しい「公正なる会計慣行」の成立の有無

ところで、1998(平成10)年3月期は、早期是正措置導入などによる銀行行政の大転換期であったことに加え、バブル崩壊による経済の大きな混乱期でもあり、不良債権処理を巡る実務も定まらない変動期であった。すなわち、早期是正措置導入と同時に時価会計的な考え方を取り入れて不良債権処理を促進していこうという動きが進んでいた一方で、巨額の不良債権処理を一気に行うことは金融システムの破綻を招くおそれが強く、セーフティーネット整備などの諸条件が整うまでは計画的・段階的な処理を認めるほかないという現実論も強かった。

この意味で、1998(平成10)年3月期は、「公正なる会計慣行」が何であるのかを一義的・明確に判断することが極めて困難な時期であった。

このような状況のもとで、1998(平成10)年3月期の「公正なる会計慣行」が何であったのかを判断するためには、

① 1997(平成9)年3月期までの「公正なる会計慣行」はどのようなものであったか、
② 1998(平成10)年3月期において、資産査定通達等が、従前の「公正なる会計慣行」を否定するような新しい「公正なる会計慣行」として成立していたのか、

を検討しなければならない。

まず、①についていえば、1997(平成9)年3月期までの「公正なる会計慣行」が、いわゆる「税法基準」であることは明らかであった(一審判決、控訴審判決ともそれを認める)。「税法基準」とは、銀行の貸出金の「取立不能」を判定し、義務的な貸倒償却・引当額を定める基準は、法人税法基本通達9-6-4(実質基準)であり、銀行が再建支援中の関連ノンバンクは「事業好転の見通しがない先」(9-6-4及び実施要領7(2)ハ②)には該当しないので、関連ノンバンク向け貸出金については、義務的な償却・引当を要しない(支援損の計上等を通じて、計画的・段階的に処理する)というものである。

したがって、本件裁判におけるテーマは、②の「1998(平成10)年3月期において、従前の『公正なる会計慣行』である「税法基準(旧基準)」を否定する新しい会計基準(新基準)が『公正なる会計慣行』として成立していたのか」という点に尽きることになる。

## 3　控訴審判決は、一審判決の「公正なる会計慣行」論に沿った判断をさらに推し進めた

### (1) 検察官の筋立て

「取立不能一本勝負」論

検察官の主張は、本件裁判の主題である「公正なる会計慣行」の検討を十分に行わないままの「取立不能一本勝負」とでもいうべきものであった。要するに「貸付先の事業は立ち行かなくなっており、全額回収できないのだから取立不能であることは当然だ」というものである。

ここでは、そのような状況にある貸付先(特に関連ノンバンク)に関する会計処理

をどのように行うのが実務慣行（＝公正なる会計慣行）であったのかという検討は行われていなかった。

ただ、さすがに「だめなものはだめだ」というだけでは説得力がないため、検察官は「IV分類」（この文言は、本件の強制捜査が行われた1999（平成11）年当時においては「即時償却・引当を要する取立不能」を意味するものであった）という文言をテコにして「長銀経営陣は、1998（平成10）年3月期のはるか以前から、関連ノンバンクに対するIV分類債権の存在（＝取立不能）を認識していた」というストーリーであった。

**円卓会議資料を起点にした検察官の構図**

検察官による「粉飾決算」ストーリーの切り札とされたのは、1996（平成8）年4月に作成された円卓会議資料（甲194号証資料4）であった。円卓会議資料には「（最悪ケース）IV分類1兆1,256億円」という記載があったからである。

本件捜査が進められた1999（平成11）年時点では、「IV分類は（一般先であろうと関連ノンバンクであろうと）即時償却・引当を要する資産である」という認識が実務においてすでに共有化されていた。

そこで検察官は、円卓会議資料が作成された1996（平成8）年4月当時におけるIV分類が本件捜査当時のIV分類と同じ意味であったという誤った前提で、関連ノンバンク貸付金のIV分類も即時償却・引当すべき資産であったとして捜査に臨み「1996（平成8）年3月期から長銀には関連ノンバンク向け貸出金9,449億円を含む1兆円を超える即時償却・引当すべき資産があったが、その実態は隠蔽されていた」というストーリーを構築した。ここでは、当時の会計慣行の基礎をなす関連ノンバンクに対する母体行責任の実務慣行に目が向けられることもなかった。

## (2) 一審判決の「唯一」の公正なる会計慣行論

**検察官のストーリーの破綻**

しかし、現実（事実）は、「税法基準」は、少なくとも1997（平成9）年3月期まで、長銀のみならず多くの銀行が実際に従っていた会計慣行であった。この実態・客観的事実のもとで検察官のストーリーを一貫させるためには、「税法基準」自体が公正なる会計慣行ではなかったとせざるをえず、現に、検察官は一審論告で「金融機関において、従前、事実上税法基準に該当するもののみ償却・引当をしてきたとしてもそれが「公正な」会計慣行でなかったことはいうまでもなく」と述べているのである（一審論告30ページ）。

検察官のストーリーに従えば、1997（平成9）年3月期までの間も、わが国のほとんどすべての金融機関が（検察官の想定する）「公正なる会計慣行」に従った会計処理を行わない無法状態であったことになる。しかし、そのようなストーリーは非常識であり、検察官の主張は公訴提起の段階から破綻していたと言わざるをえない。

第6部　ためらいを見せた控訴審判決

**一審裁判所の「唯一」論は、破綻した検察官のストーリーを救済する論理である**

　本件裁判の主題を正確に認識し、1998(平成10)年3月期当時の「公正なる会計慣行」が何であったのかを検討する以上、客観的事実に反する検察官のストーリーは否定せざるをえない。

　そして、弁護側のみならず、刑事、民事の一審、控訴審の裁判所はいずれも、検察官は別として、一致して1997(平成9)年3月期までの「公正なる会計慣行」が関連ノンバンクに対する貸付金の計画的・段階的処理を容認する「税法基準（旧基準）」であったことを事実として認めている。そうだとすると、仮に、1998(平成10)年3月期に、資産査定通達等という「新しい公正なる会計慣行（新基準）」が成立したとしても、その時点での「税法基準（旧基準）」に従った会計処理が当然に「公正なる会計慣行」に反することになるわけではない。なぜなら、「公正なる会計慣行」は、法令とは異なり、「慣行」である以上、1つだけであるとは限らず、2つ以上の慣行が同時に存在することもありうるからである。

　そして、1998(平成10)年3月期は、最高裁判決が認めたとおり、まさに会計基準が定まらない過渡期であって、旧基準と新基準が併存していたということになる。そうだとすると、旧基準を取り入れた長銀の1998(平成10)年3月期決算は、併存する「公正なる会計慣行」の1つにしたがったものであり、違法なものではなかったという結論に至るのが論理の流れとなる。

　しかし、一審判決はそのような結論をとらず、「まず有罪ありき」という結論から逆算したとしか評しようのない理屈を発明した。それは「唯一」の「公正なる会計慣行」というものである。

　その理屈をもたらした一審判決の思考形式は次のようなものであると思われる。
(イ)　「税法基準（旧基準）」が1997(平成9)年3月期までの「公正なる会計慣行」であったことは認めざるをえない。
(ロ)　旧基準に立てば、1998(平成10)年3月期の長銀決算は許容されるものと認定せざるをえない。しかし、そうすると無罪という結論に至るが、無罪にはできない。
(ハ)　したがって、有罪の結論を導くためには、1998(平成10)年3月期から、旧基準は、資産査定通達等の新基準により排除され、長銀の自己査定基準は、その新しい「『唯一』の公正なる会計慣行（新基準）」に反するものとなったとするほかない。

　このようにして、一審判決は、検察官も弁護人も全く予測しなかった「唯一」論に基づいて有罪という結論を導いたのである。

　このような有罪の結論を導くための「発明」ともいえる「唯一」論は、どのようなきっかけで生まれたのか興味深いところであるが、一審の最終弁論において須田弁護団が「1997(平成9)年3月期までは『税法基準』が唯一の『公正なる会計慣行』であった。それを覆すような新しい慣行はできあがっていない」という主張を展開するなかで「唯一」という文言を用いたことに一審の裁判官が触発されたのではないかとも推測できないではない。

(下762)

いずれにしても、この「唯一論」は控訴審判決にも踏襲され、一審、控訴審を通じた裁判所による有罪判決を維持するための大前提となっていくのである。

### (3) 控訴審判決は、「唯一」論を踏襲しつつ、一審判決の欠点を補正しようとしたもの

**控訴審における弁護側立証──1998(平成10)年3月期における会計実務の立証**

「公正なる会計慣行」は実務慣行であるから、「唯一」であったか否かは、1998(平成10)年3月期当時の実務はどうであったか、という客観的な事実認定の問題である。

一審判決は唯一論により有罪を認定したが、その根拠は極めて薄弱であり、早期是正措置による銀行行政の変更という政策目的を主たる根拠として唯一性を導くものであり、実務慣行についての「客観的な事実認定」とは到底いえないものであった。

そこで、控訴審において、弁護側は1998(平成10)年3月期の銀行業界における実務慣行の立証を行った。この詳細は第5部で示されている。

**控訴審判決の構造**

弁護側の立証にもかかわらず、控訴審(仙波厚裁判長)は控訴を棄却して有罪を維持した。

検察官のストーリーには乗れないが、何としても有罪の結論を導く意図のもとに一審判決が発明したのが『「唯一』の公正なる会計慣行」という理論であったが、控訴審は、有罪の結論を導くためには避けては通れないこの「唯一論」を踏襲し、しかも弁護側の主張を念頭に置いた弥縫策的論理を付加した。

控訴審決は、次のような構造をもつ。(イ)〜(ハ)までは一審判決と同じであるが、(ニ)〜(ヘ)が新たな部分である。

(イ) 「税法基準(旧基準)」が1997(平成9)年3月期までの「公正なる会計慣行」であったことは認めざるをえない。

(ロ) 旧基準に立てば、1998(平成10)年3月期の長銀決算は許容されるものと認定せざるをえない。

(ハ) したがって、有罪の結論を導くためには、1998(平成10)年3月期から、旧基準は、資産査定通達等の新基準により排除され、長銀の自己査定基準は、その新しい「『唯一』の公正なる会計慣行(新基準)」に反するものとなったとするほかない。

(ニ) 「『唯一』の公正なる会計慣行」は、資産査定通達等の新基準であるが、行政の内部通達そのものを会計慣行とするには無理がある。しかし、「資産査定通達等に従うこと」とすれば「慣行」として認めやすくする。

(ホ) しかし、そのままでは現に旧基準を取り入れて決算をした多くの銀行の決算も粉飾であったという不合理な結論になってしまうので、これを避けるための理屈が必要になる。

(ヘ) そこで、長銀に関しては同年10月の国有化(破綻)による資産劣化(清算価値化)

により 1998(平成 10)年 3 月期の自己査定の結果が事後的な資産査定の結果と大きく乖離していたことを利用して、「唯一の公正なる会計慣行」から「大きく逸脱」した場合には違法となるとして、長銀の決算（だけ）を違法とする。

このようにして控訴審判決は、一審判決が考案した「公正なる会計慣行が新しく成立し、しかも唯一のものとなった」という理論を踏襲した上で、「<u>新基準に基本的に従うこと</u>」「<u>大きく逸脱しないこと</u>」が「唯一の公正なる会計慣行」であるとしたのである。

ところで、「公正なる会計慣行」が何であるかは、有罪の結論を導くために裁判所が後付けで成立させるものではなく、1998(平成 10)年 3 月期時点における客観的な事実認定の問題である。しかも「公正なる会計慣行」が関係者の共通認識により成立することからすると、1998(平成 10)年 3 月期当時の関係者の認識が証拠によって認定されなければならない。

しかし、控訴審判決は、そのような観点からの弁護側の立証を無視し、信用性の欠ける検面調書を主体にして有罪の結論を導いている。しかも、有罪の結論を導くために「公正なる会計慣行」に、「基本的にしたがうこと」、「大きく逸脱しないこと」と、極めてあいまい、不明確かつ恣意的に解釈を示している。

## 4 控訴審判決が見せた「ためらい」

### (1) ためらいの痕跡

控訴審判決は、

「被告人らは、自分たちの行為が有価証券虚偽報告罪や違法配当罪に当たり、刑事責任を問われることになろうとは考えていなかったと思われ、したがって、自分たちの行為の違法性について錯誤があったということになるが、有価証券報告書の記載が虚偽であること、配当すべき利益がないことを認識していたことは、これまで述べてきたとおりである」（控訴審判決60頁）

と述べる。

このような記載は、ためらいつつも強引に有罪判決という結論を出した痕跡であると見ることが可能であろう。

### (2) ためらいによる矛盾

そして、このような控訴審判決の「ためらい」は控訴審判決の自己矛盾を明らかにしている。

すなわち、一方で「即時償却・引当すべき金額を偽って決算処理を行い、有価証券報告書に虚偽の記載をし、かつ配当可能利益が存しないのにこれを配当した」という事実の認識が存在していたことを根拠に故意を認めながら、他方でその虚偽の数字を有価証券報告書へ記載し、また、配当可能利益がないのに配当を行うことについて、法に違反することの認識が存在していなかったなどということはありえない。

刑法の一般理論としては、違法性の錯誤は故意を阻却しないとされる。しかし、本件は、事実の認識が存するのに違法性の意識を欠くなどという事態は想定し得ないケースである。即時償却引当すべき債権の額について虚偽の数字を有価証券報告書に記載することを認識していれば、銀行経営者は、それが違法な有価証券報告書の虚偽記載であることを当然認識するはずだからである。同様に、即時償却引当すべき債権の額を偽り、配当可能利益が存しないにもかかわらずこれを存するものとして利益配当を行うとの事実を認識していれば、銀行経営者が、その違法性を認識しないことなどありえないのである。

　この点について、大野木弁護団の上告趣意書（78頁以下）は、次のように述べて控訴審判決を批判している。

「2　刑法第38条1項及び3項に関する、法令の解釈の誤り

　(1)　原判決は、被告人らには自らの行為につき「違法性についての錯誤」があるという。

　しかし、「違法性の錯誤」とは、一般的に、ある犯罪の構成要件該当性を満たす行為がおこなわれ、犯人がその犯罪事実を認識している場合であっても、そこに「違法性の認識」すなわち「自己の行為が許されないものであることの認識」が欠けている場合を指すものとして使われる用語である。違法性の意識を欠くことに相当の理由があった場合には故意ないし責任が阻却されるという学説が通説であり、判例も実質的に旧来の違法性の意識不要説をあらため、学説の見解を採用しているといわれている事柄である。

　本件がもし、被告人らにおいて、「当期未処理損失の額が虚偽といえるほどの過少である」「株主に配当すべき剰余金がない」ことの認識がありながら、何らかの事情でそれらが犯罪にはならないと理解していたというケースであるならば、「違法性の錯誤」の問題となりうるであろう。しかし、本件ではそもそも被告人らに「当期未処理損失の額が虚偽といえるほどの過少であること」及び「株主に配当すべき剰余金がない」ことの認識がないケースであるから、原判決のいう「違法性の意識」の問題であるとすることには疑問がある。

　むしろ、「当期未処理損失の額が虚偽といえるほどの過少であること」「株主に配当すべき剰余金がない」ことの認識がなかった、すなわち客観的構成要件該当事実の存在を認識していなかったのであるから、事実の錯誤（刑法第38条1項）の問題というべきである。

　(2)　原判決がこれを「違法性の錯誤」の問題としたのは、長銀が依拠した自己査定基準及びこれに基づき実施された自己査定本番の資産評価のいずれも、不稼動資産の評価、償却・引当等に関する正しいルール（と原判決が認定するもの）から外れているにもかかわらず、被告人らはその自己査定基準と自己査定結果が間違っていないと誤解していたために、結局「当期未処理損失の額が虚偽といえるほどの過少である」「株主に配当すべき剰余金がない」結果を是認してしまったという事実で

あるとの議論の可能性を考えて、被告人らの上記誤解は法令に関する理解の誤りに過ぎないから本件は「法律の錯誤」（刑法第38条3項）の問題であり、事実の錯誤の問題ではないとする趣旨であるとも考えられる。

しかし、本件犯罪構成要件に該当する事実は、「当期未処理損失の額が（虚偽といえるほどの）過少であること」及び「株主に配当すべき剰余金がない」という事実である。「自己査定基準が法令の許容範囲を逸脱していること」あるいは「自己査定結果が法令の許容範囲を逸脱していること」構成要件として要求されているのではない。

本件において被告人らが平成10年3月期決算に適用されるべき資産評価及び償却・引当に関する法令のルールを誤認した結果、自己査定基準が法令の許容する範囲を逸脱していたこと、あるいは自己査定結果が法令の許容範囲を逸脱していたことを認識していなかったとしても、それは「当期未処理損失の額が（虚偽といえるほどの）過少であること」及び「株主に配当すべき剰余金がない」という構成要件該当事実が存在すると認識することを妨げる原因ないし縁由となった事実の錯誤である。構成要件該当事実の表象に必要な意味の認識を欠く原因となった「法律的事実の錯誤」あるいは「法律の誤解がひいて事実の錯誤を導く場合」に過ぎず、当該犯罪事実との関係では「事実の錯誤」の問題である（団藤重光「刑法綱要総論」第3版、294頁、312頁～313頁）。「法律の錯誤」の問題ではない。

この点は、後記のように判例も、法律の錯誤ではなく、事実の錯誤の問題としている。ましてや、被告人らによる不稼動資産の評価、償却・引当等に関するルールの誤認を原因として結果的に生じた、本件訴因に関する構成要件該当事実の認識の欠如が、「違法性の錯誤」の問題ではないことは明らかである。

そうであるとすれば、仮に原判決認定のように、本件決算において不稼動資産に対する法令に従った償却・引当処理が客観的には不十分であったために、決算書に表された当期未処理損失額が「真実の」額に比べて大幅に過少であり、配当可能利益も実際にはなかったとする場合でも、被告人らには有価証券虚偽報告罪及び違法配当罪を犯すに当たり「事実の錯誤」があったことになるのだから、被告人らは無罪とならねばならない。

原判決は刑法第38条1項、3項の解釈を誤る違法を犯し、明らかに問題の設定を誤った議論をしており、これは判決の結論に影響を及ぼすことが明らかな違法である。これを破棄しなければ著しく正義に反する。」

## 5 刑事判決と民事判決

### (1) 争点は「公正なる会計慣行」で同一

1998（平成10）年3月期の長銀決算の合法・違法を巡っては、最高裁判決に至るまで、刑事一審判決・控訴審判決、民事一審判決・控訴審判決という4つの判決が存在する。

すべての判決における争点は、旧基準に代わって新基準が「唯一」の公正なる会計

慣行となったかであった。

そして、刑事一審判決及び控訴審判決はいずれも違法（有罪）、民事一審判決及び控訴審判決はいずれも合法（請求棄却）の判決であり、刑事と民事とで同じ争点について真っ二つに割れた判決となった。

4つの判決を時系列で並べると次のとおりとなる。

刑事一審判決（平成14年9月10日）
〈刑事事件控訴〉
　　　　　　民事一審判決（平成17年5月19日）
刑事控訴審判決（平成17年6月21日）
〈刑事事件上告〉
　　　　　　民事控訴審判決（平成18年11月29日）

## (2) 刑事一審判決と対決する民事一審判決

### 言渡期日

まず、注目すべきは、民事一審判決は、刑事控訴審判決直前の2005（平成17）年5月19日に言い渡されたという点である。

民事事件の法廷では、西岡清一郎裁判長は被告らの代理人に対して刑事控訴審の進行・判決期日について再三尋ね、西岡裁判長は刑事控訴審判決の言渡日が6月21日であることを明確に意識していた。また、民事一審手続の弁論終結は2005（平成17）年2月17日であったが、本文が全356頁という長大かつ緻密な民事一審判決を5月19日までの約3カ月間で完成させることは並大抵のことではない。

これらの状況から、西岡裁判長は、裁判官としての強い使命感をもって、刑事一審判決と正反対の結論の民事判決を、刑事控訴審の裁判官たちに突きつけたのではないかと推測される。

なお、民事事件の判決は、執行の関係から判決言渡日に判決文を交付しなければならないため言渡日までに判決文を完成しておかなければならないが、刑事事件の判決は口頭主義の原則から判決言渡日の判決文の交付は義務的ではなく、判決文は後日交付されるのが通常である。現に、刑事一審判決は、判決言渡の後、判決謄本が弁護団に交付されるまで、何と7カ月も要している。

### 判決内容

民事一審判決は内容面からも刑事一審判決を厳しく批判するものであった。
民事一審判決は次のように述べる。

「本件で問題とされている銀行の貸出金の償却・引当に関する基準の変更は、その変更された内容が唯一の『公正なる会計慣行』とみなされる場合には、改正が

法規によってなされるものでないにもかかわらず銀行の取締役らに民事責任及び刑事責任を生じさせうることからすると、相当の時間繰り返して行われることなくこれを唯一の『公正なる会計慣行』とするためには、改正手続が適正なものであることは当然としても、新たな銀行の貸出金の償却・引当に関する基準が一義的で明確なものであることが必要であり、さらに、当該基準に拘束されることになる関係者（銀行の取締役、公認会計士、税理士等）に対し、これが唯一の規範として拘束性を有するものであることの周知徹底を図ることが必要と解すべきである」（判決30〜31頁）

すなわち、民事一審判決は、刑事一審判決が「唯一」の「公正なる会計慣行」であるとした資産査定通達等は行政的な指針に過ぎない上に、これまで1回も実施されたことのないものであり、それがいきなり「慣行」になるとすることには相当無理があるとしつつも、仮に、例外的に、相当の期間の繰り返しなく、「唯一の公正なる会計慣行」と認められる場合があるとすれば、そのための要件を厳格に定立することが不可欠となると述べる。

そして、その要件は次のようなものである。

① 当該銀行の利害関係人に対し、営業上の財産及び損益の状況を明らかにするという目的に照らして、社会通念上、合理的なものであること
② 変更に伴って企業会計の継続性の観点から支障が生じ、ひいては関係者に対する不意打ちになるような場合には、これに対する必要な手当がなされていること
③ 改正手続が適正なものであること
④ 新たな基準が新たに法規により企業会計の基準が定められた場合と同程度に一義的で明確なものであること
⑤ 新たな銀行の決算処理に関する基準に拘束されることになる関係者（銀行の取締役、公認会計士、税理士等）に対し、当該基準が広く会計上のならわしとして相当時間繰り返して行われた場合と同視しうる程度に、これが唯一の規範として拘束性を有するものであることの周知徹底が図られていること

民事一審判決は、以上のような要件をあげた上で（民事判決31頁）、1998（平成10）年3月期当時にはこれらの要件を充足する状況ではなかったという事実認定を行い、整理回収機構の請求を棄却した。

民事第一審判決は、「唯一の公正なる会計慣行」という理屈により刑罰法規を適用しようとする刑事一審判決に対して、その「唯一」論の無理を指摘しつつもこれを一概に否定せずに「仮に例外的に唯一の公正なる会計慣行になる場合」の要件を定立してこれについての検討を行うという緻密な法理論と事実認定により、刑事一審判決と正反対の結論を導くものである。

そして、民事一審判決が、「銀行の取締役らに民事責任及び刑事責任を生じさせうることからすると」というように刑事事件にまで言及していることは、民事一審判決は、明示的に刑事一審判決を批判するものと見ることができる。民事一審判決は、有

罪という結論を先行させて後付けで有罪に導く理屈を考案する刑事一審判決に対する強烈な法理論的批判であると共に、世論に迎合せず法を厳格解釈する裁判官の姿勢・矜恃についての強い意思表明でもあると評価することもできる。

### (3) 民事一審判決と対決する刑事控訴審判決

弁護人は2005(平成17)年5月19日に民事一審判決の言渡しがあると、判決書を証拠として取調べ請求し、弁論の再開を求めた。裁判所は弁論を再開し、双方の意見を聞いた。弁護人は、民事専門部の判決を踏まえ、慎重な判決を期待する旨の意見を述べ、検察官はこれに反対する意見を述べた。

同年6月21日、刑事控訴審は弁護側の控訴を棄却した。

刑事控訴審判決の構造は、「唯一の公正なる会計慣行」という枠組みを維持しながら、「唯一の公正なる会計慣行」とは、「資産査定通達等に従うこと」としつつ、それから「大きく逸脱」した場合には違法となるとして、長銀の決算（だけ）を違法とするというものであった。

## 6 上告審へ

### (1) 上告と調査官面接

2005(平成17)年6月21日の控訴審判決に対して、3被告人はそれぞれ上告し、本件は第二小法廷に係属することになった。

本件の重大性に鑑み、上告趣意書の作成にはかなりの時間を要すると考えられたため、弁護人は、9月15日、第二小法廷の調査官と面談して上告趣意書の提出期限の延長を求め、この結果、2006(平成18)年2月28日が提出期限とされた。

この調査官面談の際、調査官は「民事判決も取り寄せている」と述べ、同一事案に関する民事判決に関心を示した。

### (2) 上告受理申立書

弁護人は2005(平成17)年8月2日、上告受理の申立（刑事訴訟法第406条）を行ったが、刑事訴訟規則261条1項の期間満了の日である8月23日までに受理の決定はなされなかった。

### (3) 上告趣意書

弁護人は、2006(平成18)年2月28日、それぞれ上告趣意書を提出した。

岸田雅雄教授は2006(平成18)年9月4日、民事一審判決と控訴審判決とを検討され、刑事控訴審判決の問題点を明らかにした意見書を作成されたので、弁護人はこれを最高裁判所に提出し、大野木、須田の弁護人は、それぞれ上告趣意補充書を提出した。

### (4) 民事控訴審判決

民事控訴審判決は、2006(平成18)年11月29日に言い渡された。民事控訴審判決は、民事一審判決と同じく、1998(平成10)年3月期において新基準は「唯一の公正なる会計慣行」として成立していなかったとするものであり、整理回収機構の控訴を棄却した。

民事控訴審判決は、

> 「新基準の内容の不明確な点とあいまち、平成10年3月期当時の新基準の指し示す会計処理の内容、当時整備されていた制度の状態、関係者の実際の認識と実際に行われた会計処理の内容に照らすと、新基準が適用された平成10年3月期は、旧基準から新基準への定着を図るための試行期あるいは移行期ととらえるのが当時の実務の実情と関係者の認識に適合しているものと解される」(判決50頁)

と本件裁判全体を通じた基本的問題点についての認識を明確に示し、新基準が「唯一の公正なる会計慣行」であることを否定した。この認識は最高裁判決と同じである。

また、民事一審判決と同様に、

> 「関係者の民事上及び<u>刑事上の責任</u>が問われることにつながることになるという事柄の重大性に十分に留意して検討する必要があるというべきである」(判決17～18頁)

と敢えて刑事責任にも言及して、刑事控訴審判決を明示的に批判している。

その上、被告人らの「償却不能の不稼働資産査定通達を抱えていた結果、その存在を隠ぺいし、その処理を先送りするため、意図的にこれに合わせた自己査定基準を策定した」という自白調書（検面調書）について、

> 「破たんに対する経営陣の一員としての自責の念の下で、上記のような趣旨の供述となったものとうかがうことができる」(判決文53頁)

とし、その自白調書に沿った被控訴人整理回収機構の主張を、

> 「いささか皮相な見方であって賛同することはできない」(同53頁)

としている。

このような姿勢は、刑事判決に対する強烈な批判であると共に、世論に迎合せず法を厳格解釈する裁判官の姿勢・矜恃についての強い意思表明でもあると評価することもできる。

弁護人は、この判決を最高裁に提出し、後に鈴木の弁護人は上告趣意補充書を提出した。

なお、この判決に対し、整理回収機構は上告及び上告受理申し立てをなし、第二小法廷に係属することになった。

## 7 弁論及び最高裁判決

### (1) 弁 論

2008(平成20)年4月21日、最高裁第二小法廷で弁論が行われた。

弁護側は、大野木弁護団、須田弁護団、鈴木弁護団の順でそれぞれ15分程度の弁論を行った。

検察側は、大鶴基成最高検検事（元東京地方検察庁特捜部長）が40分を越える弁論を行った。

### (2) 最高裁での弁論を巡る2つの事象

4月21日に行われた弁論についての弁論要旨の提出期限は、弁護側、検察側ともに4月7日であり、弁護側は3弁護団ともに提出期限を順守した。しかし、検察側は期限を順守せず、4月7日に提出された弁護側の弁論要旨を事前に検討した上で、1週間後の4月15日に弁論を提出した。最高裁から検察側に対するペナルティが課された形跡はない。

また、4月21日、大鶴検事は絶叫調で激しく弁論し、途中で声が枯れ、水を要求した。弁論中、水でのどを潤すことは認められてよいが、裁判所職員（検察職員ではない）に指図をするかの口調であり、あろうことか、裁判所職員はこれに応じたのである。弁護人は、呆れはてて異をさしはさむことさえできなかった。

第二小法廷が弁論期日を指定すること自体、一審判決、控訴審の有罪判決を見直すという判断に基づくものと考えられ、以上の2つの事象は逆転無罪の結論には直接の影響を及ぼさない一見些末なことのようにも見える。

しかし、これらの事象は、国民に検察官と裁判所の仲間意識、なれ合いの疑いを感じさせ、公正さを疑わせかねない。これらの事象は、刑事一審判決及び控訴審判決が極めてトリッキーな「唯一論」から有罪の結論を導いた態度とも底辺で通じるものがあると考えるのは穿ちすぎであろうか。

### (3) 判　　　決

弁論期日ののち暫く経過した後、言渡し期日の通知に接し、2008(平成20)年7月18日、最高裁第二小法廷は、一審及び控訴審の有罪判決を破棄し、被告人3名に無罪の判決を言い渡した。

同日、同じ小法廷は、民事配当事件についても整理回収機構の上告を棄却する決定をした。

第6部 ためらいを見せた控訴審判決

## Ⅴ 最高裁弁論

### ① 大野木弁護団

平成17年(あ)第1716号

# 弁 論 要 旨

平成20年4月7日

最高裁判所第二小法廷 御中

被告人 大 野 木 克 信
主任弁護人 倉 科 直 文
弁護人 横 田 高 人

　上記被告人に対する証券取引法違反、商法違反被告事件につき、弁論の要旨を以下のとおり提出する。

---

目　次

第1　はじめに――本件事案の特徴と、「公正なる会計慣行」をめぐる論争の意味について
　1　本件はいかなる事案か。
　2　本件の中心的争点は「公正なる会計慣行」をめぐる問題である。
第2　原判決における「公正なる会計慣行」論の基本的な誤りについて
　1　金銭債権の評価の場面における「公正なる会計慣行」の意義について
　2　原判決の問題点その1――会計処理の当事者の認識内容を無視した「公正なる会計慣行」論は基本的に間違っていること
　3　原判決の問題点その2――「資産査定通達等」が商法上の会計処理基準を定めるものではなく、銀行監督上のツールであり、暫定的な誘導目標を示す「ガイドライン」であったことを看過していること
　4　原判決の問題点その3――法規範として効力を有する「公正なる会計慣行」の改廃におけるデュープロセスの視点の欠如
第3　原判決の故意認定における問題点――関係者の「公正なる会計慣行」等の認識を見誤った点を中心に
　1　決算処理を行った当事者が認識していた「依るべき基準」(会計基準)の内容の検討を誤ったこと
　2　原判決が「1兆円の認識」なるものを挺子にすることの重大な誤り
　3　自己査定基準策定において意図的に償却・引当義務額を圧縮するよう操作したとする認定を挺子にして故意認定をする原判決の重大な誤り
　4　監査法人が長銀の自己査定基準も含めて、適正判断したという重要事実を軽視ないし誤解していること
　5　その他原判決が無視した重要事実
　6　被告人やその他の役職員の「自白」の作成過程の実態と、供述者の真意を正解せず、被告人らの故意認定の根拠としたことの誤り
第4　資産査定通達等は「公正なる会計慣行」とはいえない――上告理由第3点Ⅰないしを Ⅲに関して
　1　「慣行」性の意義について
　2　「公正」性の意義について

3　資産査定通達等は銀行監督行政上のガイドラインであり、商法上の拘束力を有することは予定されていなかったこと
第5　資産査定通達等は「唯一の」公正なる会計慣行とはいえない——上告理由第3点Ⅳに関して
　　1　問題点
　　2　新しい「公正なる会計慣行」が形成された場合に、それが従前認められていた「公正なる会計慣行」を完全に排除し、「唯一の」公正なる会計慣行たるための要件
　　3　5つの要件が満たされていないこと
　　4　「税法基準」が平成10年3月期に「公正なる会計慣行」でなくなったとはいえないこと
　　5　資産査定通達等が税法基準を一義的明確に廃止したといえないこと
第6　長銀の関連ノンバンク等に関する自己査定基準は、当時の「公正なる会計慣行」に適合していたこと——上告理由第4点ⅠⅡに関して
　　1　関連ノンバンク等に対する貸出金の特性を無視して長銀の自己査定基準を否定することはできないこと
　　2　関連ノンバンク等の特殊性に応じた自己査定基準の策定
　　3　他行の自己査定基準策定情報の収集及び監査法人による客観性検証
　　4　金融機関実務担当者の認識
　　5　長銀自己査定基準が税法基準に矛盾しないこと
　　6　長銀自己査定基準が資産査定通達等の許容範囲内であったこと
第7　平成10年3月期における長銀の各関連ノンバンク等に対する貸出金の償却・引当額に誤りはない——上告理由第4点Ⅲに関して

第6部　ためらいを見せた控訴審判決

### ②　大野木弁護団

平成 17 年(あ)第 1716 号事件
平成 20 年 4 月 21 日、最高裁判所第二小法廷での弁論手続きにおける、口頭陳述要旨

被告人　大野木　克　信<br>
主任弁護人　倉　科　直　文<br>
弁護人　横　田　高　人

### (はじめに)

本件は、平成 9 年の秋に始まり、平成 10 年にピークに達した、未曾有の金融危機の最中に、金融行政の転換と行政の空白までもがこれに伴うという混乱した状況の中で、長銀が平成 10 年 10 月にいわゆる一時国有化を余儀なくされ、大手各行に対する前例を見ない巨額の公的資金注入もなされたという、特殊な時代環境の中で立件された事案である（この点について別表「関連する金融の情報、金融行政の推移と、長銀の対応一覧」〈編注：本書第Ⅰ巻巻頭参照〉参照）。

しかしながら、本件を刑事事件として冷静に見れば、立件当時のキャンペーンによりイメージが作り上げられた「破綻責任」の事件では全くない。

被告人ら長銀役員が私利私欲に走り、銀行を裏切って行った背任・詐欺・横領のごとき事件ではなく、当時引き合いに出されたアメリカの S & L の経営破綻に関する刑事責任追及と同視して必罰を強調することは、全く的外れである（第一審・弁 136・西村吉正「金融行政の敗因」218 頁）。

また、架空の売上や在庫・貸付金を計上する等の、それ自体として違法性が自明であり、「粉飾」額も一義的に明らかな典型的な粉飾決算の事件とも、全く異なる。

被告人らは、銀行に対する私心無き忠実な職務遂行の一環として、当時の金融監督行政が「適度な統一性」を促す見地から示していたガイドラインである「資産査定通達」の趣旨を尊重しつつ、従前から一般に認められていた会計慣行に準拠して決算を確定し、会計監査法人から適正意見を得た上で公表し、配当を実施した。そのノーマルな業務上の行為が、刑事訴追の対象となった事件である。

具体的には、長銀の支援先となっている関連ノンバンク等の関連会社に対する貸出債権につき、経済的な価値の実質的減少を数量的にどう評価するか、及びその会計上の処理方法如何という、実務上の課題についての、長銀経営者の業務上の判断が誤りであったとされ、それが前提となって、被告人らの刑事責任が問われている。

従って、関連会社に対する貸出金債権の経済的価値を具体的に評価し、決算書類上に反映させるために依るべき実用的な判断基準、言い換えると「モノサシ」となるべき「公正なる会計慣行」の内容が明らかにされなければならない。

企業会計は、「公正なる会計慣行」を前提として成立するものであり、資産の経済的価値の減少を会計上表現する分野では、特にこの「公正なる会計慣行」に依拠する度合いが大きい。同じ課題について複数の公正なる会計慣行が並立する場合も少なくない。旧商法 285 条ノ 4 第 2 項にいう「取立ツルコト能ハザル見込額」とは、この公正なる会計慣行というモノサシによって「取り立てることが不能として控除するべき」と評価されるもののことを指し、それが会計的真実と見なされる。

ところが本件捜査及び訴追にあたった検察官は、本件平成 10 年 3 月決算期における「公正なる会計慣行」が何であり、それとの関係で決算処理の違法性を問えるのか、という観点からの捜査・検討を尽くさず、不稼働資産について示された表面的な数字に依存した主観的

若しくは直感的な議論に立脚して「取立不能」あるいは「即時一括償却・引当義務」の存在を認定して起訴におよんだ。

しかし、本件第一審及び原審ともに、「公正なる会計慣行」に照らして長銀の平成10年3月決算は適法な処理であったか否かが「核心的な争点」であると正当に認識した。ここにおいてやっと焦点が定まり、客観的なモノサシに基づく理性的な議論の土俵が開かれ、本件に対する冷静な判断が可能となった。（これは期せずして、本件立件当時の、興奮が支配した時代から、時を経て本件を含む長銀問題を冷静に振り返ることができる時代になった経過と符合しているといえよう。

本件平成10年3月期決算における貸出債権の評価及び償却・引当処理は、従来公正なる会計慣行として依拠してきたモノサシであり、本件決算時点でも公正なる会計慣行として存続していた税法基準に準拠して策定した自己査定基準により実施されたものであるから、被告人らは有罪となる余地はない。

すなわち直ちに無罪の判決を下されるべきである。

### （原判決の基本的な誤り──会計基準に対する当事者の認識内容を無視して、「公正なる会計慣行」及び「故意」の議論をしていること）

(1) 既に、証拠上次のことが明らかである。

すなわち、我が国の金融機関は、平成10年3月決算期において、その貸出金の評価と償却・引当処理にかかる会計処理方法については、各行が有する関連ノンバンク等の関係会社に対するものを含め、従前公正なる会計慣行として継続的に国内各行の会計を支配する基準となっていた税法基準を採用することが許容されているとの認識であった。

税法基準が直前の平成9年3月決算期まで公正なる会計慣行として継続的に銀行会計の共通ルールとなっていたことは原判決も認めており、争いはない。その税法基準が、平成10年3月決算期においても引き続き「公正なる会計慣行」として当事者の間で現に受け入れられていた事実が立証されているのである。

長銀も、従来の税法基準が有効な基準を提供する慣行として許容されているとの認識のもとで、これに適合する内容で関連会社に対するものを含め、自己査定基準を策定し、これに従って具体的な処理をしていた。

このような被告人ら長銀役職員の、当時の会計基準に対する認識は、当時の銀行監督行政担当者であった証人、早期是正措置の検討会の座長として「中間とりまとめ」の中心となった学識経験者の証人、同じく「中間とりまとめ」のメンバーであり、かつその当時の全銀協会長行であった大手銀行の役員であった証人らと共通するものであり、決して偏った独善的な事実認識ではなかった。

例えば上記銀行役員は、次のように率直に平成10年3月期の他の金融機関での関連ノンバンク等に対する貸出金の処理の実情を証言している。

「関連ノンバンクについてどういう対処をすべきかという明確な基準みたいなものはあまりございませんでした。」（控訴審・弁145・11頁）

「母体行主義をとる関連ノンバンク等につきましては、母体行が必要な支援をした上で、段階的に処理をしていくという考え方が当時一般的だったというふうに記憶をしております。」（同・9頁）

「一番最初の段階で具体的なことがよく見えていない状況の中で、銀行が基準として考えるよすがとしては、税法基準というのが一番直近で目に見えた基準でございました。」（同・23頁）

「（自分の銀行では）平成10年3月期においては、税法基準に従って関連ノンバンクの処理

第6部　ためらいを見せた控訴審判決

は致しました。」（同・25頁）

平成10年3月期決算において大手14行が、長銀と同様に関連ノンバンク等の関連会社に対する貸出金に関しては、一般先とは異なる基準を採用して処理していたことは、長銀の監査を担当した公認会計士の証言からも窺える（第一審第20回秋山正明証人速記録37頁）。

「当時、平成10年3月期の大手19行のうち、長銀を除く18行で将来の支援予定額について、特定債務者支援引当金ないしは貸倒引当金として計上しなかったところは、18行中14行でございます。」

しかるに原判決は、これら厳然たる事実の持つ意味を見落とし、他方で平成10年3月決算期より前においては一度も使用されたことさえない「資産査定通達等」を「唯一の公正なる会計慣行」であると見誤った。

また、商人の間で通用しているコンセンサスの内容を離れて、行政の政策判断に適合するもののみを「公正なる」基準であると断定し、商人間で現に「公正なる会計慣行」として認識し受け入れられている会計慣行を（その会計慣行を否定する旨明示した立法がないのに）排斥する考え方は、根本的に間違っている。

**(2)　この点に加えて、原判決は、故意認定の場面においても、当事者が認識していた「依るべき基準」（会計基準）の内容の検討を誤っている。**

被告人らの故意を認定するためには、その前提として、被告人らが具体的に会計処理を行った時点において、依るべき「公正なる会計慣行」（と認識していた基準）に反した会計処理を行った旨認識していた事実が必要である。

しかるに本件訴追にあたった検察官は、被告人ら長銀の役職員が本件決算処理の当時認識していた「公正なる会計慣行」が何であり、それとの関係で長銀の処理の違法性が認識されていたかどうか、という観点からの捜査を尽くさなかった。どれもが同パターン、表現も類似あるいは酷似した内容の供述調書の山を強引に積み上げ、「犯意」の自白に追い込むことによって、起訴に持ち込んだが、肝腎の「公正なる会計慣行」等の会計基準との適合性の検討の問題について触れていない。

これら供述調書を、添付された長銀の詳細な内部資料とともに冷静に検討すれば、そこには資産査定通達等その他の行政指導を「ガイドライン」（長銀の作成資料の中でも使用されている表現）として尊重する旨の資料や事実関係はあるが、法令や公正なる会計慣行に敢えて違反してでも償却・引当をサボタージュすることを検討する内容のものはない。

被告人ら長銀の役職員は、「資産査定通達」及び「4号実務指針」が銀行に対する「ガイドライン」の性格を有するものであって、各銀行はこれを尊重しながらも、自主的に自行の実態に適合するような応用、修正、補充をして適正な自己査定をするべきものであると認識していた。

資産査定通達では取り扱いが明らかでない、関連ノンバンク等に対する貸出金についての具体的処理を合理的に行うために、税法基準の考え方を用いるという内容の長銀の自己査定基準は許容されていると理解していた。当然のことながら、他行にも問い合わせて調査をしたうえで、その妥当性を確認しているし、監査法人からもその自己査定基準が許容される範囲内にあるとの判断を確認している。

被告人らに、法令上の許容範囲を超えてまでして、敢えて償却・引当を怠ったという認識があったと認めることは無理である。

原判決は、このような「依るべき会計基準」についての被告人ら長銀役職員の認識を検討することを看過し、ひいてはそこから誤った故意の認定を導き出しているのである。

**(3)　なお原判決は、被告人を含む長銀の役職員の検面調書中に、いわゆる「自白」と言われる内容のものがあることを、本件「犯意」認定の根拠としている。**

しかし、これら供述が、前提となる客観的資料の誤読を前提として強引に作りあげられた、砂上の楼閣ともいうべき「自白」の供述であって、そのようなものに証拠価値を認めることができないことは、上告趣意書（91頁〜92頁、103頁〜106頁）に詳述したとおりである。

原判決は証拠にあらわれた被告人らの真摯な態度を汲み取ろうとせず、かえって長銀役職員らの真意とは離れた「犯意」を認定して、これを基礎にして無理矢理に本件故意の認定に結びつけたのである。

（なお、上記のような客観的な資料に反する内容の「自白」的供述が構築されたのは、長銀バッシングの世情の中で行われた取調べの中で検察官が展開した、清算価値に基づく資産評価に基づいて回収不能を判断し、これに基づき単年度に一括しての償却・引当をなすべしとするのが商法の大原則であるという検察官の見解に服さざるを得ない心境に追い込まれた供述者が、これを前提に本件平成10年3月期決算における償却・引当は誤りであったとする結論に従うことになった結果である。）

**(4) これに関連して、長銀の関係会社に関する自己査定基準は、長銀の償却・引当義務を償却財源に合わせて圧縮する意図のもとに作成されたものであるとする見方は、事実の真相を見誤ったものである。**

長銀の自己査定基準は、前述のプロセスを経て定められたものであって、従前の税法基準に矛盾するものではなく、また資産査定通達等が認める会計処理の許容範囲内でもあったことは明らかである。依るべき基準を逸脱して不良債権処理額が少なく見積もられるように意図したものを新たに編み出したというものではない。

検察官は、長銀の資料中にある、仮に関連会社を即時清算する等した場合に予想される長銀負担の最大値として算定される1兆円という数字をもって、即時要処理債権であるとする誤った前提に立ち、自己査定基準は長銀の償却・引当義務を償却財源に合わせて圧縮する意図のもとに作成されたものであるとする予断から、長銀の役職員にその旨を強引に承認させ、供述調書を積みあげた。原判決及び第一審判決の認定はこの検察官の主張を無批判に受け入れて、償却引当額圧縮の意図＝犯意というところから出発して、ムード的な事実認定に陥ってしまった。義務（must、長銀作成資料中の表現）としてではなく、長銀の経営裁量として実施する損益支援等のスケジュールと、同行全体の財務状況とのすりあわせをした長銀経営上当然の行為を、mustとしての償却引当を免れる操作と取り違えたのである。（詳細は上告趣意書92頁〜97頁）


## （その余の、原判決における看過しがたい事実誤認等）

### (1) 「資産査定通達」を、商法上の規範を定立するものと誤解していること。

「資産査定通達」は、旧大蔵省から金融監督行政を分離させて監督手法も従来とは異なるものへと移行する、金融行政の過渡期において、当面の金融検査基準の大枠を暫定的に示す行政内部の通達であり、それが示している基準は、あくまでも銀行の監督行政上の観点から経営の健全性を図るための手段として策定されたものである。商法上の債権評価に関するモノサシとして定められた法令や、これを補充する基準ではない。

各行が行った決算に対して金融当局が金融検査を行い、ガイドラインの趣旨と乖離がある処理を発見したときにこれを指摘して将来における改善を促すことを通じて、各行の資産査定を「適度な統一性」あるものへと誘導していくためのツールとして公表されたものであった。このようなガイドラインとしての性格は、当時の金融当局における共通した認識であった。（のみならず、平成11年4月の「金融検査マニュアル」をガイドラインとする金融監督庁検査における資産査定が、平成11年度以降も毎年各行の自己査定結果との間で大きな乖離（当初は対象15行全部で5兆円、一行平均3200億円）の結果を出しつつも、徐々にその乖離幅を狭めていった歴

第6部 ためらいを見せた控訴審判決

史的事実が、そのガイドラインの意義と機能を実証しているのである。被告人大野木の控訴審弁論要旨27～28頁。)

その示す内容も、資産分類（Ⅰ～Ⅳ分類）、債務者区分等、大枠を示すにとどまり、具体的なケースにおいて関連ノンバンク等の特性に応じた処理のあり方を含め、資産査定、償却引当を検討する実務に耐える具体的、定量的な基準を示すものでもない。各行の「創意工夫」による実践的な基準による補充を慫慂するものであって、まさに「適度な統一性」を目標とする内容である。

これらの事実は、前記の各証人らが具体的に供述する紛れもなき真実である。

このような「資産査定通達」及びこれを前提とした公認会計士協会内部の指針等が、策定された直後の時期に、1回も実務で使われたこともない状態のもとで、直ちに「公正なる会計慣行」になることは、性質上あり得ないのである。

### (2) 法規範としての効力を有する「公正なる会計慣行」の改廃におけるデュープロセスの視点が不足した誤り

それまで1回も実務で使われたことのない新しい会計基準（「資産査定通達等により推知される会計基準」）が、平成10年3月決算期において従来の公正なる会計慣行であった税法基準を直ちに排除して「唯一の公正なる会計慣行」となるためには本来、新しい会計基準の採用及びこれとは異なる従前の会計基準を排除することを明示するとともに、従前の基準に依拠してきた利害関係者の利益に配慮した経過措置を盛り込む等した立法措置がとられるべきである。あるいはそれに準ずるような、特段の要件が充たされる必要がある。

憲法31条、罪刑法定主義、及び行政手続法にその精神が体現されているデュープロセスの原則に適合するような、実体的及び手続的な条件が備わっていなければならない。

新しい会計基準が、従前認められていた「公正なる会計慣行」を完全に排除し、「唯一の」公正なる会計慣行となるための要件については、民事事件第一審判決が掲げた5つの要件（別紙）が、本件刑事事件においても基本的に妥当するところであると考えられる。民事控訴審判決も、これを支持している（同判決18～19頁、49～50頁参照）。岸田雅雄教授も同様である。

そのような実体的及び手続的条件が備わっていないまま、突然に従来の法規範である公正なる会計慣行が「実は失効していた」と事後的に宣告され、そのことを「推知」できずに従来の公正なる会計慣行に準拠した会計処理を行った者に対する罰として、刑事処罰や損害賠償請求を受けるリスクが課されるというようなことは、法の正義に反するものである。

原判決は、このような観点からの検討を軽視し、従来の公正なる会計慣行である税法基準が平成10年3月決算期において公正なる会計慣行の性格を失ったとして、長銀の会計処理を違法と断罪し、被告人らを刑事罰に処するものであるから、憲法31条の精神に反し、著しく正義に反するものである。

以　上

別紙　民事事件第一審判決にいう「5つの要件」

① 利害関係人に対し、業務上の財産及び損益の状況を明らかにするという目的に照らし、社会通念上、合理的なものであること
② 改正手続きが適正であること
③ 変更に伴って企業会計の継続の確保の観点から支障が生じ、ひいては関係者に対する不意打ちになるような場合には、これに対する必要な手当がなされること
④ 新たな基準が、新たに法規により企業会計の基準が定められた場合と同程度に一義的で明確なものであること
⑤ 新たな銀行の決算処理の基準に拘束されることとなる関係者に対し、当該基準が広く会計上のならわしとして相当の時間繰り返して行われた場合と同視しうる程度に、唯一の規範として拘束性を有するものであることの周知徹底が図られていること

第6部　ためらいを見せた控訴審判決

### ③　須田弁護団

平成17年(あ)第1716号
証券取引法違反等被告事件

# 弁　論　要　旨

2008（平成20）年4月17日

最高裁判所第二小法廷　御中

| | | | |
|---|---|---|---|
| 上　告　人 | 須　田　正　己 | | |
| 弁　護　人 | 國　廣　　　正 | | |
| 弁　護　人 | 坂　井　　　眞 | | |
| 弁　護　人 | 五　味　祐　子 | | |
| 弁　護　人 | 青　木　正　賢 | | |
| 弁　護　人 | 芝　　　昭　彦 | | |

## 第1.　本件裁判の特殊性（世論を背景にした強引な検察捜査とこれを救済する原審判決）

### 1.　日本長期信用銀行（長銀）国有化から逮捕・起訴に至る状況

98年（平成10年）7月に実施された第18回参議院議員選挙で、自民党が大敗し、橋本首相は辞任した。後継の小渕首相は、宮沢蔵相を起用してブリッジバンク法案など金融再生関連法案の成立に「内閣の命運を賭ける」と宣言したが、参議院での優位を背景にした野党三会派（民主党、平和・改革、自由党）の徹底抗戦に、妥協と後退を重ねた。

結局、野党側の提案を「丸呑み」した金融再生法が成立し、日本長期信用銀行（以下「長銀」という）は当初想定されていた合併ではなく、破綻処理されることになり、同法施行日である10月23日、特別公的管理（一時国有化）の下に置かれるに至った。

このような状況の下、長銀を破綻させた責任者を探し出して処罰せよという議論が高まり、東京地検特捜部は長銀経営陣の刑事責任追及を至上命題とした。

しかし、不良債権を発生させたバブル期の旧経営陣の法的責任追及は不可能であったため、東京地検特捜部は、全く例のない引当・償却不足による「粉飾決算」というストーリーを構築した。そして、99(平成11)年6月10日、98(平成10)年3月期の当時の経営陣であった被告人らが逮捕され、本件裁判が始まった。

### 2.　検察官のストーリー
#### 2.1.　円卓会議資料を起点にした検察官の構図

検察官による「粉飾決算」ストーリーの切り札とされたのは、96(平成8)年4月に作成された円卓会議資料（甲194号証資料4）であった。円卓会議資料には「（最悪ケース）Ⅳ分類1兆1,256億円」という記載があったからである[1]。

本件捜査が進められた99(平成11)年時点では、「Ⅳ分類は（一般先であろうと関連ノンバンクであろうと）即時引当・償却を要する資産である」という認識が実務においてすでに共有

---
[1] 「(最悪ケース)Ⅳ分類1兆1,256億円」のうち、一般先向け貸出金は1,807億円、修正母体行主義により算定された関連ノンバンク向け貸出金が9,449億円である。

化されていた。

そこで検察官は、円卓会議資料が作成された96（平成8）年4月当時におけるIV分類が本件捜査当時のIV分類と同じ意味であったという誤った前提で、関連ノンバンク貸付金のIV分類も即時引当・償却すべき資産であったとして捜査に臨み「96（平成8）年3月期から長銀には関連ノンバンク向け貸出金9,449億円を含む1兆円を超える即時引当・償却すべき資産があったが、その実態は隠蔽されていた」というストーリーを構築した。ここでは、当時の会計慣行の基礎をなす関連ノンバンクに対する母体行責任の実務慣行に目が向けられることもなかった。

そして、96(平成8)年4月の円卓会議当時、すでに<u>即時引当・償却を要する不良債権</u>が1兆円を超える額で存在し、かつ、被告人らがそれを明確に認識しており、それが、「円卓会議当時から本件決算時まで継続した」という構図が検面調書及び検察官の論告の根幹となった（論告81ページ）。

検察官は、自らのストーリーに基づく本件捜査を強引に推し進め、その意に沿った供述調書を積み上げた。

すなわち、円卓会議資料の「(最悪ケース) IV分類1兆1,256億円」という記載について、「この1兆1,256億円以上のIV分類資産は、本来、商法第285条の4第2項の規定に従って、<u>当期（＝96(平成8)年3月期：弁護人注）において全額償却・引当を実施しなければならなかったわけですが………</u>」という自白を誘導した（乙第15号証・須田22丁ほか）。

多数の「自白調書」も、この検察官の構図に沿って「円卓会議資料の「(最悪ケース) IV分類1兆1,256億円」は、<u>その時点において即時全額引当・償却すべき額であった</u>」という記載で見事に統一されている（乙第3号証・大野木19丁ほか、乙第33号証・鈴木18丁ほか、甲第86号証・越石1丁、甲第72号証・川上9丁、甲第26号証・大田7丁等々）。

このようにして「被告人らは96(平成8)年4月の円卓会議当時から即時償却・引当すべき1兆円を超える不良債権の存在を認識し、その認識は98(平成10)年3月期まで継続した」というストーリーが検察官主張の根幹をなすものとなった。

## 2.2. 客観的事実

円卓会議が行われた96(平成8)年4月時点においては、修正母体行主義にしたがって算定される関連ノンバンク向け貸出金の「IV分類」については、償却・引当を要しない（支援損の計上等を通じて、計画的段階的に処理する）という「税法基準」が「公正なる会計慣行」であった。

本件と争点を同じくする民事事件についての第一審判決（東京地方裁判所平成17年5月19日判決。以下「民事判決」という）及びその控訴審判決（東京高等裁判所平成18年11月29日判決）もこの事実を認めているし[2]、原判決も同様にこれを認めている。

そうすると、96(平成8)年4月時点で、「MOF検における関連ノンバンク向け貸出金についてのIV分類」を即時全額償却・引当しなければならないという認識を、実務に携わる銀行員は持つはずがなかったことになる[3]。

---

2 「民事判決」171ページ。
3 そもそも、関連ノンバンク向け貸出金のIV分類額は、関連ノンバンクの第三債務者向けの貸出金の取立不能額を機械的に母体行の関連ノンバンク向け貸出金にIV分類として反映させた金額であり、仮に関連ノンバンクを即時に破産させて清算処理すれば、他行の関連ノンバンク向け貸出金とプロラタで算定された額が取立不能になるのであって当該IV分類額全額が取立不能となるわけではない。この意味でも「即時償却・引当すべき額が1兆円を超えていた」という計算になるはずがなく、検察官のストーリーは、それ自

第6部　ためらいを見せた控訴審判決

したがって、そのような「客観的にありえない内容」の自白調書は、すべて信用性が否定されることとなる。

### 2.3. 検察官のストーリーの不合理性

円卓会議資料を起点に組み立てられた「96(平成8)年当時、Ⅳ分類であるかぎり、一般先であれ関連ノンバンクであれ、同じく即時引当・償却を要するものであった」という検察官のストーリーにしたがえば、長銀の「粉飾」は97(平成9)年3月期、さらには96(平成8)年3月期から行われていたという非常識な結論にならざるをえない。

他方、「税法基準」は、少なくとも97(平成9)年3月期まで、長銀のみならず多くの銀行が実際に従っていた会計慣行であった。この実態・客観的事実のもとで検察官のストーリーを一貫させるためには、「税法基準」自体が公正なる会計慣行ではなかったとせざるをえず、現に、検察官はそう主張している[4]。

検察官のストーリーにしたがえば、97(平成9)年3月期までの間も、わが国のほとんどすべての金融機関が（検察官の想定する）「公正なる会計慣行」にしたがった会計処理を行わない無法状態であったことになる。しかし、そのようなストーリーは非常識であり、検察官の主張は公訴提起の段階から破綻していたと言わざるを得ない。

## 3. 原審判決及び第一審判決が考案した「理論」と憲法違反、重大な事実誤認

### 3.1. 「唯一の公正なる会計慣行」「基本的にしたがうこと」「大きく逸脱しない」とはどういうことか

以上のとおり、検察官のストーリーは破綻しており、そのストーリーに沿って作成されたすべての供述調書も信用性が全くない。

したがって、裁判所としては、無罪判決を下すのが当然のこととなる。

しかし、原審も第一審も無罪判決を下すことに躊躇し[5]、有罪判決が下された。

検察官のストーリーには乗れないが、何としても有罪の結論を導く意図のもとに原審（及び第一審）が考案したのが"唯一"の公正なる会計慣行」という理論である。

原判決は、これを「『資産査定通達等』の定める基準に基本的に従うこと」という。

原判決は、次のような構造をもつ。

(イ)　「税法基準」が97(平成9)年3月期までの「公正なる会計慣行」であったことは認めざるをえない。

(ロ)　「税法基準」に立てば、98(平成10)年3月期の長銀決算は許容されるものと認定せざるをえない。

(ハ)　したがって、有罪の結論を導くためには、98(平成10)年3月期から、「税法基準」は「新しい公正なる会計慣行」により排除され、長銀の自己査定基準は、その新しい"唯一"の公正なる会計慣行」に反するものとなったとするほかない。

---

体、自己矛盾に陥っている。上告趣意書50ページ以下「大蔵省検査のⅣ分類」参照。

[4] 検察官は第一審論告で「金融機関において、従前、事実上税法基準に該当するもののみ償却・引当をしてきたとしてもそれが「公正な」会計慣行でなかったことはいうまでもなく」と述べている（論告30ページ）。

[5] 原判決は無罪判決を下すことに躊躇しているだけでなく、有罪判決を下すことにも同じく躊躇しているように見える。「被告人らは、自分たちの行為が有価証券虚偽報告罪や違法配当罪に当たり、刑事責任を問われることになろうとは考えていなかったと思われ……」（原判決60ページ）という原判決の記載は、迷いつつも強引に有罪判決という結論を出した痕跡を示している。

(ニ) 「"唯一"の公正なる会計慣行」は、資産査定通達等であるが、行政の内部通達そのものを会計慣行とするには無理があるので、「『資産査定通達等』に従うこと」として折り合いをつけよう。
(ホ) しかし、そのままでは現に「税法基準」を取り入れて決算をした多くの銀行の決算も粉飾であったという不合理な結論になってしまうので、これを避けるための理屈が必要になる。
(ヘ) そこで、長銀に関しては同年10月の国有化（破綻）による資産劣化（清算価値化）により98(平成10)年3月の自己査定の結果が事後的な資産査定の結果と大きく乖離していたことを利用して、「唯一の公正なる会計慣行」から「大きく逸脱」した場合には違法となるという理屈にすれば、長銀の決算（だけ）を違法とすることができる。

このようにして原審は、第一審が考案した「公正なる会計慣行」が「新しく」成立し、しかも「唯一」のものとなったという理論を踏襲した上で、『『資産査定通達等』に基本的に従うこと」「大きく逸脱しないこと」が「"唯一"の公正なる会計慣行」であるとしたのである。

ところで、「公正なる会計慣行」が何であるかは、有罪の結論を導くために裁判所が後付けで成立させるものではなく、98(平成10)年3月期時点における客観的な事実認定の問題であることは言うまでもない。しかも「公正なる会計慣行」が関係者の共通認識により成立することからすると、98(平成10)年3月期当時の関係者の認識が証拠によって認定されなければならない。

しかし、原判決は、そのような事実認定を怠り、むしろ意図的に事実から目を背けて、信用性の欠ける検面調書を主体にして有罪の結論を導いている。しかも、有罪の結論を導くために「公正なる会計慣行」という不明確な構成要件をあいまい・不明確かつ恣意的に解釈している。

このような原判決は、判決の結論に影響を及ぼすことが明らかな事実誤認の判決であるとともに、憲法31条に違反するものである。

### 3.2. 原判決の自己矛盾
しかも、原判決は、

「被告人らは、自分たちの行為が有価証券虚偽報告罪や違法配当罪に当たり、刑事責任を問われることになろうとは考えていなかったと思われ、したがって、自分たちの行為の違法性について錯誤があったということになるが、有価証券報告書の記載が虚偽であること、配当すべき利益がないことを認識していたことは、これまで述べてきたとおりである」(原判決60ページ)

と述べる。

しかし、一方で「即時引当償却すべき金額を偽って決算処理を行い、有価証券報告書に虚偽の記載をし、かつ配当可能利益が存しないのにこれを配当した」という事実の認識が存在していたことを根拠に故意を認めながら、他方でその虚偽の数字を有価証券報告書へ記載し、また、配当可能利益がないのに配当を行うことについて、法に違反することの認識が存在していなかったなどということはありえない。

刑法の一般理論としては、違法性の錯誤は故意を阻却しないとされる。しかし、本件は、事実の認識が存するのに違法性の意識を欠くなどという事態は想定し得ないケースである。即時償却引当すべき債権の額について虚偽の数字を有価証券報告書に記載することを認識し

第6部　ためらいを見せた控訴審判決

ていれば、銀行経営者は、それが違法な有価証券報告書の虚偽記載であることを当然認識するはずだからである。同様に、即時償却引当すべき債権の額を偽り、配当可能利益が存しないにもかかわらずこれを存するものとして利益配当を行うとの事実を認識していれば、銀行経営者が、その違法性を認識しないことなどあり得ない。

このような自己矛盾は有罪の結論先取りという原判決の姿勢がもたらしたものである。

### 4. 合理的な疑いの存在と破棄自判の必要性

ところで、98(平成10)年3月期の長銀の決算については、本件刑事事件と全く同一の事実関係が審理の対象とされる民事事件が存在し、この民事事件も当法廷に係属している（平成18年（ネオ）第840号）。

「民事判決」及びその控訴審判決は、本件刑事事件と同一の証拠に基づいた審理を行い、精緻な事実認定と商法32条2項の正しい解釈により「"唯一"の公正なる会計慣行」が新しく成立していたことを否定するとともに、「税法基準」が依然として「公正なる会計慣行」であったと認定し、その上で、長銀の自己査定基準及び自己査定結果を商法32条2項に適用して、これらが「税法基準」に合致した適法なものであったという結論を導いている。

すなわち、98(平成10)年3月期の長銀の決算が違法であったか否かというただ1つの争点について、東京地方裁判所と東京高等裁判所の合計4つの合議体が、ほとんど同一の証拠に基づいて十分に時間をかけた審理を行い判決を下したが、そのうち2つの合議体が98(平成10)年3月期の長銀決算は違法ではなかったという明確な結論を下しているのである。

4つの合議体のうち2つの合議体が違法でないという結論を出している事実は、それ自体、少なくとも、98(平成10)年3月期の長銀決算が違法であったことに対する「合理的疑い」の存在を示すものである。そして、「疑わしきは被告人の利益に」という刑事裁判の鉄則からも、本件裁判については無罪判決が下されてしかるべきである。

本件裁判においては、すでに十分な証拠が提出されており、最高裁自らが無罪判決を下すことは十分に可能である。また、被告人は99(平成11)年6月の逮捕以来9年近くにもわたって刑事被告人の立場に立たされて社会復帰を妨げられていることから、一刻も早い被告人の地位からの解放が必要である。

したがって、本弁論後すみやかに、破棄自判の無罪判決を下されることを求める。

## 第2. おわりに

長銀時代の同僚であった元副頭取の上原隆氏が被告人に99(平成11)年正月に送った年賀状がある（弁100号証）。ここには、「この困難な時期をいずれ静かに振り返って共に語る日が来るのに備えて、毎日をしっかり生きていきたいと考えております。本年もよろしくお願い申しあげます。上原隆」と書かれている。

上原氏は、その数カ月後、東京地検特捜部による捜査の過程で、検察官のストーリーを認めないまま自ら命を絶った（なお、上原氏から遺書を受け取った与謝野馨元経済財政・金融担当大臣は、日本経済新聞紙上で、氏の誠実な人柄について触れている）。

上原氏とは異なり、被告人は、96(平成8)年4月の円卓会議当時から関連ノンバンクに対する1兆円に近い額の貸出金の取立不能を認識していたという客観的事実に反する検察官シナリオに沿った供述調書にいったんは署名した。これは、逮捕・勾留という状況の下で、長銀の副頭取として破綻の結果責任を負わなければならないと感じていたこともあって、検察官のストーリーに抵抗しきれなかったためである。

しかし、それは真実に反するものであったため、被告人は公判で一貫して無罪を主張してきた。

被告人は、長銀の破綻について、副頭取の地位にあった者としての責任を回避するつもりは全くない。しかし、その責任は、虚偽の有価証券報告書を提出し、違法に配当をしたなどという「粉飾決算」の法的責任とは全く次元の異なるものである。

　被告人は、97（平成9）〜98（平成10）年の金融危機の局面において身を賭して難局に立ち向かった上原氏をはじめとする多数の長銀役職員に代わって真実を述べ、誠実に説明責任を果たすことが長銀最後の経営陣の一員としての義務であると考えている。原審判決によれば、長銀は、錯誤により違法性の自覚もないまま漫然と違法な有価証券報告書を作成して違法に配当を行い、かつ、誰もそれをチェックできなかった集団ということになる。しかし、長銀は、断じてそのような銀行ではなかった。

　不良債権処理の問題に限らず、金融・経済・会計の重要問題は、市場とその参加者、会計の専門家、行政など、すべての関係者による透明でタブーのない自由な議論によって決せられるべきものであり、刑罰権の過剰かつ恣意的な発動によってこの自由主義的プロセスを傷つけてはならない。

　経済の実態に必ずしも明るくない検察官が、当時の風潮をバックにして後付けの理屈で経営者を犯罪者として断罪し、裁判所が、法の精神を貫徹する信念をもたずこれに追随すれば、わが国経済の健全な発展に重大な萎縮効果を与えてしまうであろう。

　98（平成10）年10月の長銀国有化から9年が経過した。その間、わが国では金融機関の再編も進み、当時を冷静に振り返ることができる環境がようやく整いつつある。

　しかし、同時に、わが国はサブプライム問題に端を発した世界的規模の新たな経済変動の中にある。この時期において、98（平成10）年当時の政治的、経済的状況下における長銀経営陣の法的責任が正しく評価されることには重要な意義がある。

　他方、検察官は、実態に目を閉ざして、長銀の最終走者として誠実に難局に立ち向かった被告人らを「粉飾をやるような一握りの悪い経営者」に仕立て上げて処罰し、国民の溜飲を下げさせようとするものである。この検察官の姿勢に迎合する原判決が維持されれば、わが国経済の将来に重大な禍根を残すことになるだろう。

　最高裁判所は、わが国の自由市場の規律を守る最後の砦である。最高裁判所には、違法な犯罪には断固として対応しつつ、処罰されるべきでない行為を刑罰権から解放して、日々、変化する市場における自由な経済活動を保障する砦としての機能が求められている。

　たとえ裁判の対象とされる行為が10年前のものであってもなお、この保障機能が発揮されれば、今後、自由市場への誠実な参加者が萎縮することなく難局に立ち向かうことが確保され、わが国も成熟した自由主義経済国家の名に値するものになる。

　最高裁判所におかれては、わが国の経済・社会の大きな流れの中で本件を正しく位置づけ、憲法及び法律の正しい解釈に立った「法の支配」の見地から、わが国の自由主義経済の健全な発展を阻害するおそれのある原判決を破棄して明確な無罪判決を言い渡されるよう、切に願う。

## 第3. 結　論

　被告人は無罪である。
「粉飾決算」は存在しない。

# 第6部　ためらいを見せた控訴審判決

V 最高裁弁論〔④ 鈴木弁護団〕

## ④ 鈴木弁護団

平成 17 年(あ)第 1716 号
証券取引法違反、商法違反被告事件

# 弁 論 要 旨 (2)

平成 20 年 4 月 21 日

最高裁判所第二小法廷　御中

被　告　人　鈴　木　克　治
主任弁護人　更　田　義　彦
弁　護　人　山　岡　通　浩

上記被告人に対する証券取引法違反、商法違反被告事件について、弁論の要旨は下記のとおりである。

記

鈴木克治被告人の上告趣意は、平成 18 年 2 月 28 日付上告趣意書、及び平成 19 年 2 月 16 日付上告趣意補充書記載のとおりである。

本件は、日本長期信用銀行（「長銀」という。）がいわゆる公的管理に移されたことから、金融機能再生緊急措置法によって、検察官が、破綻金融機関の経営者の刑事責任を追及したが、他に犯罪事実を立件できず、直近の平成 10 年 3 月決算期の決算の違法性に的を絞った経緯がある。

検察官の主張は、当時の商法 285 条の 4 によれば取立不能の見込みがある貸出金について償却・引当不足があることを前提として、粉飾決算であると断定するものである。

検察官は、商法 285 条の 4 の解釈適用にあたっては、商法 32 条 2 項によって「公正なる会計慣行を斟酌すべし」とされていたのに、当時までの公正なる会計慣行、すなわち、金融機関が従来、大蔵省銀行局の決算経理基準に従い、税法基準によって会計処理を行ってきた経緯を無視し、長銀が、関連ノンバンクないし支援先に対する貸出金について、法律上、必要とされる償却・引当を怠ったと決め付けて、被告人らを含む長銀関係者を厳しく取り調べたのである。

その結果、被告人らは、捜査段階において、不本意ながら検察官の法律論に屈服し、「商法上、当期に償却・引き当てをなすべきであるのに、資産不足のゆえにそれを怠った」との趣旨の自白調書をうず高くとられた。これらの調書は、信用性がない上、そもそも会計慣行を立証するものではない。

検察官の請求証拠中には、平成 10 年 3 月決算期当時の会計慣行は何か、すなわち、都市銀行、長期信用銀行、信託銀行等の大手金融機関をはじめ、地方銀行、信用金庫、信用協同組合等の金融機関において、不良債権の償却・引当をどのような会計基準に基づきどのように会計処理を行っていたかを立証するに足りる証拠はない。

しかしながら、平成 9 年 3 月決算期までは、金融機関は前記決算経理基準に従い、いわゆる税法基準によって、償却・引当を行なっていたのである。

税法基準とは、問題を関連ノンバンク等支援先に対する貸出金に絞って言えば、いわゆる包括基準による貸倒引当金の外に、個別的基準を定めた法人税基本通達（昭和 44 年 5 月 1 日直審（法）25）9-6-4 による、「実質基準による間接償却」、すなわち債権償却特別勘定への

繰入れを認める基準をいう。

しかし、9-6-4 は、実質基準による間接償却であったから、税務当局は、一貫してその適用範囲を明確にし、恣意的な利用がなされないように厳格に運用してきた。

不良債権償却証明制度は、大蔵省大臣官房金融検査部が、国税庁との協議に基づき施行し、運用してきたものである。バブル崩壊後の不良債権処理の実態に応じた取扱いをするため、平成 5 年 11 月 29 日「実施要領」(蔵検第 439 号) が発出され、その後、同 6 年 2 月 8 日に一部改正され (蔵検第 53 号一部改正)、以降、これによることとされた (一審甲 217《350 頁》)。

9-6-4 は、「事業好転の見通しのないこと」という要件に該当する場合に限り、無税償却を認めるというものであり、実施要領による査定基準は「その貸出先に対して追加的な支援を予定している先は、事業好転の見通しがないと判断することは適切とは言えない」としてきたのである (「別紙」参照)。

したがって、この実施要領は、金融機関において一般に認められた会計基準、すなわち「公正なる会計慣行」であると認識されていた。不良債権償却証明制度自体は、平成 9 年 7 月 4 日に廃止されたが、法人税基本通達はその後も存続し、その解釈基準である実施要領の査定基準が会計基準として残存した。

このような会計処理は、本件以降、金融機関等に対し、パブリックコメント等を求めた上で、平成 11 年 4 月に策定された金融検査マニュアル (一審弁 2) では、明らかに廃止されたところであるが、本件当時は、資産査定通達を読んでも、両様に解釈しうる余地を残していた。

検察官は、このような取扱いは、平成 9 年度の決算はもとより、それ以前の平成 8 年度においても許すべからざるものであったとの解釈をとっている。

しかし、税法基準が、従来、金融機関の会計処理で基準とされ、バブル崩壊後の不良債権処理が行政当局の指導に従って、計画的段階的に進捗してきたことについては、「90 年代の不良債権処理額累計」(控訴審弁 88) を見れば、歴然としており、民事判決のみならず、原判決も認定したところである。

それゆえ、原判決は、本件の核心的な争点を、「平成 10 年 3 月決算期の公正なる会計慣行は何か」であると設定したのであるが、結論として、税法基準がにわかに廃止され、もはや許容されず、刑法上、違法と評価されるに至ったと判断したのである。

原判決は、いわく、平成 10 年 3 月決算期において何が公正なる会計慣行であるかは、容易に判断しうることであり、金融機関共通の認識であるとしている。

しかし、「慣行」もまた事実であるから、これを認定するには、証拠に拠るべきではないのか。重要な争点について、公知であるとか、裁判所に顕著であると断定するのでは、それは、もはや裁判の名に値しない。

各金融機関では一体、平成 10 年 3 月決算期にいかなる会計基準に基いてどのような会計処理が行われたのであろうか。当期の会計処理について、直接証拠を得られない事情があるのであれば、従来の事情、あるいは、当期以降の事情等の情況証拠を検討するのは当然ではないのか。

ここでは時間の関係もあり、弁護人の請求によって取調済みの証拠を一々挙げることはできないが、以上に挙げたほか、1、2 を示しておく。

1 つは、平成 9 年 8 月 5 日号の金融法務事情誌上の、座談会における都市銀行の本部担当者の発言である (一審弁 182)。

2 つ目は、金融庁の平成 16 年 9 月 16 日のホームページである (控訴審弁 134)。これこそ、原判決が明らかな読み誤りをしているのであるが、長銀、日債銀の破綻した後であり、時期的に見てこれら 2 行は、ここに含まれているわけがない。主要行の自己査定の結果と金融検

査官の検査結果との乖離が、平成 12、13 年において、償却・引当額の乖離は、主要 15 行で、およそ 5 兆円に達しており、その巨大な乖離が収束するには、なお相当の年月を要したことを示している。

そのほか、その後の大手金融機関の破たん処理の経緯なども、平成 10 年 3 月決算期における会計基準の何たるかを推知させる重要な事実である。

これらの点について、引き続き、相弁護人から若干の補足をさせて頂きたい。

要するに、本件では、慣行もまた、構成要件を補充し解釈する重要な事実であるのに、原判決は、その何なるかを認定するについて、証拠によらないか、あるいは証拠の評価を著しく誤り、憲法 31 条に違反し、かつ法令解釈を誤った。

すみやかに原判決を破棄し、被告人に無罪の判決を言渡されるように強く求めるものである。

ところで、本件決算時の「公正なる会計慣行」を認定するに当たり、最も重要な事実は、当時、長銀以外の他の金融機関が、支援先に対する貸出金について、いかなる会計基準により償却・引当を行っていたかという事実である。

そこで、弁護人は、この点に立証の重点を置き、当時の会計基準を明らかにしたが、その要点は、以下のとおりである。

すなわち、まず、日本興業銀行について、総合企画部主計室調査役として同行の本件決算期の決算に関与した山谷耕平は、民事事件で証人として、「(平成 10 年 3 月期において、支援計画が立てられている支援先に対する将来の支援予定分について、回収不能となるおそれがあるという理由で、貸倒引当金を積む) 義務はないということだと思います。」、「9 の 3 と 10 の 3 (弁護人注：平成 9 年 3 月期と平成 10 年 3 月期) との比較で、基本的には大きく変わったということは、支援先についてですけれどもないと思います。」と証言した (控訴審弁 149)。

また、さくら銀行について、証言当時、株式会社三井住友銀行の取締役会長であった岡田明重は、民事事件で証人として、「(さくら銀行は、平成 10 年 3 月期の決算で) 支援予定の債務者区分は、債務者区分をしませんでした。」、「銀行界は、過去、税法基準に則って決算経理をやるということをやってまいりました。………税法基準に非常にスティックした考え方 (弁護人注：固定した考え方) が銀行界一般には根強く残っておりまして、それに基づいて早期是正措置が導入されたとはいえ、一番最初の段階で具体的なことがよく見えていない状況の中で、銀行が基準として考えるよすがとしては、税法基準というのが一番直近で目に見えた基準でございました。したがって、そういう基準をベースにして銀行が決算経理の処理をするということは、当時としては一般的な取組の仕方ではなかったかというふうに思います。」、「(多くの銀行が会計処理を改めたのは) 平成 11 年 3 月だと思います。」と証言した (控訴審弁 145)。

さらに、本件決算期に金融機関の監査をした公認会計士で、中央大学商学部教授である児島隆は、陳述書において、「98 年 3 月期における金融機関の支援等にかかる会計処理は、従前の取り扱いと何ら変更されることはありませんでした。資産査定通達や 4 号実務指針においても、支援損の処理について従前の取り扱いを明確に否定するような規程や考え方は示されていませんでした。」、「大手行 19 行のうち 15 行は、支援予定額についての引当金の性格をもつ『特定債務者支援引当金』の計上をしませんでした。」との意見を述べた (控訴審弁 139)。

このように、当時、ほとんどの銀行において、税法基準に従い、支援先に対する貸出金について、当期の支援額を償却・引当するだけで、それ以上の償却・引当はしない会計処理を行っていたのである。

第6部　ためらいを見せた控訴審判決

　また、長銀の自己査定基準の策定は、「新基準によることは当然のこととしても、償却・引当に関する大原則の例外として、関連ノンバンク及び関連会社に対する貸出金について、なお従前の税法基準の趣旨に沿った例外的な会計処理が認められるかどうか、認められる場合があるとしてその範囲はどの程度かという新基準の射程距離の限界を探求する試行錯誤」として行われたのであり、「新基準への対応の実態は他の多くの金融機関と大同小異であった」のである。この点は、まさに東京高等裁判所民事部が民事配当事件において証拠に基づき正当に認定したとおりである。

　これに対し、原判決は、早期是正措置の導入の経緯に関する事項を列挙しただけで、本件決算期における他行の支援先に対する貸出金の自己査定状況を一切顧慮していない。原判決は、「公正なる会計慣行」を証拠に基づき、正当に事実認定したとは、とうていいえない。

　要するに、原判決は、経営上の観点から償却・引当することが望ましい不良債権と、会計基準に照らし償却・引当しなければならない不良債権とを混同するという重大な事実誤認をした。

　長銀の自己査定の結果は、当時、支援先に対する貸出金について、なお「公正なる会計慣行」であった税法基準に拠れば、基準をクリアしていることは、これまでの審理状況に照らし既に明らかとなっており、審理は十分に尽くされているから、もはや本件を原審に差し戻すべきではない。

　よって、速やかに原判決を破棄し、直ちに自判の上、無罪の判決を言い渡すよう求める次第である。

（別紙）

| 法人税基本通達9-6-4による基準 | 不良債権償却証明制度等実施要領による査定基準 |
|---|---|
| ①債務超過の状況が相当期間継続していること | ①相当期間とは、「おおむね1年以上」をいうが、この「おおむね1年以上」とは、基本的には直近の本決算において債務超過の状態にあれば、これに該当すると考えてよい。 |
| ②その営む事業に好転の見通しがないこと | ②事業好転の見通しの有無は、事例に応じて個別的に判断するほかにないが、次に該当する場合は、「事業好転の見通しがない」と判断することは原則として適当ではないと考えられる。<br>a　合理的な合併計画や再建計画が作成中あるいは進行中であるばあい。ただし、9-6-5に該当する場合は、この限りではない。<br>b　債務者に対して追加的な支援（融資、増資・社債の引受、債務引受、債務保証等）を予定している場合。 |
| ③当該貸金等の額の相当部分（おおむね50％以上）の金額につき回収の見込みがないと認められる部分の額 | ③「相当部分（おおむね50％）以上は「40％以上」を一応の目安としている。 |

　以上のとおり、銀行の支援先は、再建計画の作成中あるいは進行中、または追加的な支援の予定先に該当するとして、事業好転の見通しがないとはいえないとされ、不良債権償却証明制度の下では証明が得られず、不良債権償却証明制度が廃止された後であっても、9-6-4による認定は得られなかった。

### ⑤ 検察官弁論要旨

平成17年(あ)第1716号

# 弁 論 要 旨（要約版）

平成20年4月18日

最高裁判所第二小法廷　御中

最高検察庁
検察官　検事　大　鶴　基　成

被告人大野木克信、同須田正己、同鈴木克治に係る証券取引法違反、商法違反被告事件について、検察官は、弁護人らの上告趣意に対して次のとおり弁論する。

弁護人らの上告趣意のうち、憲法違反をいう点は理由がなく、実質は事実誤認の主張であり、適法な上告理由に当たらない上、原判決には刑事訴訟法411条に該当する事由もないので、本件上告は棄却されるべきである。

## 第1　検察官立証により被告人らの刑事責任が明らかであること
### 1　事案の概要と根拠法令
(1) 本件は、被告人らが、長銀において、回収見込みがなく償却・引当が法律上義務付けられている貸出金について、回収が見込まれるかのように偽って償却・引当せず当期未処理損失額を大幅に過少とした財務諸表を作成し、これを有価証券報告書に掲載して財務局長に提出し、さらに、配当すべき剰余金がなかったのに、上記の虚偽の資産評価に基づきあえて違法に配当したという事案である（弁論要旨1頁）。

(2) 回収見込みのない貸出金を償却・引当しなければならないことは、商法285条の4・2項に明確に規定されており、これは強行法規である。

また、証券取引法193条は、同法により提出が義務付けられる有価証券報告書掲記の貸借対照表等の作成に当たって、大蔵省令（財務諸表規則）によることを定めており、同規則により、改正決算経理基準のほか、企業会計原則注解18及び4号実務指針も上記の貸借対照表等作成に当たって準拠すべき基準となるが、これらの規定も回収不能見込みの債権については償却・引当を義務付けている。（以上弁論要旨1～3頁）

### 2　検察官立証の要点（別紙1参照）
(1) 本件における検察官立証の要点は、①本件訴因の貸出金が回収不能見込みであったこと、②したがって商法等の規定により償却・引当の義務があったのに償却・引当されなかったこと、③これについて被告人らの故意（違法性の意識も含む。）が認められることのみである。

(2) なお、上記①の本件訴因の貸出金が回収不能見込みであったことについて、検察官は、金融行政当局の検査結果に依拠するのではなく、貸出先の財務状況等を捜査によって明らかにした上で、その金額の算出等に関しては、資産査定通達が発出される以前からの大蔵省大臣官房金融検査部による金融検査（以下「MOF検」という。）や各金融機関における貸出金の回収不能見込み額の検討に当たって用いられてきて、資産査定通達等にも受け継がれた貸出金の資産評価手法によっている。（以上弁論要旨2頁）

### 3　取調べ済みの証拠から被告人らの刑事責任が明らかであること
(1) 本件訴因の貸出金は平成10年3月期末にいずれも回収不能見込みであったものであり（貸出先もすべて（実質）債務超過であった）、その大半を占める関連先もそもそもが不良債

第6部　ためらいを見せた控訴審判決

権飛ばしの受け皿会社などであり、「合理的な再建計画」は全く立てられておらず、長銀においてはこれらの会社の清算を予定していた（例えば、エヌイーディーの場合、償却前利益で実質債務超過を解消するのに100年間を要する状況であった。弁論要旨18～20頁）。

(2) 被告人らは、長年にわたって、経営会議等において、長銀の抱える不良債権の実態、BIS基準（8％）の維持を前提とした「償却財源」の規模及び多額の回収不能見込み貸出金のある関連会社の財務状況等について把握し、不良債権の処理をどのように進めるかにつき打合せを重ねてきた上で、平成10年3月期には、回収不能見込み貸出金約3000億円の償却・引当を先送りする方針を決めたものであり、故意及び違法性の意識があったことは明らかである（弁論要旨21～23頁）。

弁護人らは、「長銀の行内資料中の『不良債権処理見込み1兆円』との記載は、将来にわたって順次支援負担していく場合の累積極大値であり、即時償却・引当義務のある金額ではない」旨主張するが（弁論要旨23～24頁）、関連会社への回収不能見込み額全額の償却・引当を当期に行わずに済ませるために、実際には再建見通しや貸出金回収の見込みが全く立っていないにもかかわらず、長銀が支援を続けるので再建できるという形だけの計画を立て、支援損（債権放棄）を段階的に計上して行くことにしていたというのであるから、その「将来にわたって順次支援負担していく場合の累積極大値」なるものが、現時点での回収不能見込み額にほかならないことは明らかであって、この主張は故意があることを認めているのも同然である（弁論要旨24～26頁）。

(3) 弁護人らは、「被告人らは『税法基準』による会計処理が許されると考えていたので故意がない（違法性の意識もない）」旨の主張もするが、被告人らは、回収不能見込み貸出金等の償却・引当をしなくとも済むようにするため極めて恣意的な内容の自己査定基準を作成させて償却・引当を先送りさせたり、MOF検の際に不良債権の実態を記載した資料を隠匿したり検査官に虚偽の説明をすること等を被告人らが指示しあるいは了承していたのであって、故意及び違法性の意識があったことは明らかである（弁論要旨26～30頁）。なお、被告人らは、捜査段階で自白して故意も違法性の意識も認めていたところであり、この自白も信用性の高いものである（弁論要旨31～34頁）。

なお、原判決は、被告人らに違法性の錯誤があった旨述べているが、以上から明らかなようにこの判断は誤りである。

## 第2　弁護人らの主張の誤り

### 1　「償却財源」の制限内でしか行っていなかった回収不能見込み貸出金の償却・引当を正当化できるものではないこと

回収不能見込みの貸出金の償却・引当は、商法等の強行規定によって義務付けられることから、まず、個々の貸出金の回収可能性を合理的に検討し、回収不能見込みと認められるものについて必ず償却・引当し、その結果当期の償却・引当合計額が確定するという手順になるのであって、当該企業の経営業績上の都合によって償却・引当を先送りしてはならないことは言うまでもない。

ところが、長銀の場合はこれとは全く逆の手順であり、いったんは貸出金の回収可能性の検討が行われ、回収不能見込み貸出金額も算定されるが、次に、自己資本比率が国際業務を行うために求められるBIS基準8％を下回らないようにするため、償却・引当に充て得る財源額（「償却財源」）を逆算し、その制限内でのみ償却・引当を行うこととし、償却・引当できなかった貸出金については、MOF検等の際に、「合理的な再建計画が作成されていて、回収の見込みがある」などと、実態とはかけ離れた形だけの説明をしたり、Ⅳ分類に分類せずに済むように極めて恣意的な自己査定基準を定めるなどして、ことさらⅣ分類査定を回避し

Ⅴ 最高裁弁論〔5〕検察官弁論要旨

て償却・引当額を圧縮していたのである。

仮に、弁護人らの主張するように、被告人らにおいて、「税法基準に則って適正な会計処理を行っていた」とか「資産査定通達等は唯一の『公正なる会計慣行』になっているとは考えていなかった」というのであれば、本件訴因の貸出先に「合理的な再建計画」が立てられていると無理な嘘をつく必要も全くなく、回収不能見込み貸出金をⅣ分類に査定しなくとも済むような極めて恣意的な自己査定基準を無理に策定する必要も全くなかったのである。

いかなる主張によっても本件の償却・引当の先送りを正当化することはできないことは明らかである。（以上弁論要旨8～10頁）

### 2 貸出金の償却・引当義務に関する弁護人らの主張等の問題点（別紙2参照）

#### (1) 「税法基準」に関する二つの主張とその誤り

ア 弁護人は、「長銀は平成10年3月期までは『公正なる会計慣行』として認められていた『税法基準』により会計処理を行っていた」と述べ、その「税法基準」として、①「貸出金の償却・引当は、税法上損金として認容される限度（無税償却）で行えば足り、その限度を超えた償却・引当（有税償却・引当）は裁量に委ねられる」という総論としての命題と、②「関連ノンバンク等に対する貸出金は、国税当局に再建計画を提出し当期の支援額を損金として償却すれば、残りの支援予定額は翌期以降に段階的に処理することが許容される」という関連ノンバンク等特有の命題を掲げる（弁護要旨4～5頁、35～36頁）。

イ このうち、総論としての命題は、国税当局の損金認容の取扱いと企業会計の償却・引当の基準に差違があることに照らせば、基本的に許容し難いものであり、かつて一応の合理性を有するものとして取り扱われてきた時期があったようであるものの、バブル崩壊により、金融機関が膨大な金額の回収不能見込み貸出金を抱えるようになってからは、資産の大幅な毀損を隠蔽して、会社の財産や損益の状況を偽ることに他ならないことから、許容される余地がなくなっていた（弁論要旨5頁、35～39頁。特に38頁の（注1）（注2）、39頁の（注3））。

まして、平成10年3月期決算では、早期是正措置制度導入に当たり、従来にもまして、不良債権の適正な償却・引当処理を行って資産を適正に評価した財務内容の開示が求められており、その一環として、無税償却・引当の手続に組み込まれていた「不良債権償却証明制度」が廃止され、改正決算経理基準においても、「税法基準」という用語を含む規定を削除し、回収不能見込みの債権については償却・引当すべきとのみ規定されるに至り、平成10年3月期は、「税法基準」の総論としての命題が「公正なる会計慣行」として認められる余地のないことが外形的にも一層明白になっていた（弁論要旨39頁）。

ウ また、関連ノンバンク等特有の命題は、法人税基本通達等の一部の文言を取り出して、「合理的な再建計画」のある貸出先については償却・引当が許されていなかったとの理由により本件の償却・引当先送りを正当化しようとするものであるが、そもそも、本件貸出先についてはいずれも「合理的な再建計画」が立てられておらず、回収不能見込みであったことが証拠上明らかで、弁護人らのこの主張はこれらの規定を適用する前提となる事実を欠いているのであって、詭弁であると言わざるを得ない（弁論旨39～43頁）。

#### (2) 「資産査定通達等は唯一の『公正なる会計慣行』として認められていなかった」との主張の誤り

ア この主張については、前記第1、2(2)のとおり、検察官立証においては資産査定通達等自体を法規範として用いているわけではないことから、反論としての意味を持たないが、資産査定通達等は平成10年3月期に唯一の「公正なる会計慣行」として認められていたところであるので、その点を説明しておく（弁論要旨6～8頁）。

イ 前記第1、1(2)のとおり、金融機関は決算経理基準や4号実務指針等に従って有価証券報告書掲記の貸借対照表等を作成しなければならないが、改正決算経理基準は、「資産の

— 151 —

(下 903)

第6部　ためらいを見せた控訴審判決

評価は、自己査定結果を踏まえ、商法、企業会計原則等及び下記に定める方法に基づき各行が定める償却及び引当金の計上基準に従って実施するものとする」と規定しており、その自己査定基準は、資産査定通達の趣旨に従って策定すべきであることが4号実務指針によって規定されていた。

したがって、銀行は、資産査定通達等の趣旨に沿った自己査定に基づく財務諸表の作成を改正決算経理基準によって求められていた。

しかも、資産査定通達も4号実務指針も公表され、特に資産査定通達の内容は、全銀協の作成したＱ＆Ａにより、また、平成9年関連ノンバンク事務連絡の内容は同じく追加Ｑ＆Ａによって金融機関に周知されており、各金融機関ではこれを参考にして自己査定基準を策定し、試行を行うなどしており（事実上「最初の実施」とも認められる。弁論要旨63頁の（注1））、平成10年3月期決算からは資産査定通達等の趣旨に沿って自己査定を実施する方針が受け入れられていた。（以上弁論要旨62頁）

加えて、長銀を含む主要銀行18行は、平成10年3月期の有価証券報告書の「重要な会計方針」の欄に、「改正決算経理基準に基づいて償却・引当基準を制定し、4号実務指針に基づいて分類した債権につき、4号実務指針が定める引当金を計上している」などと明記していた。

以上の事実に照らすと、「税法基準」が「公正なる会計慣行」として認められる余地のない本件当時においては、本件一審判決あるいは原判決が述べるように、資産査定通達等あるいは資産査定通達等の定める基準に基本的に従うことが、平成10年3月期に唯一の「公正なる会計慣行」と認められるに至ったものと明らかである。（以上弁論要旨63頁）

ウ　なお、民事一審判決は唯一の「公正なる会計慣行」として認められるための5要件なるものを定立した上で、資産査定通達等はこの要件を充たしていなかったと述べ（民事控訴審判決もこれを支持する）、本件弁護人らもこれを援用するが、同判決等は、商法285条の4・2項が強行法規であることを無視し、関連先への貸付金が回収不能見込みである実態も見ようとせず、さらには税効果会計等についても誤解したまま民事被告らの弁解を鵜呑みにするなど（例えば、検察官は本件で償却・引当がなされていないことに関して（有税でも）償却・引当をすべきであった旨の主張をしているのであるが、民事一審判決と同控訴審判決は、有税償却・引当の問題点として、「有税償却・引当をすれば、償却・引当額の倍額のコストを必要とし、自己資本額を減少させ、さらには銀行経営の健全性を危殆に陥れるおそれがあった」と述べる。しかし、有税償却・引当をした場合でも、その税額は、償却・引当しなかった場合と同じであり（更に言えば、長銀は平成10年3月期には欠損金を計上しているので、無税償却・引当の場合とも同じでいずれも納税額は実質ゼロである）、したがって、これにより自己資本額が減少することもないし、まして資金が新たに流出するわけではないから、経営の健全性が危殆に陥ることもない。むしろ、償却・引当しなければ、本件のように配当すべき剰余金があることになって配当により資金が流出する可能性が出てくるのであって、民事判決では税効果会計のこのような基本さえ理解されていない。弁論要旨54頁の（注2））、事実認定や法令の適用等において誤りが少なくなく、本件配当につき商法に違反しないとした点は到底是認できない（弁論要旨47～61頁）。

### (3) 有価証券報告書の「重要な会計方針」の記載内容と弁護人らの主張の矛盾

弁護人らの前記(1)、(2)の主張はいずれも、長銀の平成10年3月期有価証券報告書の「重要な会計方針」の前記(2)イの記載とも矛盾している。改正決算経理基準も4号実務指針も、弁護人らの主張する「税法基準」を容認するものでないのはもちろんであり、この記載は、長銀において資産査定通達等の趣旨に沿った自己査定を行って財務諸表を作成していることを宣明するものに他ならないからである。弁護人らはこの「宣明」に相反する主張を展開しているが、仮に長銀がこの主張のように「税法基準」に則り、資産査定通達等の趣旨に沿わ

ない自己査定を行うことを同行の会計方針としていたというのであれば、上記の「重要な会計方針」欄の記載は、開示として意味がないどころか、欺もう的であって、しかも本件の場合これは「重要な事項」であるから、この点において虚偽有価証券報告書提出罪を構成することになってしまうことに留意する必要がある。(以上弁論要旨10～11頁)

### 3 中井元審議官の意見陳述の問題点
中井省・元大蔵省審議官は、「本件につき刑事罰を科すことに違和感を持つ」という趣旨の意見を述べているが、商法285条の4・2項が強行法規であることや改正決算経理基準が有価証券報告書掲記の財務諸表の作成基準であることを無視し、本件訴因の貸出金がおよそ回収不能見込みにあった実態を見ようとしないもので、明らかに失当である(弁論要旨13～17頁)。

## 第3 情状
### 1 証券市場の公正性を毀損した責任及び会社財産を社外に流出させて債権者らの利益を害した責任
虚偽有価証券報告書提出罪の点は、一審判決が述べるとおり、「多くの投資家の判断を誤らせ経済的損失を被らせるだけでなく、証券市場に対する投資家の信頼を失わせ」た実質的であり、実際にも、この虚偽の財務内容と利益配当に信頼を置いて株式取引を行った投資家も多数に及んでおり(損害賠償請求訴訟を提起したものの、配当は違法でないとして敗訴した投資者が多数いることは弁護人らの提出した上申書のとおりである)、証券市場に公開された企業情報の信頼性ひいては証券市場の公正性を、国内においてのみならず国外の金融機関や投資家との関係においても、著しく毀損したものである。

また、違法配当罪の点も、債権者等の唯一の担保である会社財産の中から約71億円を会社外に流出させてしまったものであり、重大な事案である。(以上弁論要旨64～66頁)

### 2 被告人らが経営陣の一人として長年回収不能見込みの貸出金の償却・引当の先送りに関与してきた責任
被告人らは、平成10年3月期においてのみ、回収不能見込み貸出金の償却・引当の先送りに関与した、つまり虚偽有価証券報告書の提出に関与したのではなく、長年にわたって、経営陣の一人として、関連会社への多額の回収不能見込みの貸出金の償却・引当の先送りに関与してきて、当期損益を偽った虚偽の有価証券報告書を提出し、多数の投資家を欺き、証券市場の公正性を毀損することに関与してきたものである(弁論要旨67～68頁)。

### 3 「商法に基づく不良債権の償却・引当を厳正に行った場合は長銀の破綻を招きかねなかった」との被告人らの主張について
この点については、まず当時、長銀の内部にさえ、「BISが国内基準(4%)となっても今期に必要な償却・引当をすべて実施すべきである」という意見があり、これを実施した場合のシナリオも検討されていたことに留意すべきである(弁論要旨34頁)。

さらに、この点を一応措くとしても、早期是正措置制度を迅速適切に機能させるための前提として、適正な自己査定による資産評価が強く求められていたのであるから、長銀としては、まずは適正な資産評価を行うべきであったことは明らかである。企業が経営危機に陥っており、適正な財務内容の開示が更なる信用低下により経営破たんを招くことが明らかな状況下であったとしても、粉飾決算にかかる財務内容の公表が許されるものでないことは当然であって、金融機関であるからといって例外とすべきでないのは言うまでもない(弁論要旨13頁とその(注)の裁判例、34頁とその(注)、66頁)。

第6部 ためらいを見せた控訴審判決

別紙1

【公訴事実】

(1) 平成10年3月期の有価証券報告書に当期未処理損失を3130億円過少に記載した財務諸表を掲記して提出
(2) 同年度に配当すべき剰余金がないのに71億円を配当

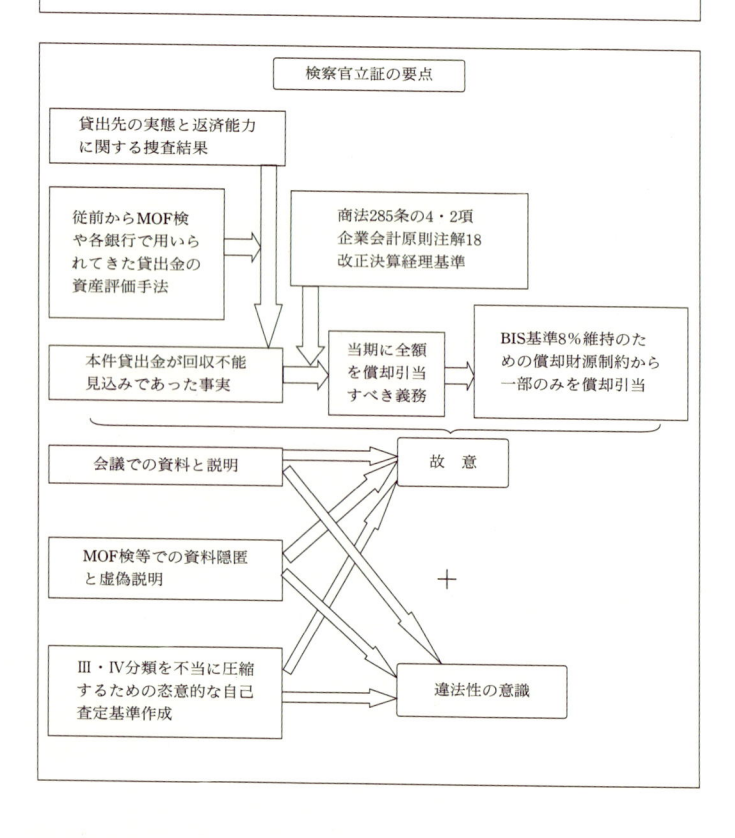

【検察官立証の要点】

- 貸出先の実態と返済能力に関する捜査結果
- 従前からMOF検や各銀行で用いられてきた貸出金の資産評価手法
- 商法285条の4・2項、企業会計原則注解18、改正決算経理基準
- 本件貸出金が回収不能見込みであった事実
- 当期に全額を償却引当すべき義務
- BIS基準8％維持のための償却財源制約から一部のみを償却引当

- 会議での資料と説明
- MOF検等での資料隠匿と虚偽説明
- Ⅲ・Ⅳ分類を不当に圧縮するための恣意的な自己査定基準作成

→ 故意
＋
→ 違法性の意識

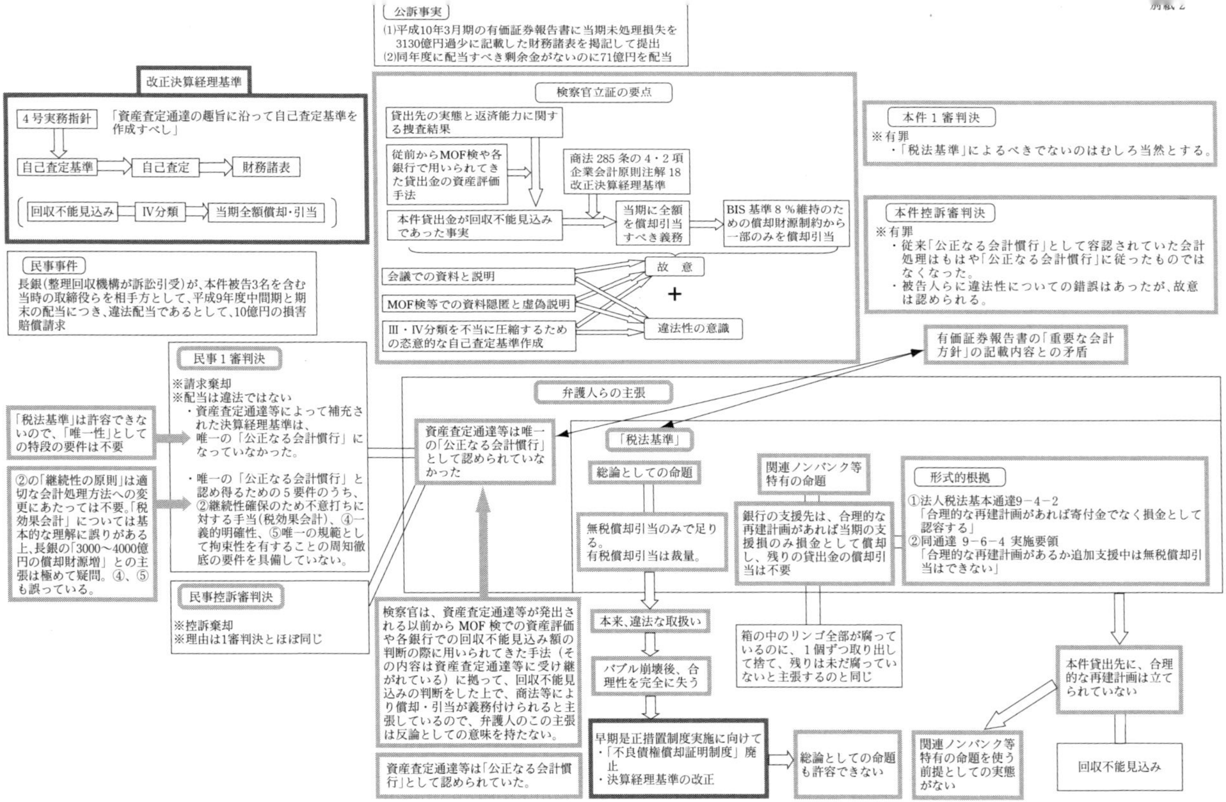
公訴事実
(1)平成10年3月期の有価証券報告書に当期未処理損失を3130億円過少に記載した財務諸表を掲記して提出
(2)同年度に配当すべき剰余金がないのに71億円を配当
改正決算経理基準
4号実務指針
「資産査定通達の趣旨に沿って自己査定基準を作成すべし」
自己査定基準
自己査定
財務諸表
回収不能見込み
IV分類
当期全額償却・引当
民事事件
長銀(整理回収機構が訴訟引受)が、本件被告3名を含む当時の取締役らを相手方として、平成9年度中間期と期末の配当につき、違法配当であるとして、10億円の損害賠償請求
検察官立証の要点
貸出先の実態と返済能力に関する捜査結果
従前からMOF検や各銀行で用いられてきた貸出金の資産評価手法
商法285条の4・2項
企業会計原則注解18
改正決算経理基準
本件貸出金が回収不能見込みであった事実
当期に全額を償却引当すべき義務
BIS基準8％維持のための償却財源制約から一部のみを償却引当
会議での資料と説明
MOF検等での資料隠匿と虚偽説明
III・IV分類を不当に圧縮するための恣意的な自己査定基準作成
故　意
+
違法性の意識
本件1審判決
※有罪
・「税法基準」によるべきでないのはむしろ当然とする。
本件控訴審判決
※有罪
・従来「公正なる会計慣行」として容認されていた会計処理はもはや「公正なる会計慣行」に従ったものではなくなった。
・被告人らに違法性についての錯誤はあったが、故意は認められる。
有価証券報告書の「重要な会計方針」の記載内容との矛盾
民事1審判決
※請求棄却
※配当は違法ではない
・資産査定通達等によって補充された決算経理基準は、唯一の「公正なる会計慣行」になっていなかった。
・唯一の「公正なる会計慣行」と認め得るための5要件のうち、②継続性確保のため不意打ちに対する手当(税効果会計)、④一義的明確性、⑤唯一の規範として拘束性を有することの周知徹底の要件を具備していない。
「税法基準」は許容できないので、「唯一性」としての特段の要件は不要
②の「継続性の原則」は適切な会計処理方法への変更にあたっては不要。「税効果会計」については基本的な理解に誤りがある上、長銀の「3000～4000億円の償却財源増」との主張は極めて疑問。④、⑤も誤っている。
民事控訴審判決
※控訴棄却
※理由は1審判決とほぼ同じ
弁護人らの主張
資産査定通達等は唯一の「公正なる会計慣行」として認められていなかった
「税法基準」
総論としての命題
無税償却引当のみで足りる。
有税償却引当は裁量。
本来、違法な取扱い
バブル崩壊後、合理性を完全に失う
早期是正措置制度実施に向けて
・「不良債権償却証明制度」廃止
・決算経理基準の改正
総論としての命題も許容できない
関連ノンバンク等特有の命題
銀行の支援先は、合理的な再建計画があれば当期の支援損のみ損金として償却し、残りの貸出金の償却引当は不要
箱の中のリンゴ全部が腐っているのに、1個ずつ取り出して捨て、残りは未だ腐っていないと主張するのと同じ
形式的根拠
①法人税法基本通達9－4－2
「合理的な再建計画があれば寄付金でなく損金として認容する」
②同通達 9－6－4 実施要領
「合理的な再建計画があるか追加支援中は無税償却引当はできない」
本件貸出先に、合理的な再建計画は立てられていない
関連ノンバンク等特有の命題を使う前提としての実態がない
回収不能見込み
検察官は、資産査定通達等が発出される以前からMOF検での資産評価や各銀行での回収不能見込み額の判断の際に用いられてきた手法（その内容は資産査定通達等に受け継がれている）に拠って、回収不能見込みの判断をした上で、商法等により償却・引当が義務付けられると主張しているので、弁護人のこの主張は反論としての意味を持たない。
資産査定通達等は「公正なる会計慣行」として認められていた。

第6部　ためらいを見せた控訴審判決

## Ⅵ　民事事件の決着

### ○　民事配当事件最高裁決定

平成 19 年（オ）第 410 号
平成 19 年（受）第 462 号

決　　　　　定

当事者の表示　別紙当事者目録（略）記載のとおり。

上記当事者間の東京高等裁判所平成 17 年（ネ）第 3769 号損害賠償請求事件について、同裁判所が平成 18 年 11 月 29 日に言い渡した判決に対し、上告人兼申立人から上告及び上告受理の申立てがあった。よって、当裁判所は、次のとおり決定する。

主　　　　　文

本件上告を棄却する。
本件を上告審として受理しない。
上告費用及び申立費用は上告人兼申立人の負担とする。

理　　　　　由

**1　上告について**

民事事件について最高裁判所に上告をすることが許されるのは、民訴法 312 条 1 項又は 2 項所定の場合に限られるところ、本件上告理由は、理由の不備・食違いをいうが、その実質は事実誤認又は単なる法令違反を主張するものであって、明らかに上記各項に規定する事由に該当しない。

**2　上告受理申立てについて**

本件申立ての理由によれば、本件は、民訴法 318 条 1 項により受理すべきものとは認められない。

よって、裁判官全員一致の意見で、主文のとおり決定する。

　　平成 20 年 7 月 18 日
　　　　最高裁判所第二小法廷

　　　　　　　　　　　　　　　　裁判長裁判官　　津　野　　　　修
　　　　　　　　　　　　　　　　　　裁判官　　今　井　　　　功
　　　　　　　　　　　　　　　　　　裁判官　　中　川　了　滋
　　　　　　　　　　　　　　　　　　裁判官　　古　田　佑　紀

# 長銀事件関係資料

## 1 関係法令
### ① 商　法
(1) **商法**（平成17年法律第87号による改正前のもの）
　32条2項　商業帳簿ノ作成ニ関スル規定ノ解釈ニ付テハ公正ナル会計慣行ヲ斟酌スベシ

(2) **同法**（平成17年法律第87号による改正前のもの）
　489条3号　第486条第1項ニ掲グル者又ハ検査役ハ左ノ場合ニ於テハ5年以下ノ懲役及ハ500万円以下ノ罰金ニ処ス
　3　法令又ハ定款ノ規定ニ違反シテ利益若ハ利息ノ配当又ハ第293条ノ5第1項ノ金銭ノ分配ヲ為シタルトキ

(3) **同法**（平成11年法律第125号による改正前のもの）
　285条の4第2項　金銭債権ニ付取立不能ノ虞アルトキハ取立ツルコト能ハザル見込額ヲ控除スルコトヲ要ス

### ② 証券取引法
(1) **証券取引法**（平成10年法律第107号による改正前のもの）
197条1号　次の各号の1に該当する者は、5年以下の懲役若しくは500万円以下の罰金に処し、又はこれを併科する。
　1　第5条（第27条において準用する場合を含む。）の規定による届出書類（第5条第3項の規定の適用を受ける届出書の場合には、当該届出書に係る参照書類を含む。）、第7条、第9条第1項若しくは第10条第1項（これらの規定を第27条において準用する場合を含む。）の規定による訂正届出書（当該訂正届出書に係る参照書類を含む。）、第23条の3第1項及び第2項（これらの規定を第27条において準用する場合を含む。）の規定による発行登録書（当該発行登録書に係る参照書類を含む。）及びその添付書類第23条の4、第23条の9第1項若しくは第23条の10第1項の規定若しくは同条第5項において準用する同条第1項（これらの規定を第27条において準用する場合を含む。）の規定による訂正発行登録書（当該訂正発行登録書に係る参照書類を含む。）、第23条の8第1項及び第4項（これらの規定を第27条において準用する場合を含む。）の規定による発行登録追補書類（当該発行登録追補書類に係る参照書類を含む。）及びその添付書類又は第24条第1項若しくは第2項（これらの規定を第24条第4項（第27条において準用する場合を含む。）及び第27条において準用する場合を含む。）若しくは第24条の2第1項（第27条において準用する場合を含む。）の規定による有価証券報告書若しくはその訂正報告書であつて、重要な事項につき虚偽の記載のあるものを提出した者

(2) **同法**（平成12年法律第96号による改正前のもの）
　207条1項1号　法人（法人でない団体で代表者又は管理人の定めのあるものを含む。以下この項及び次項において同じ。）の代表者又は法人若しくは人の代理人、使用人その他の従業者が、その法人又は人の業務又は財産に関し、次の各号に掲げる規定の違反行為をしたときは、その行為者を罰するほか、その法人に対して当該各号に定める罰金刑を、その人に対して各本条の罰金刑を科する。
　1　第197条　5億円以下の罰金刑
　2　第198条第1号から第10号まで若しくは第15号、第198条の2又は第198条の3

第6部　ためらいを見せた控訴審判決

　　　3億円以下の罰金刑
　3　第198条の4又は第199条　2億円以下の罰金刑
　4　第200条（第15号を除く。）又は第200条の3第5号から第7号まで　1億円以下の罰金刑
　5　第198条第11号から第14号まで、第200条第15号、第200条の3（第5号から第7号までを除く。）又は第205条から前条まで　各本条の罰金刑

## ③　金融機能の再生のための緊急措置に関する法律
（平成10年10月16日法律第132号、最終改正：平成21年6月26日法律第63号）

第1章　総　　則

(目的)
第1条　この法律は、金融機関の破綻が相次いで発生し、我が国の金融の機能が大きく低下するとともに、我が国の金融システムに対する内外の信頼が失われつつある状況にあることにかんがみ、我が国の金融の機能の安定及びその再生を図るため、金融機関の破綻の処理の原則を定めるとともに、金融機関の金融整理管財人による管理及び破綻した金融機関の業務承継、銀行の特別公的管理並びに金融機関等の資産の買取りに関する緊急措置の制度を設けること等により信用秩序の維持と預金者等の保護を確保することを目的とする。

第6章　特別公的管理

(特別公的管理の開始の決定)
第36条　内閣総理大臣は、銀行がその財産をもって債務を完済することができない場合その他銀行がその業務若しくは財産の状況に照らし預金等の払戻しを停止するおそれがあると認める場合又は銀行が預金等の払戻しを停止した場合であって、次に掲げる要件に該当すると認めるときは、当該銀行につき、特別公的管理の開始の決定（以下「特別公的管理開始決定」という。）をすることができる。
　1　当該銀行について営業譲渡等が行われることなく、当該銀行の業務の全部の廃止又は解散が行われる場合には、次に掲げるいずれかの事態を生じさせるおそれがあること。
　　イ　他の金融機関等の連鎖的な破綻を発生させることとなる等により、我が国における金融の機能に極めて重大な障害が生ずることとなる事態
　　ロ　当該銀行が業務を行っている地域又は分野における融資比率が高率である等の理由により、他の金融機関による金融機能の代替が著しく困難であるため、当該地域又は分野における経済活動に極めて重大な障害が生ずることとなる事態
　2　この章に定める特別公的管理以外の方法によっては前号イ又はロに掲げる事態を回避することができないこと。
　　2　内閣総理大臣は、前項の規定により特別公的管理開始決定をしたときは、内閣府令で定めるところにより、これを公告しなければならない。
第37条　内閣総理大臣は、銀行がその業務又は財産の状況に照らし預金等の払戻しを停止するおそれが生ずると認める場合であって、次に掲げる要件に該当すると認めるときは、当該銀行につき、特別公的管理開始決定をすることができる。
　1　当該銀行について営業譲渡等が行われることなく、当該銀行の業務の全部の廃止又は解散が行われる場合には、前条第1項第1号イに掲げる事態を生じさせるおそれがあり、かつ、国際金融市場に重大な影響を及ぼすこととなる事態を生じさせるおそれがあること。
　2　この章に定める特別公的管理以外の方法によっては前号に掲げる事態を回避することが

できないこと。
2　前条第2項の規定は、前項の規定により特別公的管理開始決定をした場合について準用する。

(特別公的管理銀行の報告義務)
第46条　特別公的管理銀行は、特別公的管理開始決定の後遅滞なく、次に掲げる事項を調査し、内閣総理大臣に報告しなければならない。
1　特別公的管理銀行について特別公的管理開始決定が行われる状況に至った経緯

## 2 通 達 等
① 資産査定通達（検甲151資料2）

蔵検第104号
平成9年3月5日

各財務（支）局長
沖縄総合事務局長　　　殿
金融証券検査官

大蔵省大臣官房金融検査部長　　中　川　隆　進

# 早期是正措置制度導入後の金融検査における資産査定について

　金融検査においては、従来から、金融機関の業務の健全かつ適正な運営の確保の観点から、その保有する資産について、個々の資産を回収の危険性又は価値の毀損の危険性の度合に従って区分し、査定を行っているところである。
　一方、平成10年4月1日より、金融機関経営の健全性を確保していくための新しい監督手法である早期是正措置制度が導入されることとなるが、同制度は、金融機関が、企業会計原則等に基づき、自らの責任において適正な償却・引当を行うことにより、資産内容の実態を出来る限り客観的に反映した財務諸表を作成することを前提としたものである。その際、金融機関が行う資産の自己査定は、金融機関が適正な償却・引当を行うための準備作業として重要な役割を果たすこととなり、また、会計監査人は、財務諸表監査に際し、金融機関が行う自己査定等内部統制の状況についてもその有効性を評価することになる。金融検査における資産査定においては、通常、このようにして行われた金融機関の自己査定及び会計監査人による監査を前提とし、自己査定結果の正確性等をチェックすることとなる。
　このように早期是正措置制度の導入後は、金融検査における資産査定の方法等が変わることになるが、今般、銀行局長の私的研究会である「早期是正措置に関する検討会」における検討を踏まえ、早期是正措置制度導入後の金融検査における資産査定が金融機関による自己査定等を前提としてより適切かつ統一的に行い得るよう、これまでの金融検査における資産査定の実務をもとに、改めて別添のとおり「資産査定について」を作成したので通知する。
　早期是正措置制度導入の後、金融証券検査官は、通常の金融検査においては金融機関が自主的に定めた基準で資産の自己査定を実施していることを前提として検査を行うこととなるが、検査に際しては、検査直前決算期（中間決算を含む。）等において金融機関が行う自己査定について、その基準が明確かどうか、またその枠組みが「資産査定について」の枠組みに沿っているかどうか等を把握し、金融機関の自己査定基準が独自のものである場合には、「資産査定について」の枠組みとの関係を明瞭に把握するとともに、金融機関の自己査定基準の中の個別のルール（例えば、担保評価ルールや有価証券の簡易な査定ルールなど）が合理的に説明できるものであるかどうか等をチェックすることとなる。更に、当該基準に沿って適切に自己査定が行われているかどうかをチェックしたうえで、実際の自己査定結果について、原則として抽出調査の手法により評価することとなる。
　なお、その際、当該金融機関の自己査定を含む内部統制の状況、資産内容の状況等に応じ、検査における個別資産の抽出件数を増減すること等が考えられるが、早期是正措置制度導入後の具体的な検査方法等については追って通知する。
　また、「早期是正措置に関する検討会」の中間とりまとめ（平成8年12月26日）において、「早期是正措置の導入は平成10年4月からであるが、各金融機関においては、できるだけ早期に自己査定を実施する体制を整備し、自己査定結果を適正に反映させた償却・引当を実施す

長銀事件関係資料 2 通達等〔① 資産査定通達〕

ることが望ましい。」とされており、早期是正措置制度が導入されるまでの間における金融検査においても、金融機関の自己査定のための体制整備の進展状況等について把握するよう努められたい。

〈別　添〉

## 資産査定について

平成9年3月

目　次

I．資産査定の目的等
　1．資産査定の目的
　2．用語の定義
　3．資産査定における分類区分
II．貸出金の分類方法
　1．基本的考え方
　2．担保及び保証等による調整
　3．分類対象外貸出金
　4．貸出金の分類基準
　5．外国政府等に対する貸出金（以下掲載略）
　6．外国の民間企業及び海外の日系企業等に対する貸出金
III．有価証券の分類方法
　1．基本的な考え方
　2．債券
　3．株式
　4．外国証券
　5．その他の有価証券
　6．貸付有価証券
IV．その他の資産（貸出金、有価証券以外）の分類方法
　1．外国為替
　2．仮払金
　3．支払承諾見返（債務保証見返）
　4．未収利息
　5．未収金
　6．動産・不動産

# 資産査定について

## I．資産査定の目的等

### 1．資産査定の目的

　資産査定とは、金融機関の保有する資産を個別に検討して、回収の危険性又は価値の毀損の危険性の度合に従って区分することであり、預金者の預金などがどの程度安全確実な資産に見合っているか、言い換えれば、資産の不良化によりどの程度の危険にさらされているかを判定するものである。

### 2．用語の定義

　資産査定において、II、III及びIV分類に区分することを「分類」といい、II、III及びIV分類とした資産を「分類資産」という。

また、Ⅱ、Ⅲ及びⅣ分類としないことを「非分類」といい、分類資産以外の資産（Ⅰ分類資産）を「非分類資産」という。

### 3. 資産査定における分類区分

資産査定においては、回収の危険性又は価値の毀損の危険性の度合に応じて資産をⅠ、Ⅱ、Ⅲ、Ⅳの4段階に判定する。
(1) Ⅰ分類は、「Ⅱ分類、Ⅲ分類及びⅣ分類としない資産」であり、回収の危険性又は価値の毀損の危険性について、問題のない資産である。
(2) Ⅱ分類とするものは、「債権確保上の諸条件が満足に充たされないため、あるいは、信用上疑義が存する等の理由により、その回収について通常の度合を超える危険を含むと認められる債権等の資産」である。
　なお、Ⅱ分類とするものには、一般担保・保証で保全されているものと保全されていないものとがある。
(3) Ⅲ分類とするものは、「最終の回収又は価値について重大な懸念が存し、従って損失の発生の可能性が高いが、その損失額について合理的な推計が困難な資産」である。
　ただし、Ⅲ分類については、金融機関にとって損失額の推計が全く不可能とするものではなく、個々の債権の状況に精通している金融機関自らのルールと判断により損失額を見積もることが適当とされるものである。
(4) Ⅳ分類とするものは、「回収不可能又は無価値と判定される資産」である。
　なお、Ⅳ分類については、その資産が絶対的に回収不可能又は無価値であるとするものではなく、また、将来において部分的な回収があり得るとしても、基本的に、査定基準日において回収不可能又は無価値と判定できる資産である。

## Ⅱ．貸出金の分類方法

### 1. 基本的考え方

貸出金の査定に当たっては、その回収の危険性の度合に応じて原則として以下の考え方により分類を行うものとする。
①債務者の財務状況、資金繰り、収益力等により返済能力を判定して、債務者について、その状況等により区分を行い、②次に資金使途等の内容を個別に検討し、③さらに担保や保証等の状況を勘案のうえ、分類を行うものとする。

### 2. 担保及び保証等による調整

(1) 担保及び保証等により保全措置が講じられているものについては、以下のとおり区分し、優良担保の処分可能見込額及び優良保証等によるものについては、原則として非分類とし、一般担保の処分可能見込額及び一般保証によるものについては、原則としてⅡ分類とする。
① 優良担保
　預金等（預金、掛け金、元本保証のある金銭の信託、満期返戻金のある保険をいう。以下同じ。)、国債等の信用度の高い有価証券及び決済確実な商業手形、等をいう。
(注1) 「決済確実な商業手形」には、代り金を別段預金に留保している場合を含む。
(注2) 「預金等」、「国債等の信用度の高い有価証券」及び「決済確実な商業手形」等であっても、担保処分による回収に支障がある場合には、優良担保とはみなさない。
② 優良保証等
イ．公的信用保証機関、金融機関及び金融機関が設立した信用保証会社等の保証、地方公共団体の損失補償契約等保証履行の確実性が極めて高い保証をいう。ただし、これら

の保証であっても、保証機関等の状況、手続不備等の事情から代位弁済が疑問視される場合及び自行（庫・組）が履行請求の意思がない場合には、優良保証とはみなさない。
ロ．一般事業会社の保証については、原則として証券取引所上場の有配会社で、かつ保証者が十分な保証能力を有し、正式な保証契約によるものを優良保証とする。
ハ．住宅金融公庫の「住宅融資保険」などの公的保険のほか、民間保険会社の「住宅ローン保証保険」などの保険、等をいう。
③ 一般担保
優良担保以外の担保で客観的な処分可能性があるものをいう。
例えば、不動産担保、工場財団担保等がこれに該当する。
④ 一般保証
優良保証等以外の保証をいう。
例えば、十分な保証能力を有する一般事業会社（上記②のロを除く。）及び個人の保証をいう。
(2) 担保評価及びその処分可能見込額の算出は以下のとおりとする。
① 担保評価額
客観的・合理的な評価方法で算出した評価額（時価）をいう。
② 処分可能見込額
上記①で算出した評価額（時価）を踏まえ、当該担保物件の処分により回収が確実と見込まれる額をいう。この場合、債権保全という性格を十分に考慮する必要がある。なお、評価額の精度が十分に高い場合には、評価額と処分可能見込額が等しくなる。

## 3. 分類対象外貸出金
分類の対象としない貸出金としては、例えば次の貸出金が挙げられる。
(1) 決済確実な割引手形及び特定の返済財源により短時日のうちに回収が確実と認められる貸出金及び正常な運転資金と認められる貸出金。
(注1) 特定の返済財源とは、近く入金が確実な増資・社債発行代り金、不動産売却代金、代理受領契約に基づく受入金、あるいは、返済に充当されることが確実な他金融機関からの借入金等で、それぞれ増資、社債発行目論見書、売買契約書、代理受領委任状又は振込指定依頼書、その他の関係書類により入金の確実性を確認できるものをいう。
(注2) 「正常な運転資金」とは、正常な営業を行っていく上で恒常的に必要と認められる運転資金である。
(2) 預金等及び国債等の信用度の高い有価証券等の優良担保が付されている場合、あるいは、預金等に緊急拘束措置が講じられている場合には、その処分可能見込額に見合う貸出金。
(3) 優良保証付貸出金及び保険金の支払いが確実と認められる保険付貸出金。
(4) 政府出資法人（政府出資法人が出資する法人を含む。）及び地方公共団体に対する貸出金。
なお、政府出資法人が出資する法人に対する貸出金は原則非分類とするが、当該法人について元本あるいは利息が延滞している等の事実が生じている場合は、実態判断のうえ、分類する。
(5) 協同組織金融機関で、出資者を除名し、出資金の払戻額により貸出金の回収を予定している場合には、その出資金相当額に見合う貸出金。
(6) 債権償却特別勘定繰入額及び特定海外債権引当勘定繰入額に見合う貸出金。

## 4. 貸出金の分類基準
債務者の状況等により次のように区分し、分類を行うものとする。

なお、住宅ローンなどの個人向けの定型ローン等の貸出金については、簡易な基準により分類を行うことができるものとする。

(1) 正常先

正常先とは、業況が良好であり、かつ、財務内容にも特段の問題がないと認められる債務者をいう。これら正常先に対する貸出金は原則として非分類とする。

(2) 要注意先

要注意先とは、金利減免・棚上げを行っているなど貸出条件に問題のある債務者、元本返済若しくは利息支払いが事実上延滞しているなど履行状況に問題がある債務者のほか、業況が低調ないしは不安定な債務者又は財務内容に問題がある債務者など今後の管理に注意を要する先をいう。

なお、創業赤字で当初事業計画と大幅な乖離がない貸出先を除く。

① 要注意先に対する貸出金については、②のa.からe.に該当する貸出金で、優良担保の処分可能見込額及び優良保証等により保全措置が講じられていない部分を原則としてⅡ分類とする。

② a. 不渡手形、融通手形及び期日決済に懸念のある割引手形。

b. 赤字・焦付債権等の補填資金、業況不良の関係会社に対する支援や旧債肩代わり資金等。

(注) 繰越欠損や不良資産等を有する債務者に対する貸出金については仮に他の名目で貸出されていても、実質的にこれら繰越欠損等の補填資金に充当されていると認められる場合は原則として当該貸出金を分類することとする。また、その分類額の算出に当たって、どの貸出金がこれら繰越欠損等の補填資金に該当するか明確でないときは、例外的な取扱いとして債務者の繰越欠損や不良資産等の額と融資金融機関中の自行（庫・組）の融資シェアを勘案して、これら繰越欠損等の補填に見合う貸出金額を算出することができる。

c. 金利減免・棚上げ、あるいは、元本の返済猶予など貸出条件の大幅な軽減を行っているもの、極端に長期の返済契約がなされているもの等、貸出条件に問題のある貸出金。

d. 元本返済若しくは利息支払いが事実上延滞しているなど履行状況に問題のある貸出金及び今後問題を生ずる可能性が高いと認められる貸出金。

e. 債務者の財務内容等の状況から回収について通常を上回る危険性があると認められる貸出金。

(3) 破綻懸念先

① 破綻懸念先とは、現状、経営破綻の状況にはないが、経営難の状態にあり、経営改善計画等の進捗状況が芳しくなく、今後、経営破綻に陥る可能性が大きいと認められる債務者をいう。

具体的には、現状、事業を継続しているが、実質債務超過の状態に陥っており、業況が著しく低調で貸出金が延滞状態にあるなど事業好転の見通しがほとんどない状況で、自行（庫・組）としても消極ないし撤退方針としており、今後、経営破綻に陥る可能性が大きいと認められる先をいう。

なお、自行（庫・組）として消極ないし撤退方針を決定していない債務者であっても、当該債務者の業況等について、客観的に判断し、今後、経営破綻に陥る可能性が大きいと認められる場合は、破綻懸念先とする。

② 破綻懸念先に対する貸出金については、優良担保の処分可能見込額及び優良保証等により保全されている貸出金以外の全ての貸出金を分類することとし、一般担保の処分可

能見込額及び一般保証による回収が可能と認められる部分をⅡ分類とし、これ以外の部分をⅢ分類とする（なお、一般担保の評価額の精度が十分に高い場合は、担保評価額をⅡ分類とすることができる。）。

(4) 実質破綻先
① 実質破綻先とは、法的・形式的な経営破綻の事実は発生していないものの、深刻な経営難の状態にあり、再建の見通しがない状況にあると認められるなど実質的に経営破綻に陥っている債務者をいう。
　　具体的には、事業を形式的には継続しているが、財務内容において多額の不良資産を内包し、あるいは債務者の返済能力に比して明らかに過大な借入金が残存し、実質的に大幅な債務超過の状態に相当期間陥っており、事業好転の見通しがない状況、天災、事故、経済情勢の急変等により多大な損失を被り（あるいは、これらに類する事由が生じており、再建の見通しがない状況で、元金又は利息について実質的に長期間延滞している先などをいう。
② 実質破綻先に対する貸出金については、優良担保の処分可能見込額及び優良保証等により保全されている貸出金以外の全ての貸出金を分類することとし、一般担保の処分可能見込額及び一般保証による回収が可能と認められる部分をⅡ分類、優良担保及び一般担保の担保評価額と処分可能見込額との差額及び保証による回収の見込が不確実な部分をⅢ分類、これ以外の回収の見込がない部分をⅣ分類とする（なお、一般担保の評価額の精度が十分に高い場合は、担保評価額をⅡ分類とすることができる。）。

(5) 破綻先
① 破綻先とは、法的・形式的な経営破綻の事実が発生している先をいい、例えば、破産、清算、会社整理、会社更生、和議、手形交換所の取引停止処分等の事由により経営破綻に陥っている債務者をいう。
② 破綻先に対する貸出金は、優良担保の処分可能見込額及び優良保証等により保全されている貸出金以外の全ての貸出金を分類することとし、一般担保の処分可能見込額及び一般保証による回収が可能と認められる部分並びに清算配当等が見込まれる場合はその部分をⅡ分類、優良担保及び一般担保の担保評価額と処分可能見込額との差額及び保証による回収の見込みが不確実な部分をⅢ分類、これ以外の回収の見込みがない部分をⅣ分類とする（なお、一般担保の評価額の精度が十分に高い場合は、担保評価額をⅡ分類とすることができる。）。

**(以下略)**

(参考)〔債務者区分と資産分類〕

|  | 優良担保・保証分 | 一般担保・保証分 |  | 無担保無保証部分 |
|---|---|---|---|---|
| 正　常　先 | 非分類 | 非分類 |  | 非分類 |
| 要注意先 | 非分類 | Ⅱ分類 |  | Ⅱ分類 |
| 破綻懸念先 | 非分類 | Ⅱ分類 | Ⅲ分類 | Ⅲ分類 |
| 実質破綻先 | 非分類 | Ⅱ分類 | Ⅲ分類 | Ⅳ分類 |
| 破　綻　先 | 非分類 | Ⅱ分類 | Ⅲ分類 | Ⅳ分類 |

　　　　　　　　　　　　　　　　処分可能見込額　担保評価額

(注) 担保のいかんに関わらず、要注意先について、決済確実な割引手形により短時日のうちに回収が確実と認められる貸出金等は、非分類。

第6部 ためらいを見せた控訴審判決

## ② 4号実務指針（検甲151資料5）

銀行等監査特別委員会報告第4号

# 銀行等金融機関の資産の自己査定に係る内部統制の検証並びに貸倒償却及び貸倒引当金の監査に関する実務指針

平成9年4月15日
日本公認会計士協会

### 1. はじめに

　金融機関経営の健全性を確保するため、「金融機関等の経営の健全性確保のための関係法律の整備に関する法律（平成8年6月21日法律第94号）」に基づく銀行法等の改正により、平成10年4月から、自己資本の充実の状況に応じて経営改善計画の作成・実施命令、個別措置の実施命令、業務の停止命令等必要な措置（以下「早期是正措置」という。）が講じられることになった。

　この早期是正措置の導入に伴い、銀行等金融機関（銀行のほか、信用金庫などの協同組織金融機関等を含む。以下同じ。）は、自ら資産の査定基準を定めて、その有する資産を検討・分析して、回収の危険性又は価値の毀損の危険性の度合に応じて分類区分すること（以下「自己査定」という。）が必要になった。自己査定は、貸借対照表上最も重要性の大きい信用リスク資産の保全管理の柱となるものであるが、同時に、貸倒償却及び貸倒引当金の適正な計上に資するものである。銀行等金融機関は、自己査定基準を定めて、それに準拠して適正な自己査定が可能となるような内部統制を構築することが求められる。監査人は、貸倒償却及び貸倒引当金の監査を実施する際、自己査定基準が適正に整備され、自己査定の作業がその基準に準拠して実施されていることを確かめなければならない。

　この早期是正措置の導入に伴い、監査人は、銀行等金融機関の自己査定に係る内部統制が整備され、適切に運用されていることを確かめる必要があり、また、誤謬等の額が銀行等金融機関の自己資本比率に与える影響を十分考慮して監査上の危険性の許容水準を決定する必要があることなどから、より深度ある監査に努めることが求められる。

　本報告は、早期是正措置に伴って導入される自己査定制度の整備状況の妥当性及び査定作業の査定基準への準拠性を確かめるための実務指針を示すとともに、貸倒償却及び貸倒引当金の計上に関する監査上の取扱いを明らかにしたものである。

### 2. 固有の危険の評価に当たっての留意事項

　銀行等金融機関においては、与信業務は最大の収入源である。貸借対照表上、信用リスク資産の占める重要性が金額的にも件数的にも圧倒的に大きいため、信用リスク資産の評価に関する監査の重要性も当然大きい。

　監査計画を立案するに当たって、監査人は、固有の危険と内部統制上の危険の程度を評価し（内部統制上の危険は内部統制の有効性として評価される）、その危険の程度に応じて、監査上の危険性を一定の許容水準以下に抑えるように監査手続上の危険の程度を決定し、適用すべき監査手続、その実施時期及び試査の範囲を決定する。

　銀行等金融機関の貸倒償却及び貸倒引当金の監査については、監査人は、以下のような要因から、一般的に固有の危険の程度を高めに評価することが必要となる。

① 貸倒引当金の計上は、将来の事象に対する見積りにより経営者が判断するものであるが、見積りはいかに注意深く行ったとしても主観的要素の入る余地がある。

② 経済環境の変化によって担保不動産価値が短期間に著しく変動することがあり、貸倒引当金として計上すべき額はその影響を受けることもある。
③ 将来の損失額の見積りに関連して、法律家、鑑定士等の専門的知識に依存する場合が多いが、時間的、経済的制約等から専門家を十分に利用できないリスクがある。
④ 貸倒償却及び貸倒引当金の計上の基礎となる自己査定の妥当性の検討は、銀行等金融機関の債務者を監査人が直接監査するものではないので、債務者に関する情報の質と量が不十分となるリスクがある。
⑤ 自己査定の対象件数の膨大さに加え、対象が幅広い項目にわたるため、査定対象を網羅し損うリスクがある。

## 3. 内部統制の有効性の評価に当たっての留意事項

貸倒償却及び貸倒引当金の監査においては、与信業務全般にわたる内部統制に留意する必要があり、その統制手続は、銀行等監査特別委員会報告第2号「銀行等金融機関における内部統制の有効性の評価に関する実務指針」の付録「2. 内部統制組織の機能の把握に当たっての検討事項」の「2. 与信業務」に掲げられている。早期是正措置の導入後は、自己査定が銀行等金融機関の与信業務における債権管理の中心に位置付けられることとなることから、内部統制の有効性の評価に当たって、次の点についても留意することが必要になる。

### (1) 自己査定基準と当局の「資産査定について」との整合性

銀行等金融機関は、それぞれ体系的な自己査定基準を作成することとされていることから、自己査定基準が文書化され、正式の行内手続を経て規程化されているか確かめる。自己査定基準に示す査定分類は、「早期是正措置制度導入後の金融検査における資産査定について」(蔵検104号 平成9年3月5日)の別添「資産査定について」と同一である必要はなく、より細かい分類であってもよいが、「資産査定について」の分類に整合し、分類の対応関係が確保されていることを確かめる必要がある。

### (2) 自己査定基準の整備状況

自己査定基準が、以下に挙げる実施部署に関する記述の他、査定上のグルーピングの方法、債務者から入手すべき資料の種類と質、担保評価の方法等について明記してあるか確かめる。

### (3) 自己査定の実施部署

自己査定の実施に当たっては、営業店及び本部貸出承認部署(以下「営業関連部署」という。)で査定を実施し、査定結果を営業関連部署から独立した資産監査部署で監査をする方法、又は営業関連部署の協力の下に営業関連部署から独立した資産査定部署が査定を実施する方法が考えられる。いずれの場合も、営業関連部署に対し牽制機能が十分に働いているか確かめる。なお、資産監査部署又は資産査定部署の担当者は査定実務に精通していることが必要であることに留意する。

### (4) 貸倒償却及び貸倒引当金の計上に関する規程の整備状況

銀行等金融機関は、それぞれ、具体的かつ詳細な貸倒償却及び貸倒引当金の計上に関する規程を作成することとされていることから、当該規程が文書化され、正式の行内手続を経て規程化されているか確かめる。

また、当該規程は、本報告「6. 貸倒償却及び貸倒引当金の計上に関する監査上の取扱い」に整合し、かつ、それぞれの自己査定基準とも適切な連動が保たれているか確かめる。

### (5) 貸倒償却及び貸倒引当金の計上額に関する判断部署

貸倒償却及び貸倒引当金の計上額については、経営者が最終数値の判断に関する責任を負うことになるが、自己査定において資産監査部署又は資産査定部署が一次的な判断を行っているか確かめる。

なお、銀行等金融機関によっては、自己査定の内部統制の整備に時間を要する場合もあろうが、その期間においては内部統制上の危険の程度は高いことに留意する必要がある。

### 4. 監査手続の実施時期及び試査の範囲

貸倒償却及び貸倒引当金の監査は、適切な監査計画に基づき、原則として試査によって実施される。また、この監査は銀行等金融機関の与信業務に精通した公認会計士が担当するよう計画しなければならない。

#### (1) 監査手続の実施時期

自己査定に係る監査手続を適用する基準日は、決算日（及び中間監査を要する場合は中間決算日）である。ただし、銀行等金融機関が決算日前の一定日を基準日として自己査定を実施している場合、自己査定に係る内部統制が有効であることを前提に、その基準日を監査手続上の基準日とすることができる。この場合、その基準日は決算日前3か月以内が望ましい。監査手続適用上の基準日を決算日より前にした場合、決算作業の円滑化や監査作業の分散化に資することはできるが、基準日後債務者の財政状態に重要な事実が発生したときは、必要な査定分類の修正がなされる仕組みになっているか、また、現実に修正がなされたかを確かめることが必要になる。

なお、自己査定に係る内部統制の整備及び運用状況を検証した結果、自己査定に関する内部統制が有効に機能していると認められる場合には、基準日における監査手続の適用の他に、継続的、循環的な監査方法が考えられる。内部統制が有効に機能していれば、個々の重要な資産について査定分類を変更する事態が生じた場合、その都度遅滞なく査定分類が変更されるので、継続循環監査によることが認められる。この結果、基準日での監査手続の実施の集中が避けられることになる。

#### (2) 試査の範囲

試査における抽出項目数は、主として自己査定に係る内部統制の状況を把握・評価し、固有の危険を勘案した上で決定されることになる。一般的には、固有の危険と内部統制上の危険が高ければ、抽出項目数を増加させ、逆にそれらが低ければ抽出項目数は減少させることになる。

抽出項目数は、このような考え方に基づいて決定されるが、早期是正措置の導入後は自己資本比率に基づいて必要な措置が取られることになるため、従来より小さな誤謬が正確な自己資本比率の算定に影響を及ぼすことがあり得ることを考慮して抽出項目数を決定することが必要になる。

### 5. 監査手続の適用

貸倒償却及び貸倒引当金に関する監査手続は、抽出された債務者に対する債権ごとに必要資料を閲覧し、査定担当者等と協議する方法で行われ、適正な貸倒償却及び貸倒引当金の計上の準備作業として自己査定が行われたか確かめる。

貸倒償却及び貸倒引当金の監査手続において留意すべき事項には、以下の点が挙げられる。

① 多数の同種、小口の貸出金、例えば、住宅ローン、カードローン、消費者ローン等についてグルーピングにより、一括して査定している部分については、グルーピングの範囲と方法の妥当性を検討する。

② ある債務者に対する債権は、当該債務者が保証するグループ会社等に対する債権とともに、一元的に査定されているか確かめる。

③ 債務者に関する基礎資料は十分かつ最新のものか確かめる。財務情報が不十分と認められた場合、追加的に資料を入手する必要性について担当者と協議する。

④ 債務者に関する財務資料の数値に虚偽や明らかな異常と認められるものがないか注意を払う。
⑤ 債務者について、業界誌、信用調査機関等外部の重要な情報があれば、銀行等金融機関が査定上それらの情報を加味したか否かについて確かめる。
⑥ 担保評価は、最新の信頼できる評価額となっているか確かめる。担保物件の評価額又は債権額が一定金額以上のものについては、必要に応じて不動産鑑定士の鑑定評価を要求することが考えられる。一定金額未満の不動産担保については、銀行等金融機関の合理的な評価によることができる。合理的な評価方法としては、同種物件の比較売買事例及び路線価、基準地価、公示地価比較方式等並びにこれらを地域別地価変動率により時点修正したものが考えられる。
⑦ 債務者について、キャッシュフロー見込み、財政状態、収益性等の定量的要素や経営者の資質等の定性的要素を個別に評点し、それを総合して査定を行っているか確かめる。
⑧ 査定の結果について、特に分類債権については、最終判断についての説明が付されており、判断と説明が整合しているかを確かめる。

なお、自己査定制度導入後の会計監査において、検査当局の検査結果は、監査上の参考として常に注意を払う必要があるが、検査時点の相違や頻度の相違等の理由から、当局の検査結果をそのまま監査判断の基礎として利用すれば足りるとはいえないことに留意する必要がある。

また、監査人は、必要に応じて、銀行等金融機関の了解のもとに、検査当局と可能な範囲内で直接情報交換を行うことが監査の効率化の観点から適当である。

## 6. 貸倒償却及び貸倒引当金の計上に関する監査上の取扱い

以下の監査上の取扱いに準拠して計上されている場合には、監査上妥当なものとして取り扱う。

① 正常先債権（業況が良好であり、かつ財務内容にも特段の問題がないと認められる債務者に対する債権）
債権額で貸借対照表に計上し、貸倒実績率に基づき貸倒引当金を計上する。
② 要注意先債権（貸出条件に問題のある債務者、履行状況に問題のある債務者、赤字決算等で業況が低調ないし不安定な債務者に対する債権）
債権額で貸借対照表に計上し、貸倒実績率に基づき貸倒引当金を計上する。
③ 破綻懸念先債権（現状、経営破綻の状況にはないが、経営難の状態にあり、今後、経営破綻に陥る可能性が大きいと認められる債務者に対する債権）
債権額から担保の処分可能見込額及び保証による回収が可能と認められる額を減算し、残額のうち必要額を貸借対照表に貸倒引当金として計上する。
なお、（注2）参照のこと。
④ 実質破綻先債権（法的、形式的な経営破綻の事実は、発生していないものの、深刻な経営難の状態にあり、再建の見込みがたたない状況にあると認められるなど、実質的に経営破綻に陥っている債務者に対する債権）
債権額から担保の処分可能見込額及び保証による回収が可能と認められる額を減算し、残額を貸倒償却するか又は貸倒引当金として貸借対照表に計上する。
⑤ 破綻先債権（破産、清算、会社整理、会社更生、和議、手形交換所における取引停止処分等の事由により経営破綻に陥っている債務者に対する債権）
債権額から担保の処分可能見込額及び保証による回収が可能と認められる額を減算し、残額を貸倒償却するか又は貸倒引当金として貸借対照表に計上する。

なお、②に該当する金利減免、棚上げ及びリスケジュールされた貸出条件付債権、③に該当する予想キャッシュフローが把握できる債権については、割引現在価値に基づき減損額を算定し、貸倒引当金として貸借対照表に計上することについて、早期是正措置に関する検討会の「中間とりまとめ」において、今後検討することはできないかとされているところである。割引現在価値の考え方の実務への適用に関しては、種々検討すべき事項があるので、日本公認会計士協会としてこの問題を引き続き検討する。また、現在、企業会計審議会において貸付金を含む金融商品の会計処理基準が検討されているので、その動向も十分注視しながら検討を進めていくこととする。

(注1) 貸倒実績率

貸倒実績率は正常先債権や要注意先債権という分類毎の貸倒実績率による。また、分類毎に区分した上で、住宅ローン、あるいは業種別等のグルーピング別の貸倒実績率を利用する方法も認められる。

貸倒実績率の算定方法は種々考えられるが、その一例として、ある期間の期首(仮に3年間の幅で推移をみる場合、該当する3年間を一つの期間とみた場合の期首)の該当する分類の債権残高を分母とし、その分母の額のうち期間内に毀損した額(貸倒償却及び貸倒引当金として計上した額の他、債権売却損等の損失額を含む)を分子として計算する方法がある。

監査人は、銀行等金融機関の要注意先債権等分類毎の貸倒実績等のデータの整備・蓄積状況にも留意する。

(注2) 破綻懸念先債権の回収可能性

破綻懸念先債権の回収見込額を検討するに当たっては、債務者の支払能力を総合的に判断する必要がある。債務者の経営状態、担保・保証の有無と担保価値、債務超過の程度、延滞の期間、事業活動の状況、完成途上のプロジェクトの完成見通し、銀行等金融機関並びに親会社の支援状況、再建計画の実現可能性、今後の収益及び資金繰りの見通し、その他債権回収に関係のある一切の定量的・定性的要因を検討しているか確かめる。

各金融機関は、上記のような様々な要因を勘案した具体的な回収見込額の算出方法を定めておく必要がある。その方法としては、例えば、売却可能な市場を有する債権については売却可能額を回収可能額とする方法や、債権額から清算価値を差し引いた差額に倒産確率を乗じて回収不能額を算出する方法等が考えられる。

(注3) 貸倒引当金の計上に関する会計方針の開示

監査人は、本取扱いへの準拠性に加え、貸倒引当金の計上に関する会計方針についての注記が、当該銀行等金融機関の採用する貸倒引当金の計上に関する会計方針を適正かつ十分に記載しているか検討しなければならない。

## 7. 意見形成に当たっての留意事項

貸倒引当金の監査は、貸倒引当金が決算日現在の債権に内包する損失額を十分カバーするだけの適切なレベルにあるかについて合理的な基礎を入手することを目標として実施される。貸倒引当金は経営者の判断に基づいて計上されるものであるが、監査人は経営者の判断が妥当なものであるかどうかにつき、個々の債権ごとではなく総体として比較する手法で検証する。

監査人は、監査意見の形成に際して、通常、純利益、資産総額、純資産額等に対してどの程度の影響を与えるかによって重要性を判断するが、銀行等金融機関の場合、早期是正措置が自己資本比率に基づいてなされるので、自己資本比率に与える影響についても十分配慮する必要がある。

## 8. 適用

本報告は、平成9年4月1日以後開始する事業年度に係る監査から適用する。ただし、平成9年9月30日に終了する中間会計期間において銀行等金融機関が自己査定に係る内部統制を構築し、その旨を表明した場合には、当該中間会計期間に係る監査から適用する。

以　上

## ③ 9年事務連絡（検甲151資料3）

### 金融機関等の関連ノンバンクに対する貸出金の査定の考え方について

> 平9. 4. 21　事務連絡
> 管理課長発　金融証券検査官、
> 各財務(支)局理財部長・沖縄
> 総合事務局財務部長宛

　金融機関等の関連ノンバンクに対する貸出金については、親金融機関等の支援等により一部ではその損失処理が進められているものの、その貸出金は多額であり、今後も金融機関等の経営に与える影響が大きいと考えられることから、引き続き検査において注視していく必要がある。

　関連ノンバンクに対する貸出金については、当面の方針として、当該貸出金の分類額が直ちに引当・償却に結びつけられるか否かは別にして、いわゆる母体行主義を前提とし、将来の親金融機関等の経営に与える影響等を総合的に把握することに重点を置き、査定を行っているところである。

　しかしながら、最近においては、必ずしも母体行主義が貫徹されない例も散見される状況にある。さらに、平成10年4月から早期是正措置制度が導入されることに伴い、日本公認会計士協会により、「銀行等金融機関の資産の自己査定に係る内部統制の検証並びに貸倒償却及び貸倒引当金の監査に関する実務指針」が公表されたが、この指針の中では資産査定と企業会計における引当・償却とを極めて密接に関連づけている。

　以上の状況変化を踏まえ、改めて関連ノンバンクに対する貸出金の査定の考え方について下記のとおり取りまとめたので通知する。

　なお、平成7年4月13日付「当面の貸出金等査定におけるⅢ分類及びⅣ分類の考え方について」事務連絡の記のうち関連ノンバンクに係るもの（〔関連ノンバンク〕、関連ノンバンクの査定の考え方）については廃止する。

記

## Ⅰ. 金融機関等の関連ノンバンクの査定の基本的考え方

1.　関連ノンバンクに対する貸出金については、関連ノンバンクの体力の有無、親金融機関等の再建意思の有無、関連ノンバンクの再建計画の合理性の有無（又はその進捗状況）等を総合的に勘案し査定を行うものとする。

　なお、当該貸出金について担保等の保全措置が講じられている場合は、担保等にかかる一般原則に従い査定するものとする。また、当該貸出金について、債権償却特別勘定及び商法第287条の2による引当金（負債性引当金）が積まれている場合はその相当額を非分類とする。

2.　関連ノンバンクの体力の有無については、当該ノンバンクの資産状況、収益状況により判断を行うものとする。具体的には、営業貸付金の査定結果や有価証券及び不動産等の含み損益の状況等を通じ把握した当該ノンバンクの資産の状況が実質債務超過であるかどうか、実質債務超過の場合には当該ノンバンクの償却前利益により概ね2〜3年で当該債務超過を解消できるかどうかを体力の有無の判断の一応の目安とする。

第6部　ためらいを見せた控訴審判決

## II．具体的な査定方法等

### 1．「体力がある」関連ノンバンク

　実質債務超過でない場合、又は償却前利益により概ね2〜3年で実質債務超過の解消が可能であるなど自力再建ができる関連ノンバンクに対する貸出金については、一般債務者に対する貸出金の場合と同様に査定を行うものとする。なお、単年度で実質債務超過の解消が可能である場合は、非分類とすることができる。また、親金融機関等が当該ノンバンクに対する貸出金について金利減免又は元本棚上げ等を行っている場合は、原則として、当該貸出金の全額をII分類とする。

### 2．「体力がない」関連ノンバンク

　概ね2〜3年で実質債務超過が解消できない関連ノンバンクについては、実質債務超過の状況、親金融機関等の再建意思の有無、関連ノンバンクの再建計画の合理性の有無（又はその進捗状況）等を総合的に勘案し査定を行うものとする。

　なお、以下のケースは、基本的には関連ノンバンクが実質的に大幅な債務超過の状況に相当期間陥っており、かつ、自力での再建の見通しがない場合を前提とした査定方法である。したがって、このような状況にない関連ノンバンクに対する貸出金については実質的な債務超過の状況等実態に応じて査定して差し支えない。

　また、親金融機関等の関連ノンバンクに対する貸出金の査定に当たっては、当該ノンバンクの営業貸付金の査定結果を反映させるとともに、有価証券及び不動産等の正味含み損を当該貸出金の査定において加味することができる。

#### (1) 親金融機関等がいわゆる**母体行責任**を負う意思がない場合

① 親金融機関等が関連ノンバンクを再建する意思がなく、かつ、いわゆる母体行責任を負う意思がない場合

　　親金融機関との関係を考慮することなく一般債務者の場合と同様に査定するものとするが、関連ノンバンクが実質的に大幅な債務超過の状況に相当期間陥っており、かつ、再建の見通しがない場合には、親金融機関の当該ノンバンクに対する貸出金は、原則として、営業貸付金等の査定結果を親金融機関等の貸出金のシェアにより分類する（いわゆるプロラタ方式による分類）。

（注）貸出金のシェアは、貸出を行っている全ての者（他のノンバンクを含む）について、関連ノンバンクの直近決算期又は決算期以降の直近時点の計数により算出する（以下同じ。）。

② 親金融機関等が関連ノンバンクを再建する意思はないが親金融機関等の貸出金額の範囲内において損失負担（プロラタ方式以上かつ貸出金全額以下）する意思がある場合

　　関連ノンバンクが実質的に大幅な債務超過の状況に相当期間陥っており、かつ、再建の見通しがない場合には、親金融機関等の当該ノンバンクに対する貸出金は、原則として、営業貸付金等の査定結果のIV分類を親金融機関等の貸出金シェアによりIV分類とし、残額をIII分類とする。

　　なお、経営の意思により債権放棄額が当該年度に確定しており、当該額が上記貸出金のシェアにより算定したIV分類額を上回る場合は、その金額をIV分類とし残額をIII分類とする。

（注）「経営の意思」については、その意思が明確に確認できる場合とし、関連ノンバンクと債権放棄額について契約を締結している場合や取締役会で議決している場合がこれに当たる（以下同じ。）。

(2) **親金融機関等がいわゆる母体行責任を負う意思がある場合**
① 再建計画が作成されている場合
 イ．再建計画に合理性がないと認められる場合
　関連ノンバンクが実質的に大幅な債務超過の状況に相当期間陥っており、かつ、再建計画に合理性がなく再建の見通しがない場合には、親金融機関等の関連ノンバンクに対する貸出金は、原則として、営業貸付金等の査定結果のⅣ分類を親金融機関等の貸出金シェアによりⅣ分類とし、残額をⅢ分類とする。
 ロ．その他の場合
　親金融機関等の関連ノンバンクに対する貸出金は、原則として、全額をⅢ分類とする（ただし、この場合のⅢ分類の額は、当該ノンバンクの営業貸付金等のⅣ分類とⅢ分類の合計額を限度とすることができる）。
　なお、再建計画に沿って経営の意思により債権放棄額が当該年度に確定している場合は、その金額をⅣ分類とし残額をⅢ分類とする（経営の意思による債権放棄を当該年度に一括して行う場合は、その金額をⅣ分類とし残額をⅡ分類とすることができる。）。
　また、現金贈与、有価証券含み益の贈与等の方法により再建支援を行う場合で当該支援が債権放棄と同様に当該貸出金の減少につながる場合には、上記なお書に準じて査定を行うものとする。
② 再建計画が作成されていないか又は検討中の場合
　親金融機関等の収益力、有価証券等の含み益の状況等から判断し関連ノンバンクの再建可能性が十分にあると認められる場合には、原則として、親金融機関等の当該ノンバンクに対する貸出金の全額をⅢ分類とする（ただし、この場合のⅢ分類の額は、当該ノンバンクの営業貸付金等のⅣ分類とⅢ分類の合計額を限度とすることができる）。
　これ以外の場合は、親金融機関等の関連ノンバンクに対する貸出金は、原則として、営業貸付金等の査定結果のⅣ分類を親金融機関等の貸出金シェアによりⅣ分類とし、残額をⅢ分類とする。

## Ⅲ．検査報告書の取扱い

　親金融機関等の関連ノンバンクに対する貸出金は上記Ⅱのとおり査定するものとするが、親金融機関等の経営に与える影響を把握する観点から、再建計画等における債権放棄等の支援損の内容について検査報告書に明記するものとする。

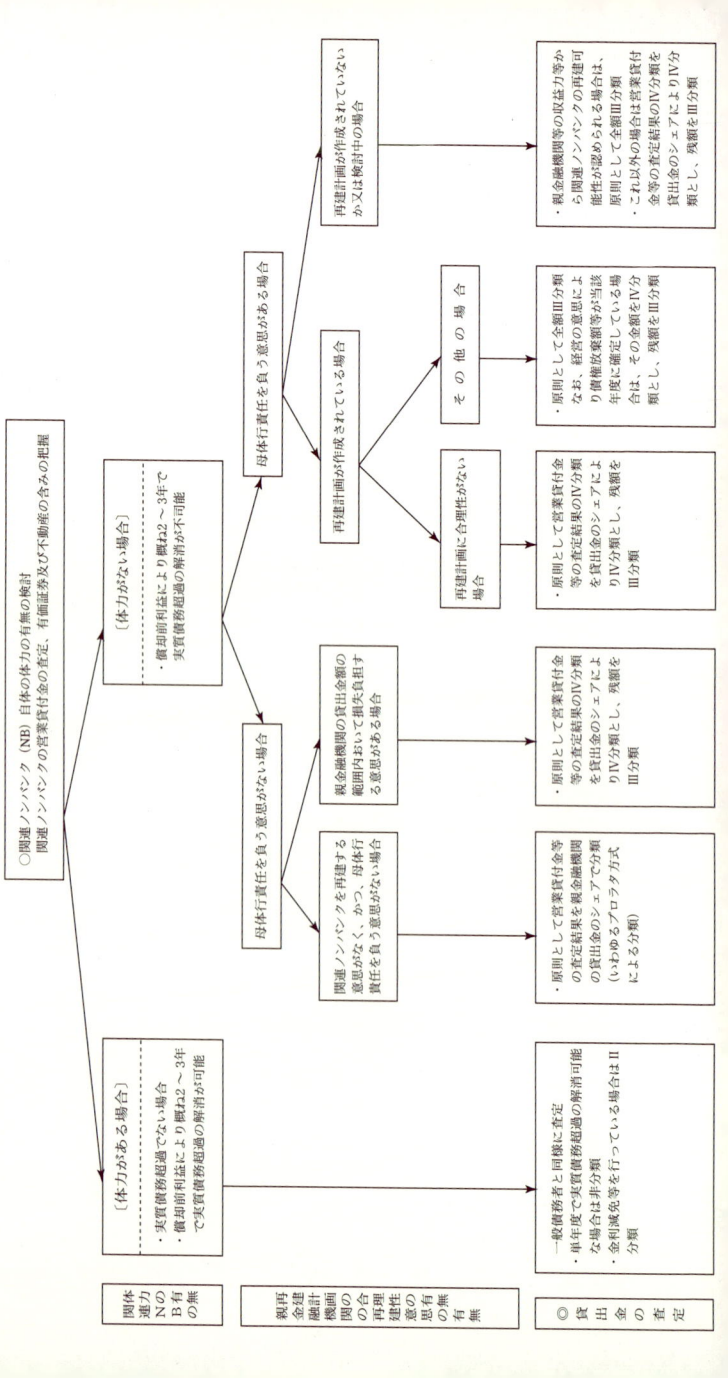

# 金融機関等の関連ノンバンクに対する貸出金の査定の考え方　〈フローチャート〉

◯関連ノンバンク（NB）自体の体力の有無の検討
関連ノンバンクの営業貸付金の査定、有価証券及び不動産の含みの把握

## 関連NBの体力の有無

**[体力がある場合]**
- 実質債務超過でない場合
- 償却前利益により概ね2〜3年で実質債務超過の解消が可能

**[体力がない場合]**
- 償却前利益により概ね2〜3年で実質債務超過の解消が不可能

## 親金融機関の再建計画の合理性・再建意思の有無

### 体力がある場合
一般債務者と同様に査定
- 当年度で実質債務超過の解消可能な場合は非分類
- 金利減免等を行っている場合はⅡ分類

### 体力がない場合

#### 母体行責任を負う意思がない場合

**関連ノンバンクを再建する意思がなく、かつ、母体行責任を負う意思がない場合**
- 原則として営業貸付金等の査定結果を親金融機関のシェアによるプロラタ方式によるⅣ分類（いわゆるプロラタ方式）

**親金融機関の貸出金の範囲内において損失を負担する意思がある場合**
- 原則として営業貸付金等の査定結果のⅣ分類のシェアにより貸出金をⅣ分類とし、残額をⅢ分類

#### 母体行責任を負う意思がある場合

**再建計画に合理性がない場合**
- 原則として営業貸付金等の査定結果のシェアにより貸出金のⅣ分類のシェアにより、残額をⅢ分類

**再建計画が作成されている場合 / その他の場合**
- 原則として全額Ⅲ分類。なお、経営の意思により償却承継額等が当該年度に確定している場合は、これに該当する金額をⅣ分類とし、残額をⅢ分類

**再建計画が作成されているか又は検討中の場合**
- 親金融機関等の収益力等から関連ノンバンクの再建可能性が認められる場合は、原則として全額Ⅲ分類として検討中
- これ以外の場合は営業貸付金等の査定結果のⅣ分類のシェアにより貸出金をⅣ分類とし、残額をⅢ分類

長銀事件関係資料　2　通達等〔③　9年事務連絡〕

## (参考) 関連ノンバンクに対する貸出金査定の例
**(査定例の前提条件)**
○親金融機関等の関連ノンバンクに対する貸出金　200億円（関連ノンバンクの借入金全額 1,000億円、融資シェア 20％）
○営業貸付金（1,000億円）の査定結果（Ⅳ 150億円、Ⅲ 250億円、Ⅱ 300億円、非 300億円）
○有価証券等の含み損益（±0億円）

| 関連ノンバンクの体力 | 前　　提 | 親金融機関等の関連ノンバンクに対する貸出金の査定 |
|---|---|---|
| ○体力がある関連ノンバンク<br>・実質債務超過でない<br>・償却前利益により概ね2〜3年で実質債務超過の解消が可能 | | ・一般債務者と同様に査定<br>・単年度で実質債務超過の解消が可能な場合は非分類することができる。<br>・金利減免等を行っている場合はⅡ分類。 |
| ○体力がない関連ノンバンク<br>・償却前利益により概ね2〜3年で実質債務超過の解消が不可能 | (1)母体行責任を負う意思がない場合<br>①関連ノンバンクを再建する意思がなく、かつ、母体行責任を負う意思がない場合（プロラタ金額のみを損失負担） | ・原則として、営業貸付金等の査定結果を親金融機関等の貸出金シェアにより分類（いわゆるプロラタ方式による分類）<br>(例)・親金融機関の貸出金200億円（分類Ⅳ　30億円、Ⅲ　50億円、Ⅱ　120億円） |
| | ②親金融機関等の貸出金の範囲内で損失負担（プロラタ以上かつ貸出金全額以下）する場合 | ・原則として、営業貸付金等の査定結果のⅣ分類を貸出金のシェアによりⅣ分類とし残額をⅢ分類<br>なお、経営の意思により債権放棄額が当該年度に確定し、当該額が上記に基づき算定したⅣ分類を上回る場合は、その金額をⅣ分類とし残額をⅢ分類<br>(例)・親金融機関等の貸出金 200億円（分類Ⅳ　30億円、Ⅲ　170億円）<br>　　・なお書きの分類（当該康に50億円の債権放棄をする場合）<br>　　　親金融機関等の貸出金 200億円（分類Ⅳ　50億円、Ⅲ　150億円） |

(注)　実質債務超過であるかどうかの判断は、原則としてⅢ分類額のうち親金融機関等が損失見込額として把握する額及びⅣ分類全額との合計額を損失見込額とし、判断するものとする。なお、Ⅲ分類額について、親金融機関等が当該損失見込額を把握していない場合は、Ⅲ分類額の1/2を損失見込額として全体の損失見込額を算定し、実質債務超過であるかどうかを判断して差し支えないものとする。

第6部　ためらいを見せた控訴審判決

| 関連ノンバンクの体力 | 前　　提 | 親金融機関等の関連ノンバンクに対する貸出金の査定 |
|---|---|---|
| | (2)母体行責任を負う意思がある場合<br>①再建計画が作成されている場合<br>イ．再建計画に合理性がないと認められる場合 | ・原則として、営業貸付金等の査定結果のIV分類を貸出金のシェアによりIV分類とし残額をIII分類<br>(例)・親金融機関等の貸出金 200億円（分類IV　30億円、III　170億円） |
| | ロ．その他の場合 | ・原則として、全額III分類<br>なお、再建計画に沿って経営の意思により債権放棄額が当該年度に確定している場合は、その金額をIV分類とし残額をIII分類（現金等の贈与により貸出金が減少する場合を含む。）<br>(例)・親金融機関等の貸出金 200億円（分類III　200億円）<br>　・なお書きの例（当該年度に50億円の債権放棄をする場合）<br>　　親金融機関等の貸出金 200億円（分類IV　50億円、III　150億円） |
| | ②再建計画が作成されていないか又は検討中<br>・親金融機関等の収益力等から関連ノンバンクの再建可能性が十分にあると認められる場合 | ・原則として、全額III分類<br>(例)・親金融機関等の貸出金 200億円（分類　III　200億円） |
| | ・上記以外の場合 | ・原則として、営業貸付金等の査定結果のIV分類を貸出金のシェアによりIV分類とし残額をIII分類<br>(例)・親金融機関等の貸出金 200億円（分類　IV　30億円、III　170億円） |

長銀事件関係資料　2　通達等〔④ 追加Q＆A〕

④　追加Q＆A（検甲151資料4）

「「資産査定について」に関するQ＆A」の追加について

平9外業87（9．7．28）／平9業務個174（9．7．28）//平9総企会134（9．7．29）

標記「Q＆A」につきましては、各銀行が資産査定を行う際に参考となるよう、融資業務専門委員会にてとりまとめ、平9外業第28号（平成9年3月12日付）にてご送付申しあげておりますが、今般、当局とも相談のうえ、「関連ノンバンク」に関する「Q＆A」を別添のとおり同専門委員会で追加的にとりまとめましたので、ご送付申し上げます。

なお、本「Q＆A」は、現時点での諸情勢を前提とした関連ノンバンクの資産査定にかかる一般的な考え方をとりまとめたものであり、活用に際しましては、表面上の文言にこだわらず、あくまでも実質面を重視した解釈を行っていただく必要がありますので、念のため申し添えます。

以　上

---

（別添）

# 「資産査定について」に関する「Q＆A」目次

Ⅰ　関連ノンバンクに対する貸出金の査定の基本的考え方
　Q1　自行の関連ノンバンクに対する貸出金の査定において、特に留意すべきポイントは何か。
Ⅱ　具体的な査定方法等
　1　「体力がある」関連ノンバンク
　　Q2　どのような場合に自行の関連ノンバンクについて、「体力がある」と判断できるのか。その場合、当該関連ノンバンクに対する貸出金は、どのように査定すべきか。
　2　「体力がない」関連ノンバンク
　　Q3　自行の関連ノンバンクについて、どのような場合に「体力がない」と判断すべきか。
　(1)　自行がいわゆる母体行責任を負う意思がある場合
　　Q4　自行に関連ノンバンクの再建を行う意思があり、自行の関連ノンバンクは「体力がない」状況にあるが、当該ノンバンクの資産状況を踏まえ作成された再建計画に客観的な合理性が認められる場合は、どのように査定すべきか。
　　Q5　「経営の意思」とは、どのようなものをいうのか。
　　Q6　自行に関連ノンバンクの再建を行う意思があり、再建計画が作成されているが、自行の関連ノンバンクは「体力がない」状況で実質的に大幅な債務超過の状況に相当期間陥っており、かつ、再建計画に客観的な合理性が認められない場合、どのように査定すべきか。
　　Q7　再建計画が作成されていないか又は検討中の場合は、如何に査定すればよいのか。
　(2)　自行がいわゆる母隼行責任を負う意思がない場合
　　Q8　自行が関連ノンバンクを再建する意思がなく、かつ、いわゆる母体行貰任を負う意思がない場合は、如何に査定するのか。
　　Q9　自行が関連ノンバンクを再建する意思はないが、自行の貸出金額の範囲内において損失負担（プロラタ方式かつ貸出金全額以下）する意思がある場合は、如何に査定するのか。
　　Q10　Q1～9までの関連ノンバンクの査定の基本的考え方を整理するとどのようになるのか。

第6部 ためらいを見せた控訴審判決

# 「資産査定について」に関する「Q&A」

## I 関連ノンバンクに対する貸出金の査定の基本的考え方

> Q1 自行の関連ノンバンクに対する貸出金の査定において、特に留意すべきポイントは何か。

A 1 自行の関連ノンバンクに対する貸出金については、基本的には、一般の債務者に対する貸出金と同様に、当該関連ノンバンクの資産状況、財務内容等をベースとして査定を行うことになるが、特に、資産状況については、営業貸付金の査定を行うなどその内容を正確に把握することが重要なポイントとなる。

　　また、有価証券や不動産等の含み損益についても加味し、当該ノンバンクの資産の状況を把握し、さらに再建計画が策定されている場合は、その進捗状況等を実態把握し、「関連ノンバンクの体力」（返済能力）について、総合的・客観的に判断したうえで査定することがポイントである。

2 当該ノンバンクが実質債務超過の場合の「体力の有無」の判断は、償却前利益により、概ね2～3年で当該債務超過を解消できるかどうかを目安として判断すべきものと考えられる。

3 なお、当該貸出金について、既に債権償却特別勘定及び商法第287条の2による引当金（負債性引当金）が積まれている場合は、その相当額は非分類となる。

　　また、関連ノンバンクに対する貸出金が担保等で保全されている場合は、当然、担保等にかかる一般原則に従い査定することになる。

## II 具体的な査定方法等

### 1 「体力がある」関連ノンバンク

> Q2 どのような場合に自行の関連ノンバンクについて、「体力がある」と判断できるのか。その場合、当該関連ノンバンクに対する貸出金は、どのように査定すべきか。

A 1 自行の関連ノンバンクが、実質債務超過でない場合や償却前利益で概ね2～3年で実質債務超過の解消が可能であるなど自力再建が可能な場合は、「体力がある」関連ノンバンクと判断できるものと考えられる。

　　このような関連ノンバンクについては、一般債務者に対する貸出金の場合と同様の査定を行って差し支えない。

2 なお、債務超過であっても、単年度でその解消が可能な場合には、非分類とすることができる。

　　ただし、自行が当該ノンバンクに対して、金利減免又は元本棚上げ等の支援を行っている場合は、原則として、当該貸出金の全額をII分類とすることが妥当と考えられる。

### 2 「体力がない」関連ノンバンク

> Q3 自行の関連ノンバンクについて、どのような場合に「体力がない」と判断すべきか。

A 自行の関連ノンバンクが、償却前利益で概ね2～3年で実質債務超過の状況を解消できない場合は、その解消の可否等について総合的・客観的に判断する必要がある。

　基本的には、実質的な債務超過に相当期間陥っており、かつ、自力での再建の見通しが

立たない場合は、「体力がない」ものと判断すべきである。
### (1) 自行がいわゆる母体行責任を負う意思がある場合

> Q4 自行に関連ノンバンクの再建を行う意思があり、自行の関連ノンバンクは「体力がない」状況にあるが、当該ノンバンクの資産状況を踏まえ作成された再建計画に客観的な合理性が認められる場合は、どのように査定すべきか。

A 自行の関連ノンバンクは「体力がない」状況にあるが、作成されている再建計画に客観的な合理性が認められ、当該再建計画に沿って債権放棄額が「経営の意思」により当該年度に確定している場合は、その金額をⅣ分類とし、残額をⅢ分類とする。

なお、「経営の意思」による債権放棄を当該年度に全額を一括して行うこととしている場合は、その金額全額をⅣ分類とし、残額をⅡ分類として差し支えない。

また、現金贈与、有価証券含み益の贈与等の方法により再建支援を行う場合は、当該支援相当額をⅣ分類とすべきものと考えられる。ただし、当該支援が債権放棄と同様に当該貸出金の減少（返済）につながる場合に限るものとする。

> Q5 「経営の意思」とは、どのようなものをいうのか。

A 『経営の意思』とは、金融機関の経営陣としてその意思が明確に確定されている場合をいい、例えば、関連ノンバンクと債権放棄額について契約を締結している場合や取締役会で議決している場合がこれに当たる（以下同じ。）。

> Q6 自行に関連ノンバンクの再建を行う意思があり、再建計画が作成されているが、自行の関連ノンバンクは「体力がない」状況で実質的に大幅な債務超過の状況に相当期間陥っており、かつ、再建計画に客観的な合理性が認められない場合、どのように査定すべきか。

A 再建計画が作成されているが、自行の関連ノンバンクに「体力がない」と判断され、実質的に大幅な債務超過の状況に相当期間陥っており、当初の再建計画の実施が困難であるなど、再建計画に客観的な合理性が認められない場合は、自行の関連ノンバンクに対する貸出金は、原則として、当該ノンバンクの営業貸付金等の査定結果のⅣ分類を自行の貸出金シェアによりⅣ分類とし、残額をⅢ分類とすべきものと考えられる。

〔注〕 貸出金のシェアは、貸出を行っている全ての者（他のノンバンクを含む）について、関連ノンバンクの直近決算期又は決算期以降の直近時点の計数により算出する（以下同じ。）。

> Q7 再建計画が作成されていないか又は検討中の場合は、如何に査定すればよいのか。

A 1 自行の収益力、有価証券等の含み損益の状況及び当該ノンバンクの損失見込額等から判断し、関連ノンバンクの再建可能性が十分にあると認められる場合には、原則として、自行の当該ノンバンクに対する貸出金の全額をⅢ分類とすべきと考えられる（ただし、この場合のⅢ分類の額は、当該ノンバンクの営業貸付金等のⅣ分類とⅢ分類の合計額を限度とすることができる。）。

 2 上記以外の場合は、自行の関連ノンバンクに対する貸出金は、原則として、営業貸付金等の査定結果のⅣ分類を自行の貸出金シェアによりⅣ分類とし、残額をⅢ分類とする。

### (2) 自行がいわゆる母体行責任を負う意思がない場合

> Q8 自行が関連ノンバンクを再建する意思がなく、かつ、いわゆる母体行責任を負う意思がない場合は、如何に査定するのか。

第6部　ためらいを見せた控訴審判決

A　原則として、自行との関係を考慮することなく一般債務者の場合と同様に査定するべきものと考えられる。
　したがって、自行が関連ノンバンクを再建する意思がなく、関連ノンバンクが実質的に大幅な債務超過の状況に相当期間陥っており、かつ、再建の見通しがない場合には、自行の当該ノンバンクに対する貸出金は、原則として、営業貸付金等の査定結果を自行の貸出金のシェアにより分類するものとし、いわゆるプロラタ方式により、当該ノンバンクの営業貸付金等の査定結果を自行の貸出金シェアに応じ、Ⅳ・Ⅲ・Ⅱ分類の順に充当するものとすべきと考えられる。

> Q9　自行が関連ノンバンクを再建する意思はないが、自行の貸出金額の範囲内において損失負担（プロラタ方式以上かつ貸出金全額以下）する意思がある場合は、如何に査定するのか。

A　関連ノンバンクが実質的に大幅な債務超過の状況に相当期間陥っており、かつ、再建の見通しがない場合には、自行の当該ノンバンクに対する貸出金は、原則として、営業貸付金等の査定結果のⅣ分類を自行の貸出金シェアによりⅣ分類とし、残額をⅢ分類とする。なお、経営の意思により債権放棄額が当該年度に確定しており、当該額が上記貸出金のシェアにより算定したⅣ分類額を上回る場合は、その金額をⅣ分類とし残額をⅢ分類とする。

> Q10　Q1〜9までの関連ノンバンクの査定の基本的考え方を整理するとどのようになるのか。

A　関連ノンバンクの査定の基本的考え方について、フローチャートに整理すれば別紙のとおりである。

# 金融機関等の関連ノンバンクに対する貸出金の査定の考え方

〈フローチャート〉

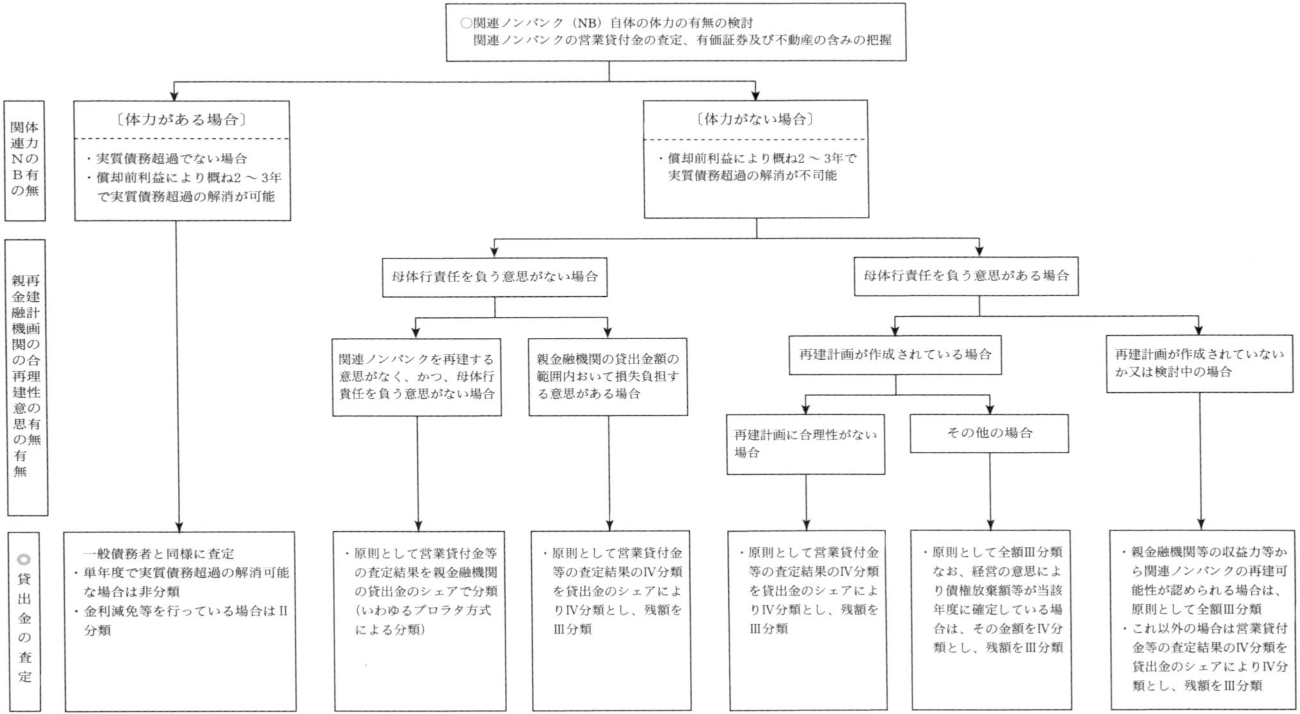
○関連ノンバンク（NB）自体の体力の有無の検討
関連ノンバンクの営業貸付金の査定、有価証券及び不動産の含みの把握
関連NBの体力の有無
〔体力がある場合〕
・実質債務超過でない場合
・償却前利益により概ね2～3年で実質債務超過の解消が可能
〔体力がない場合〕
・償却前利益により概ね2～3年で実質債務超過の解消が不可能
親金融機関の再建意思の有無
再建計画の合理性の有無
母体行責任を負う意思がない場合
母体行責任を負う意思がある場合
関連ノンバンクを再建する意思がなく、かつ、母体行責任を負う意思がない場合
親金融機関の貸出金額の範囲内おいて損失負担する意思がある場合
再建計画が作成されている場合
再建計画が作成されていないか又は検討中の場合
再建計画に合理性がない場合
その他の場合
◎貸出金の査定
一般債務者と同様に査定
・単年度で実質債務超過の解消可能な場合は非分類
・金利減免等を行っている場合はII分類
・原則として営業貸付金等の査定結果を親金融機関の貸出金のシェアで分類（いわゆるプロラタ方式による分類）
・原則として営業貸付金等の査定結果のIV分類を貸出金のシェアによりIV分類とし、残額をIII分類
・原則として営業貸付金等の査定結果のIV分類を貸出金のシェアによりIV分類とし、残額をIII分類
・原則として全額III分類
なお、経営の意思により債権放棄額等が当該年度に確定している場合は、その金額をIV分類とし、残額をIII分類
・親金融機関等の収益力等から関連ノンバンクの再建可能性が認められる場合は、原則として全額III分類
・これ以外の場合は営業貸付金等の査定結果のIV分類を貸出金のシェアによりIV分類とし、残額をIII分類

## ⑤ 「基本事項等通達」の一部改正（一審弁181）

蔵銀第1714号
平成9年7月31日

株式会社日本長期信用銀行
　　　代表取締役頭取　殿

大蔵省銀行局長　山　口　公　生

## 「普通銀行の業務運営に関する基本事項等について」通達の一部改正について

　金融機関等の経営の健全性確保のための整備に関する法律（平成8年法律第94号）の制定により平成10年4月1日から早期是正措置が導入されること、及び「規制緩和推進計画の再改定について」（平成9年3月28日閣議決定）により店舗関係の規制緩和を行うこととされたことから、平成9年7月31日付で銀行法施行規則の一部を改正する省令（平成9年大蔵省令第60号）が公布されたことに伴い、昭和57年4月1日付蔵銀第901号「普通銀行の業務運営に関する基本事項等について」通達の一部を下記のとおり改正することとしたので、了知の上、遺憾なきを期せられたい。

　なお、改正後の第3の1の(1)のロ(イ)及び別紙の第5の規定は本営業年度の年度決算から適用することとする。

　また、平成7年6月2日付蔵銀第980号「金融機関の店舗設置等の取扱いについて」通達は廃止する。

記

**(略)（編注）**「新旧対照表」（改正後の欄）を参照されたい。

### 新　旧　対　照　表

| 現　　　　行 | 改　　正　　後 |
|---|---|
| 普通銀行の業務運営に関する基本事項等について<br><br>〔57年4月1日　蔵銀第901号〕<br><br>（別紙）普通銀行の業務運営に関する基本事項<br>第1　経営関係<br><br><br><br><br><br>第2　営業所関係<br>　1～4（略）<br>　（新設）<br>第3　資産運用関係（略） | 普通銀行の業務運営に関する基本事項等について<br><br>〔57年4月1日　蔵銀第901号〕<br><br>（別紙）普通銀行の業務運営に関する基本事項<br>第1　経営関係<br>　1．経営姿勢<br>　2．経営管理<br>　3．不祥事件発生時の対応<br>　4．苦情処理体制の充実・強化<br>第2　営業所関係<br>　1～4（略）<br>　5．安全対策等<br>第3　資産運用関係（略） |

長銀事件関係資料　2　通達等〔⑤「基本事項等通達」の一部改正〕

| 現　　行 | 改　正　後 |
|---|---|
| 第4　営業日及び営業時間関係<br>　1・2（略）<br>　3.　営業時間の延長<br>　4.　臨時休業<br>第5　経理関係<br>　1.（略）<br>　2.　配当<br>　3.　増資等<br>　4.　業務報告書等<br>第6　認可申請・届出関係<br>　1～3（略）<br>　4.　その他届出事項<br>附則<br>別紙1　銀行経営のあり方<br>別紙2　市場関連リスクのあり方<br>別紙3　内部検査の留意事項（略）<br>別紙4　業務報告書、営業報告書及び附属明細書記載要領（略）<br><br>（中略）<br>第5　経理関係<br>1.　決算経理基準<br>(1)　経理処理の原則（略）<br>　イ.（略）<br>　ロ.　諸償却並びに諸引当金及び諸準備金の繰入れ等は、下記(3)、(4)に定めるところによる。<br><br><br><br><br><br>(2)　貸付金未収利息等の経理処理（略）<br>(3)　資産の評価及び償却<br>　イ.　貸出金の償却<br>　　　回収不能と判定される貸出金及び最終の回収に重大な懸念があり損失の発生が見込まれる貸出金については、これに相当する額を償却するものとする。<br>　　　なお、有税償却する貸出金については、その内容をあらかじめ当局に提出するものとする。 | 第4　営業日及び営業時間関係<br>　1・2（略）<br>　(削除)<br>　3.　臨時休業<br>第5　経理関係<br>　1.（略）<br>　(削除)<br>　(削除)<br>　2.　業務報告書等<br>第6　認可申請・届出関係<br>　1～3（略）<br>　4.　届出事項<br>附則<br>別紙1　資産の自己査定のあり方について<br>別紙2　市場関連リスクのあり方について<br>別紙3　内部検査の留意事項（略）<br>別紙4　業務報告書、営業報告書及び附属明細書記載要領（略）<br><br>（中略）<br>第5　経理関係<br>1.　決算経理基準<br>(1)　経理処理の原則（略）<br>　イ.（略）<br>　ロ.　資産の評価は、自己査定結果を踏まえ、商法、企業会計原則等及び下記に定める方法に基づき各行が定める償却及び引当金の計上基準に従って実施するものとする。<br>　ハ.　諸引当金及び諸準備金の繰入れ等は、下記(4)に定めるところによる。<br>(2)　（同左）<br>(3)　資産の評価及び償却<br>　イ.　貸出金及び貸出金に準ずるその他の債権の評価<br>　　　貸出金及び貸出金に準ずるその他の債権（以下「貸出金等」という。）の評価は次のような公正・妥当と認められる方法によるものとする。<br>　(イ)　貸出金等の償却<br>　　　　回収不能と判定される貸出金等に |

— 183 —

(下 937)

第6部 ためらいを見せた控訴審判決

| 現　　　　行 | 改　　正　　後 |
|---|---|
|  | <u>ついては、債権額から担保の処分可能見込額及び保証による回収が可能と認められる額を減算した残額（以下「回収不能額」という。）を償却する。</u><br><u>　ただし、担保が処分されていない等の事情により、償却することが適当でないと判定される貸出金等を除く。</u><br><u>(ロ)　債権償却特別勘定への繰入れは、回収不能と判定される貸出金等のうち上記(イ)により償却するもの以外の貸出金等については回収不能額を、最終の回収に重大な懸念があり損失の発生が見込まれる貸出金等については債権額から担保の処分可能見込額及び保証による回収が可能と認められる額を減算した残額のうち必要額を、それぞれ繰り入れるものとする。</u><br><u>(ハ)　貸倒引当金（債権償却特別勘定及び特別勘定及び特定海外債権引当勘定（租税特別措置法第55条の2の海外投資等損失準備金を含む。以下同じ。）を除く。）は、貸出金等のうち、上記(イ)により償却するもの及び上記(ロ)により債権償却特別勘定へ繰り入れるもの以外の貸出金等について、合理的な方法により算出された貸倒実績率に基づき算定した貸倒見込額を繰り入れるものとする。</u><br><u>(ニ)　特定海外債権引当勘定への繰入れは、特定の対象国に対する特定の対象債権について、対象国の政治経済情勢等に起因して特に生ずると認められる合理的な方法により算定した損失見込額を繰り入れるものとする。</u><br><u>　なお、対象国及び対象債権については、別に定めるところによるものとする。</u> |
| <u>ロ．貸出金に準ずるその他の債権の償却</u><br>ハ〜ホ（略）<br>ヘ．動産及び不動産の償却 | （削除）<br><u>ロ〜ニ</u>（略） |

| 現　行 | 改　正　後 |
|---|---|
| 　(イ)　動産<br>　　　税法基準により償却するものとする。<br>　(ロ)　不動産<br>　　　税法基準の160％相当額を償却するものとする。<br>ト．（略）<br>(4)　諸引当金及び諸準備金の繰入れ<br>　イ．貸倒引当金<br>　(イ)　貸倒引当金（債権償却特別勘定及び特定海外債権引当勘定（租税特別措置法第55条の2の海外投資等損失準備金を含む。以下同じ。）を除く。）は、税法で容認される限度額を必ず繰り入れるものとし、また、租税特別措置法第55条の2第7項の規定に係る貸倒引当金相当額を有税により繰り入れるものとする。<br>　　　なお、上記により算出される繰入れ限度額が昭和50年3月末現在の既繰入れ残高を上回るまでは、原則として、当該既繰入れ残高をもって繰入れ額とする。<br>　(ロ)　債権償却特別勘定への繰入れは、税法基準のほか、有税による繰入れができるものとする。<br>　　　なお、有税繰入れするものについては、その内容をあらかじめ当局に提出するものとする。<br>　(ハ)　特定海外債権引当勘定への繰入れは、別に定めるところによるものとし、繰入れに当たっては、その内容をあらかじめ、当局に提出するものとする。<br>　　　なお、租税特別措置法第55条の2の海外投資等損失準備金は、税法で容認される限度額を必ず繰り入れるものとする。<br>ロ～チ（略）<br>(5)～(9)（略）<br>2．配当 | ホ．（同左）<br>　　各行が定める償却基準により償却するものとするが、少なくとも税法で容認される限度額は必ず償却するものとする。<br><br>ヘ．（略）<br>(4)　諸引当金及び諸準備金の繰入れ<br><br><br><br><br><br><br><br><br>（削除）<br><br><br><br><br><br><br><br><br><br><br><br>イ～ト（略）<br>(5)～(9)（略） |

第6部 ためらいを見せた控訴審判決

| 現　　　　行 | 改　　正　　後 |
|---|---|
| 銀行の配当は、次の基準によるものとするが、基準によりがたい事情がある場合には、適用しないことができるものとする。<br>(1) 各営業年度の配当額は、配当性向40％の範囲内とする。<br>　なお、当分の間、格別の事情のない限り、配当性向が40％を超える場合においても、額面50円の株式について1株当たり年5円（額面500円の株式にあっては1株当たり年50円）を超えない配当は、これを行って差し支えない。<br>(2) 増資、転換社債の発行、合併その他特別の事情のある場合又は自己資本比率（国際統一基準又は国内基準）を達成している場合においては、実情に応じ配当性向が40％を超えることになるとしても、その期を含め3期に限り直前期の1株当たりの配当額を維持して差し支えない。<br>3. 増資等<br>　銀行が増資又は転換社債の発行（以下「増資等」という。）を行うに当たっては、格別の事情のない限り、次の基準によるものとするが、基準によりがたい事情がある場合には、適用しないことができるものとする。<br>(1) 利益処分における内部留保の金額が、増資等の直前期において社外流出の金額を上回っていること。<br>(2) 増資等の実行期及び増資株に対する配当額を全期間負担することとなる最初の期において、内部留保を社外流出額の80％相当額以上行うことが可能であり、かつ、増資等実行後2期以内に確実に100％以上に達する見込みがあること（転換社債については、転換が可能な最初の期の初め（4月1日又は10月1日）において全額が転換されるとみなして計算する。）。<br>4. 業務報告書（略）<br>第6　認可申請・届出関係（略）<br>1～3　（略）<br>4. 届出事項（略）<br>(1)・(2)　（略） | （削除）<br><br><br><br><br><br><br><br><br><br><br><br><br><br><br><br><br><br><br><br><br><br><br><br><br><br><br><br><br><br><br><br><br><br><br><br>2. （同左）<br>第6　認可申請・届出関係（略）<br>1～3　（略）<br>4. 届出事項（略）<br>(1)・(2)　（略） |

（下 940）

— 186 —

| 現　　　　　行 | 改　　正　　後 |
|---|---|
| (3) <u>施行規則第35条第1項第10号の規定による営業時間を延長した場合の届出</u><br><br>（中略）<br><br><u>別紙1　銀行経営のあり方</u><br>　<u>銀行は、その業務の公共性に鑑み、公共的・社会的役割を自覚した業務運営を行っていく必要があるが、安易な業容拡大主義、収益至上主義の経営姿勢の下で職員を預金、融資拡大競争に駆り立てた結果、預金の獲得、融資先確保等のため行き過ぎた競争や過剰サービスを招いた事例が生じている。</u><br>　<u>また、経営管理についても、融資の審査・管理、相互牽制制度など内部管理体制の充実が銀行経営の基本であるが、業容拡大等を重視するあまりそれが等閑視されがちとなり、企業倫理や職員のモラル低下と相まって、一般職員のみならず管理者による種々の金融不祥事が発生するなど大きな社会批判を受ける事例が生じている。</u><br>　<u>さらに、銀行の海外業務が拡大する中にあって、必ずしも内部管理体制の充実が伴わず海外支店等で不祥事件が発生するという事例が生じている。</u><br>　<u>さらに、銀行の海外業務が拡大する中にあって、必ずしも内部管理体制の充実が伴わず海外支店等で不祥事件が発生するという事例が生じている。</u><br>　<u>銀行業務は、今後、金融自由化の一層の進展と相まって、業務量が増大し、業務内容も多種・多様化するなど著しく変化していくものと考えられる。従って、銀行経営に当たっては、各種諸法令を遵守しつつ、自己責任原則の下で、業務内容の変化や実態に応じ経営姿勢や経営管理について、適時・適切な見直しを行い、業務の健全かつ適切な運営の励行等により、金融システムの安定性、信頼性の確保に努める必要がある。</u> | (3) <u>施行規則第35条第1項第6号の規定による付随業務等取扱事務所等の設置等をした場合の届出</u><br><br>（中略）<br><br><u>別紙1　資産の自己査定のあり方について</u><br>　<u>資産の自己査定は、資産の健全性を把握するための作業であるとともに、適正な償却及び引当金の計上を行うための準備作業として位置付けられる。したがって、銀行は、正確な財務諸表を作成するためにも、自己査定の適正な実施を行うための体制整備を図る必要がある。</u><br>　<u>なお、銀行が自己査定の体制整備を図るに当たり、特に留意すべき事項は次のとおりである。</u><br><u>1.　自己査定基準の作成と経営陣の役割</u><br>　<u>銀行は、自らの資産を検討・分析して、回収の危険性又は価値の毀損の度合に応じて分類区分するために、自己査定基準を作成する必要がある。</u><br>　<u>自己査定基準は、商法、企業会計原則等及び別紙第5に定める決算経理基準をも勘案し経営陣の積極的な関与の下で正式の行内手続を経て作成される必要があり、文書により規定化される必要がある。自己査定基準には、資産査定の具体的な基準及び自己査定の実施部署等について明記するものとする。</u><br>　<u>また、外部監査、当局検査等の際には、自己査定基準の合理性、明確性について説明が行われる必要がある。</u><br><u>2.　自己査定を行うための組織の整備</u><br>　<u>自己査定を行うための組織は、自己査定の責任部署が明確化されているとともに、営業店及び本部貸出承認部署とは独立した部署が自己査定又は監査を行うなど、相互牽制機能が確保された体制とする必要がある。</u><br>　<u>また、自己査定が行内規定に則って行わ</u> |

第6部　ためらいを見せた控訴審判決

| 現　行 | 改　正　後 |
|---|---|
| 記<br>1. 経営姿勢<br>(1) 健全な融資態度の確立（略）<br>(2) 社会的批判を受けかねない形態での預金受入れの自粛（略）<br>(3) 社会的批判を受けかねない過剰サービスの自粛（略）<br>(4) デリバティブ商品販売のあり方（略）<br>(5) 経営諸計数の適正化<br>　預金、貸出、決算等の諸計数は、経営管理及びディスクロージャー等の重要な経営諸指標であり、いやしくも粉飾操作等が行われることのないよう十分留意するものとする。<br>2. 経営管理<br>(1) 営業店の管理指導の適正化（略）<br>(2) 審査・管理体制の充実・強化（略）<br>(3) 厳正な内部管理体制の確立（略）<br>(4) 内部検査の充実（略）<br>(5) 海外支店への内部監査担当者及び法令遵守担当者の配置（略）<br>(6) 海外支店への外部監査の活用（略）<br>(7) 人事管理・教育研修のあり方（略）<br>(8) 各種諸法令等の遵守（略）<br>3. 不祥事件等の発生時の対応（略）<br>4. 苦情処理体制の充実・強化（略） | れているか、自己査定結果等が適切に経営陣へ報告されているかなどについて、検査部門等の内部監査部門が監査を行うものとする。<br>　なお、自己査定の重要性に鑑み、査定実施部署及び資産監査部署には、査定業務に精通した人材を配置するよう努めるものとする。<br>3. 自己査定の適正な実施<br>　自己査定は、査定実施部署が自己査定基準に従い資産を検討・分析して、回収の危険性又は価値の毀損の度合に応じて適切に分類区分を行うなど、行内規定に則り適正に実施される必要がある。<br>4. 自己査定結果及び償却等の状況の経営陣への報告等<br>　自己査定結果の経営陣への報告は適切にこれを行うものとし、経営陣により銀行の資産内容の健全性が的確に認識されるよう努めるものとする。<br>　また、自己査定は償却及び引当金の計上の準備作業として位置付けられることから、自己査定結果に基づく償却及び引当金の計上の状況等についても、経営陣へ適切に報告される必要があり、経営陣の責任において適正な償却及び引当金の計上がなされる必要がある。 |
| 別紙2　市場関連リスク管理のあり方（略） | 別紙2　市場関連リスク管理のあり方について（略） |
| 別紙3　内部検査の留意事項<br>　内部検査は、銀行業務の健全かつ適切な運営を確保するために重要なものであり、内部検査機能の充実・強化は銀行経営の基本の一つである。<br>　内部検査の項目は、各銀行の業務内容、事務管理の状況等に応じ自主的に定められるべきものであるが、内部検査の実施に当たり、最低限検査を行うべき事項を下記の | 別紙3　内部検査の留意事項<br><br>　（同左）<br><br>　内部検査の項目は、各銀行の業務内容、事務管理の状況等に応じ自主的に定められるべきものであるが、内部検査の実施に当たり、最低限検査を行うべき事項は次のと |

| 現　　　　行 | 改　　正　　後 |
|---|---|
| とおり定めたので、申し伝える。<br>　　　　　記<br>1．資産の健全性に関する管理の状況<br>　管理債権の管理の状況、管理債権の定期的な見直しの状況、担保評価の見直しの状況、管理債権の把握と当局への報告の正確性、不良債権発生の未然防止策 | おりである。<br><br>1．資産の健全性に関する管理の状況<br>　管理債権の管理の状況、管理債権の定期的な見直しの状況、担保評価の見直しの状況、管理債権の把握と当局への報告の正確性、不良債権発生の未然防止策、自己査定基準の合理性・明瞭性、自己査定の実施の適正性、自己査定結果及び償却等の状況の経営陣への報告の正確性・適正性 |
| 2．内部管理の状況（法令遵守状況を含む。）<br>（略） | 2．（同左） |
| 3．デリバティブ取引等市場関連リスクの管理状況（略） | 3．（同左） |
| 4．コンピュータシステムの管理状況（略）<br>（以下略） | 4．（同左）<br>（以下略） |

第6部　ためらいを見せた控訴審判決

## ⑥　「基本事項等通達」の廃止（一審弁194）

蔵銀第1443号
平成10年6月8日

各普通銀行代表者　殿
各信託銀行代表者　殿
各長期信用銀行代表者　殿
各在日外国銀行支店代表者　殿

大蔵省銀行局長　山　口　公　生

# 金融関係通達等の廃止について

　今般、明確なルールに基づく透明かつ公正な金融行政への転換を図るため、金融関係の通達等について見直しを行った結果、別紙に記載する通達等は平成10年6月10日（「コマーシャル・ペーパー等の取扱いについて」及び「同留意事項について」にあっては6月19日）をもって廃止するので、御了知願いたい。
　なお、廃止する通達等に基づく報告・届出等に係る事象が6月9日（コマーシャル・ペーパー通達等にあっては6月18日）までに発生している場合には、従前の例によるので、念のために申し添える。


［別　紙］　　　　　　　　　廃止通達等一覧表（抄）

| 通達等の件名 | 分類 | 発出日 | 番号 |
|---|---|---|---|
| 金融機関とその関連会社との関係について | 通達 | 昭50.7.3 | 蔵銀1968 |
| 金融機関とその関連会社との関係について | 事務連絡 | 昭50.7.3 | |
| 普通銀行の業務運営に関する基本事項等について | 通達 | 昭57.4.1 | 蔵銀901 |
| 普通銀行の業務運営に関する基本事項等に係る留意事項について | 事務連絡 | 昭57.4.1 | |
| 普通銀行の監督に関する行政事務の取扱い等について | 通達 | 昭57.4.1 | 蔵銀902 |
| 普通銀行の監督に関する行政事務の取扱いに係る留意事項について | 事務連絡 | 昭57.4.1 | |
| 金融機関及びその関連会社又は金融機関の関連会社が出資して設立する会社の取扱いについて | 事務連絡 | 平5.5.6 | |
| 金融機関の不良資産問題についての行政上の指針について | 通達 | 平6.2.8 | 蔵銀212 |
| 長期信用銀行の業務運営に関する基本事項等について | 通達 | 平9.7.31 | 蔵銀1729 |
| 長期信用銀行の業務運営に関する基本事項等に係る留意事項等について | 事務連絡 | 平9.7.31 | |
| 早期是正措置の運用基準について | 通達 | 平9.9.3 | 蔵銀1992 |

## ⑦ 決算経理基準関係通達

# 第1章　決算経理基準関係

### 1. 銀行業における決算経理基準等について

平 10 調々 146（10.9.7）／平 10 企画個 130（10.9.16）／平 10 総企会 214（10.9.17）

去る6月10日をもって大蔵省通達「普通銀行の業務運営に関する基本事項等について」および大蔵省事務連絡「普通銀行の業務運営に関する基奉事項に係る留意事項等について」が廃止されたことに伴い、銀行業における、いわゆる「決算経理基準」が廃止されております。

当連合会では、録行経理処理の継続性・効率性の観点から本件の取扱いについて検討した緒果、今般、別紙1、2の「決算経理基準」および別紙3の「業務報告書、営業報告書及び附属明細書記載要領」をとりまとめましたので、ご連絡申しあげます。なお、「決算経理基準」等の構成は、下記のとおりとなっております。

本「決算経理基準」は、銀行会計の実務慣行として永年にわたり行われてきた会計処理でありますが、この基準によるほか、一般に公正妥当と思われる全計処理については、各行の判断で全計監査人と協議のうえ処理を行われますようご案内申しあげます。

(以下略)

〈編著者紹介〉

更田義彦（ふけた よしひこ）　弁護士　更田・河野法律事務所
倉科直文（くらしな なおふみ）　弁護士　虎の門法律事務所
國廣　正（くにひろ ただし）　弁護士　国広総合法律事務所
坂井　眞（さかい まこと）　弁護士　シリウス総合法律事務所
五味祐子（ごみ ゆうこ）　弁護士　国広総合法律事務所

信山社双書
読本編

---

長銀最高裁無罪事件読本

2011(平成23)年7月18日　第1版第1刷発行　P208

編　者　更田義彦・倉科直文
　　　　國廣　正・坂井　眞
　　　　五味祐子
発行者　今井　貴・稲葉文子
発行所　(株)信　山　社
〒113-0033 東京都文京区本郷6-2-9-102
TEL 03-3818-1019　FAX 03-3818-0344
henshu@shinzansha.co.jp
出版契約書 No.2011-1321-8-01011

---

©編著者，Printed in Japan, 2011
印刷・製本／東洋印刷・渋谷文泉閣
ISBN 978-4-7972-1321-8 C3332
1321-012-0200-050
NDC 分類 326.000 c001

〈(社)出版者著作権管理機構 委託出版物〉
本書の無断複写は著作権法上での例外を除き禁じられています。複写される場合は、そのつど事前に、(社)出版者著作権管理機構(電話03-3513-6969, FAX 03-3513-6979, e-mail: info@jcopy.or.jp)の許諾を得てください。